U0165934

思想的·睿智的·獨見的

經典名著文庫

學術評議

丘為君　吳惠林　宋鎮照　林玉体　邱燮友
洪漢鼎　孫效智　秦夢群　高明士　高宣揚
張光宇　張炳陽　陳秀蓉　陳思賢　陳清秀
陳鼓應　曾永義　黃光國　黃光雄　黃昆輝
黃政傑　楊維哲　葉海煙　葉國良　廖達琪
劉滄龍　黎建球　盧美貴　薛化元　謝宗林
簡成熙　顏厥安（以姓氏筆畫排序）

策劃　楊榮川

五南圖書出版公司 印行

經典名著文庫

學術評議者簡介（依姓氏筆畫排序）

- 丘為君　美國俄亥俄州立大學歷史研究所博士
- 吳惠林　美國芝加哥大學經濟系訪問研究、臺灣大學經濟系博士
- 宋鎮照　美國佛羅里達大學社會學博士
- 林玉体　美國愛荷華大學哲學博士
- 邱燮友　國立臺灣師範大學國文研究所文學碩士
- 洪漢鼎　德國杜塞爾多夫大學榮譽博士
- 孫效智　德國慕尼黑哲學院哲學博士
- 秦夢群　美國麥迪遜威斯康辛大學博士
- 高明士　日本東京大學歷史學博士
- 高宣揚　巴黎第一大學哲學系博士
- 張光宇　美國加州大學柏克萊校區語言學博士
- 張炳陽　國立臺灣大學哲學研究所博士
- 陳秀蓉　國立臺灣大學理學院心理學研究所臨床心理學組博士
- 陳思賢　美國約翰霍普金斯大學政治學博士
- 陳清秀　美國喬治城大學訪問研究、臺灣大學法學博士
- 陳鼓應　國立臺灣大學哲學研究所
- 曾永義　國家文學博士、中央研究院院士
- 黃光國　美國夏威夷大學社會心理學博士
- 黃光雄　國家教育學博士
- 黃昆輝　美國北科羅拉多州立大學博士
- 黃政傑　美國麥迪遜威斯康辛大學博士
- 楊維哲　美國普林斯頓大學數學博士
- 葉海煙　私立輔仁大學哲學研究所博士
- 葉國良　國立臺灣大學中文所博士
- 廖達琪　美國密西根大學政治學博士
- 劉滄龍　德國柏林洪堡大學哲學博士
- 黎建球　私立輔仁大學哲學研究所博士
- 盧美貴　國立臺灣師範大學教育學博士
- 薛化元　國立臺灣大學歷史學系博士
- 謝宗林　美國聖路易華盛頓大學經濟研究所博士候選人
- 簡成熙　國立高雄師範大學教育研究所博士
- 顏厥安　德國慕尼黑大學法學博士

經典名著文庫126

人類理智新論（上）

Nouveaux Essais sur L'entendement Humain

萊布尼茲 著
（Gottfried Wilhelm Leibniz）
陳修齋 譯

經典永恆・名著常在

五十週年的獻禮・「經典名著文庫」出版緣起

總策劃

五南，五十年了。半個世紀，人生旅程的一大半，我們走過來了。不敢說有多大成就，至少沒有凋零。

五南忝爲學術出版的一員，在大專教材、學術專著、知識讀本出版已逾壹萬參仟種之後，面對著當今圖書界媚俗的追逐、淺碟化的內容以及碎片化的資訊圖景當中，我們思索著：邁向百年的未來歷程裡，我們能爲知識界、文化學術界做些什麼？在速食文化的生態下，有什麼值得讓人雋永品味的？

歷代經典・當今名著，經過時間的洗禮，千錘百鍊，流傳至今，光芒耀人；不僅使我們能領悟前人的智慧，同時也增深加廣我們思考的深度與視野。十九世紀唯意志論開創者叔本華，在其〈論閱讀和書籍〉文中指出：「對任何時代所謂的暢銷書要持謹慎的態度。」他覺得讀書應該精挑細選，把時間用來閱讀那些「古今中外的偉大人物的著作」，閱讀那些「站在人類之巔的著作及享受不朽聲譽的人們的作品」。閱讀就要「讀原著」，是他的體悟。他甚至認爲，閱讀經典原著，勝過於親炙教誨。他說：

「一個人的著作是這個人的思想菁華。所以，儘管一個人具有偉大的思想能力，但閱讀這個人的著作總會比與這個人的交往獲得更多的內容。就最重要的方面而言，閱讀這些著作的確可以取代，甚至遠遠超過與這個人的近身交往。」

爲什麼？原因正在於這些著作正是他思想的完整呈現，是他所有的思考、研究和學習的結果；而與這個人的交往卻是片斷的、支離的、隨機的。何況，想與之交談，如今時空，只能徒呼負負，空留神往而已。

三十歲就當芝加哥大學校長、四十六歲榮任名譽校長的赫欽斯（Robert M. Hutchins, 1899-1977），是力倡人文教育的大師。「教育要教眞理」，是其名言，強調「經典就是人文教育最佳的方式」。他認爲：

「西方學術思想傳遞下來的永恆學識，即那些不因時代變遷而有所減損其價值的古代經典及現代名著，乃是眞正的文化菁華所在。」

這些經典在一定程度上代表西方文明發展的軌跡，故而他爲大學擬訂了從柏拉圖的《理想國》，以至愛因斯坦的《相對論》，構成著名的「大學百本經典名著課程」。成爲大學通識教育課程的典範。

歷代經典‧當今名著，超越了時空，價值永恆。五南跟業界一樣，過去已偶有引進，但都未系統化的完整舖陳。我們決心投入巨資，有計畫的系統梳選，成立「經典名著文庫」，希望收入古今中外思想性的、充滿睿智與獨見的經典、名著，包括：

- 歷經千百年的時間洗禮，依然耀明的著作。遠溯二千三百年前，亞里斯多德的《尼各馬科倫理學》、柏拉圖的《理想國》，還有奧古斯丁的《懺悔錄》。
- 聲震寰宇、澤流遐裔的著作。西方哲學不用說，東方哲學中，我國的孔孟、老莊哲學，古印度毗耶娑（Vyāsa）的《薄伽梵歌》、日本鈴木大拙的《禪與心理分析》，都不缺漏。
- 成就一家之言，獨領風騷之名著。諸如伽森狄（Pierre Gassendi）與笛卡兒論戰的《對笛卡兒沉思錄的詰難》、達爾文（Darwin）的《物種起源》、米塞斯（Mises）的《人的行爲》，以至當今印度獲得諾貝爾經濟學獎阿馬蒂亞‧

森（Amartya Sen）的《貧困與饑荒》，及法國當代的哲學家及漢學家余蓮（François Jullien）的《功效論》。

梳選的書目已超過七百種，初期計劃首爲三百種。先從思想性的經典開始，漸次及於專業性的論著。「江山代有才人出，各領風騷數百年」，這是一項理想性的、永續性的巨大出版工程。不在意讀者的眾寡，只考慮它的學術價值，力求完整展現先哲思想的軌跡。雖然不符合商業經營模式的考量，但只要能爲知識界開啓一片智慧之窗，營造一座百花綻放的世界文明公園，任君遨遊、取菁吸蜜、嘉惠學子，於願足矣！

最後，要感謝學界的支持與熱心參與。擔任「學術評議」的專家，義務的提供建言；各書「導讀」的撰寫者，不計代價地導引讀者進入堂奧；而著譯者日以繼夜，伏案疾書，更是辛苦，感謝你們。也期待熱心文化傳承的智者參與耕耘，共同經營這座「世界文明公園」。如能得到廣大讀者的共鳴與滋潤，那麼經典永恆，名著常在。就不是夢想了！

二〇一七年八月一日 於

五南圖書出版公司

導讀

國立清華大學通識教育中心副教授　吳俊業

萊布尼茲的《人類理智新論》……是認識其哲學的主要來源。……在這裡，萊布尼茲學說實際上奧祕的內容似乎首次自由而全面地展現在我們面前。萊布尼茲包羅萬象的精神努力中，沒有一個領域不被關注到；而且所有這些領域都服從於一個主導方面：我們知識的起源和有效性問題。……有若何處則必在這裡，可去裁決萊布尼茲哲學是否已達至其自始爲自身設定的本質目標，——它有否成熟爲緊密而完成的體系統一性。

——Ernst Cassirer①

《人類理智新論》是一部令人深感困惑和沮喪的作品。絮絮叨叨、重複性強，它也

① Ernst Cassirer, “Einleitung”, in: Gottfried Wilhelm Leibniz, *Neue Abhandlungen über den menschlichen Verstand*. Trans. by Ernst Cassirer (Hamburg: Felix Meiner, 1996), p. xi.

帶著所有倉卒轉換成對話錄形式的標記；事實上，躋身在這個古老文體的諸多哲學論著當中，這部著作必須被排序爲技巧最差的例子之一。

——Nicholas Jolley②

《新論》……常常錯誤，卻又無盡地有趣和有指導性的。

——Joseph Bennett③

上述三段評價，分別出自德國新康德學派的著名哲學家、執當代英美萊布尼茲（Gottfried Wilhelm Leibniz, 1646-1716）研究牛耳的學者，以及《人類理智新論》（*Nouveaux Essais sur Ll'entendement Humain*）通行的劍橋版英譯本譯者，他們的評價雖非南轅北轍，也未必一定持平的當，但卻可以點明，這部經典論著的內容豐富、性格複雜，讓人不容易簡單對之加以評說或論斷。面前這部譯本，附有中譯者及著名萊布尼茲專家陳修齋的長篇〈譯者序言〉，詳細介紹了這部著作的歷史與理論背景，無論讀者是希望精讀這部鉅著，或只想概覽萊布尼茲哲學思

---

② Nicholas Jolley, *Leibniz* (London & New York: Rouledge, 2005), p. 25.

③ Joseph Bennett, "Leibniz's New Essays" in: *Philosophical Exchange*. Vol. 13, No.1 Summer 1982, p. 37.

想的基本觀念，它都非常值得參考。但〈譯者序言〉寫於上世紀八〇年代初，文風用語都帶有當時社會環境的氣氛和色彩，對當代讀者來說，也許會需要一道比較清爽的前菜，來引起邁進智性長征的想望，這篇〈導讀〉的主要目的，端在於此。它提供的既不會是完整的概念裝備，也並非清晰的思路地圖，而只會是一些速寫素描，希望這些浮光掠影，足以激發讀者的智性好奇，深入探究《新論》的思想世界。

我們先從萊布尼茲本身談起。萊布尼茲出生於一六四六年，即中國明朝滅亡後兩年，而三十年戰爭（Thirty Years' War）即將結束，邁向日耳曼四分五裂、神聖羅馬帝國名存實亡的結局之際。他的出生地是當時屬薩克森選侯國（Kurfürstentum Sachsen）及後來東德地區的第一大城萊比錫（Leipzig）。歐洲的十七世紀雖然戰亂頻繁，卻同時是號稱「天才的世代」，許多數學、自然科學、哲學、文學領域中劃時代的人物、革命性的奇才，都在這短短百多年間相繼湧現。在這個滿天繁星的年代，躋身其中的萊布尼茲非但同樣耀眼，更且可說特別讓人注目。天才往往專精特定或相關領域，而萊布尼茲卻是史上少見的通才，在學問與事功上都有所表現，他既是卓越的數學家、自然科學家、哲學家，與牛頓（Isaac Newton）並列爲微積分發明者，更提出相對時空觀以挑戰牛頓物理學預設，他也是美茵茲（Mainz）大主教與漢諾威（Hannover）公爵的謀士，曾出使巴黎擔任說客，密謀引導路易十四（Louis XIV）將其軍事野心從德意志和荷蘭，轉移至異教的埃及，也曾擔任銀礦採礦工程師、宮廷圖書館長、法律顧問和家族史撰寫員等公務，他甚至創建了聲名顯赫的普魯士科學院（Preußische Akademie der Wissenschaften）並出任首任院長。

但萊布尼茲的出眾之處不僅在於其成就的廣度，還在於他獨特的精神特質。在十六、十七世紀，破舊立新是主要的時代精神，革命與改革的訴求在不同領域響起。就哲學來說，這時期笛卡兒（René Descartes）掀起的浪潮方興未艾，學界咸信，固有傳統必須推翻，學問基礎必須重新奠定，哲學與科學才能取得肯定和持久的成果。在時代風氣的鼓動下，縱使是致力綜合笛卡兒與奧古斯丁（Augustine）的馬勒伯朗士（Nicolas Malebranche），也免不了猛烈批評亞里斯多德（Aristotle）及其遺下的思想傳統。相較之下，萊布尼茲卻於身處思潮的前沿之餘，又同時能從革命激情抽身而出，無論在宗教、政治還是在哲學，他都力求調和古今、綜合分歧，就如他針對宗教爭議的謹慎評說：「在其肯定主張的大體上，多數教派都是對的；但在其否定主張中，就沒有那麼多。」④

強力的綜合精神是萊布尼茲思想的魅力之一，但可說也是其弱點之所在。爭執是否都能調和、衝突是否都能化解？由此產生會否只是和稀泥般、讓人厭惡的和諧？抑或只要手段充足，

④ Leibniz to Remond, 10 January 1714, in: C. I. Gerhardt (ed.), *Die Philosophischen Schriften von G. W. Leibniz* (Berlin, 1875–90), vol. III, p. 607.

轉折靈巧，對立者便可統整在一個動態的平衡、一個張力的統一之中？在宗教上，萊布尼茲一直試圖調解天主教和基督新教的爭執；在哲學上，萊布尼茲則致力於調和新時代思想與基督宗教觀點，從亞里斯多德理論框架的斷壁殘垣之上，重建一套與新興科學和哲學整合起來、充滿時代活力的形上學。與笛卡兒僅爲填補理論空隙才呼喚上帝的做法對比，萊布尼茲的理論雄心都顯然更爲恢宏，同時也更爲冒險，彷彿在履行一些不可能的任務、調和一些不可調和的東西。

在上述的精神性格的映照下，萊布尼茲獨特的文體與文風便不再顯得是隨意的選擇。調和、綜合的基礎在於理解、對話與交流，在近現代重要的哲學家中，萊布尼茲是少數極爲依賴學術交流的思想家，他的主要思想論著不少是書信錄及對時人思想的論評，似乎是必須透過與其他人的討論、辯證以及反對意見的刺激，他的思想才能確立自己與摸索到發展方向。實際上，萊布尼茲與詹森教派（Jansenism）領袖阿爾諾（Antoine Arnauld）的書信討論，以及他與英國牧師克拉克（Samuel Clarke）的書信集，都是理解他的思想發展的重要文獻，而當現實條件不許可時，萊布尼茲也會以評論代替討論，將自己想法寓於與作者的正反立場的論辯之中。例如代表著萊布尼茲思想成熟的首部重要著作《論形而上學》（*Discours de métaphysique*, 1686），便在很大程度上是對於笛卡兒主義的評論和駁斥，在一七〇四年寫成的《人類理智新論》則是萊布尼茲對於洛克（John Locke）的名著《人類理智論》（*An Essay Concerning*

Human Understanding）的逐章述評反駁，而成爲西方哲學史上少數論評體的思想經典。

萊布尼茲沒有寫出一部屬於他自己的《第一哲學沉思錄》（*Meditationes de Prima Philosophia*）或《倫理學》（*Ethica, ordine geometrico demonstrata*），他的書信、論評和短文變成理解他的思想的重要文獻依據。在這批數以萬計的書寫論著當中，《人類理智新論》是極少數具有專書規模，而且結構完整、內容豐富，故此特別具有參考的價值。萊布尼茲當然也有一些重要的短篇論文，但《人類理智新論》卻是他兩部完成的書稿之一——另一部是一七一〇年的《神義論》（*Théodicée*）——，故此，有些學者縱使對《新論》的文風和思想表述方式有所保留，亦難以否認該書的學術價值。它不但是萊布尼茲的思想全貌的罕有紀錄，也是理性主義與經驗主義論爭的重要文獻。

事實上，對於帶有一定哲學史背景知識的讀者來說，《新論》是一本饒有趣味的著作。在哲學史上人們慣常依據知識論立場的分歧，將近代早期的哲學劃分爲理性主義與經驗主義兩大陣營：理性主義哲學家是相信僅憑理性就可以先驗地知道關於世界的實質內容的眞理，而經驗主義者卻認爲，任何知識都必須依靠後天的感官經驗。在這個哲學史分類標籤下，洛克往往被視爲第一代英國經驗論者（Empiricist）的代表，萊布尼茲則是繼承笛卡兒、斯賓諾莎（Spinoza）以後，大陸理性主義陣營的殿軍人物，而《人類理智新論》則順理成章就是這兩個陣營新舊世代實際交鋒的思想史文獻。

讀者因此也許會期望，萊布尼茲在針對洛克作長篇論評之餘，必定會抓住機會，系統地闡釋理性主義的知識論，並爲笛卡兒傳承下來的思路辯護。然而，若帶著這期望閱讀《新論》的話，便會相當失望了。在一定程度上，萊布尼茲論評的首要目標根本不是知識論，而是形而上學及心靈哲學。人們通常以「知識論轉向」來概括現代哲學思潮，但萊布尼茲的哲學興趣顯然與笛卡兒和英國經驗主義者有所不同，他對於某些形上學問題的異常關注顯然大於一些被認定爲知識論的核心的問題（例如外在世界的存在證明）。事實上於書稿完成的同年，萊布尼茲在一封信函裡便表示，撰寫這部著作首要目的是捍衛靈魂的非物質性。⑤在這個目的下，萊布尼茲不但將靈魂非物質性的論旨貫徹到底，使靈魂概念精煉爲無部分、無進出窗戶的、純一的「單子」（monad）概念，同時也批判笛卡兒傳統的二元論（Dualism），對於萊布尼茲，事物不是與靈魂對立的物質存在；它們貌似是具有種種廣延特性（形狀、大小等等）的獨立實體，其實不過是單子及其內在規定累積的效應。在單子概念的基礎上，笛卡兒傳統的心物互動交流等問題，都得到了耳目一新的解方。

從知識論論爭——「我們能否及如何認知實在？」——逆轉回形上學及心靈哲學的思

⑤ Leibniz to Jaquelot, 28 April 1704, in: C. I. Gerhardt (ed.), *Die Philosophischen Schriften von G. W. Leibniz* (Berlin, 1875–90), vol. III, p. 473.

考——「實在是什麼？」、「心靈是什麼？」——，這是萊布尼茲的獨特而典型的思想傾向，但是經歷過現代哲學的洗禮，萊布尼茲的逆轉自然不會是傳統的素樸復辟。因此，就心靈非物質性的論旨來說，萊布尼茲的思路並不是逕行是思辨形上學和靈魂論式的，而是帶著知識論的迂迴曲折。在其中，扮演著中介的角色的是對於天賦觀念（innate ideas）論的討論。這個也是萊布尼茲認爲洛克和自己的立場的最重要差異所在，在《新論》的〈序言〉，他提綱挈領地說：

> 我們的差別是關於一些相當重要的主題的。問題就在於要知道：靈魂本身是否像亞里斯多德和《理智論》作者所說的那樣，是完完全全空白的，好像一塊還沒有寫上任何字跡的板（Tabula Rasa），是否在靈魂中留下痕跡的東西，都是僅僅從感覺和經驗而來；還是靈魂原來就包含著多種概念和學說的原則，外界的對象是靠機緣把這些原則喚醒了。⑥

⑥ 參 Gottfried Wilhelm Leibniz, *Nouveaux essais sur l'entendement humain*, in: *Gottfried Wilhelm Leibniz Sämliche Schriften und Breife*. Hrsg. von der Akademis der Wissenschaften der DDR. 6. Band (Berlin: Akademie-Verlag Berlin, 1990), p. 48；本中譯本上冊〈序言〉第87頁。以下引用本書時，會簡稱爲*NE*，先標示"Akademie-Verlag Berlin"版本，再標示對應中譯本頁碼。

這段表述大體符合一般人對兩個學派的分歧的理解相符：據之，核心問題在於究竟觀念是否皆爲後天？它們是否皆來自感覺和經驗？抑或人類心靈並非生如白紙，而是原來就擁有一些概念和原則，擁有一些「先天觀念」（innate ideas）？對此，理性主義者的答案是明確的，靈魂或心靈擁有先天觀念，它在種種感覺和經驗以前，「原來就包含著多種概念和學說的原則」，而萊布尼茲大體的思路與柏拉圖（Plato）《費多篇》（*Phaidon*）的靈魂不滅論證相若：既然靈魂擁有先天觀念，那就意味，靈魂有著超乎身體的存在，早已掌握到種種觀念作爲其內容。《新論》有趣之處在於，萊布尼茲對這組思路進行多方的辯證和仔細的補充闡釋，而透過這些細節，原來好像柏拉圖想法的重複，竟展現出一種新穎的形上學與心靈哲學的輪廓。

但是，對於粗淺的觀念先天主義，洛克在《人類理智論》中已提出了尖銳有力的批判。根據他的觀點，先天觀念的論旨若不是經驗上錯誤——因爲它蘊涵嬰兒會思考高度抽象的概念——，就便只是在談論一些瑣碎而無哲學重要性的觀點。⑦萊布尼茲的回應則是在於對於「觀念先天性」的更細緻的辯解，要理解他的論點及蘊涵的新意，我們須從其對觀念一般的分析入手。

促成萊布尼茲的觀念理論發展的是當時兩位笛卡兒學派思想家馬勒伯朗士和阿爾諾之間

---

⑦ 參 John Locke, *Essay Concerning Human Understanding*, Book I. Chapter II.

的著名爭論。它的觸發點是馬勒伯朗士於一六八〇年出版的《論自然與恩典》（*Traité de la nature et de la grâce*）及阿爾諾的相關批評。這場爭論延續了十多年，涉及的哲學議題眾多，其中之一是所謂「觀念之爭」（querelle des idées）。阿爾諾是正統的笛卡兒主義者，他認爲，觀念或概念——例如圓形的概念——雖然實際存在，但卻是依賴於心靈而立，甚至直接不過是心靈本身的一些模態變化而已。與此相反，馬勒伯朗士承接奧古斯丁的神性光照說，認爲觀念是外於人類心靈而在上帝之內，必須透過源自此外在而超越的觀念光照，人類心靈才能眞正認識世界。若剝去神學的外衣，則我們可以發現這場爭論的爭端其實是觀念的存在性格：馬勒伯朗士與阿爾諾代表的正統笛卡兒主義的分別在於，他認爲觀念（思想與概念）不是存在個別思想者中的心理學項目，而是抽象的、「客觀的」實體存在。

在這場論爭的大分野上，萊布尼茲是站在阿爾諾一方的。對於萊布尼茲來說，「觀念」毫無疑問是心理的元目，它是存在於心靈之中。但是，與阿爾諾不同，萊布尼茲並不是簡單地將觀念當作心靈內一時一刻的所謂「思想內容」，而是視之爲心靈的「傾向」（disposition），即一種讓心靈依特定方式思考的恆定的性向。在這種理解下，觀念先天主義不再蘊涵，有某些既定的心靈內容，打從人出生便長踞於心靈之中，而是指人有些天賦的心靈傾向，規範著他的思考方式。故此，縱使某人——例如說某個孩童——沒有正在思想到某個抽象的觀念，我們還是可以說他具有該抽象觀念。⑧

當萊布尼茲主張數學和形而上學概念的先天性時，他主要的堅持就是從天賦傾向立論的觀念先天主義。這種新穎的立場突破了洛克的批評所預設的框架：宣稱心靈具有先天觀念，既不是假設該觀念時時刻刻是心靈思考的對象，也不是空泛地說心靈先天帶有某些單純的能力（simple capacité）。萊布尼茲在《新論》中敏銳地批評說，經驗主義的靈魂白紙論會讓「靈魂」塌陷爲好像「原初質料」（matiere premiere）那樣的單薄概念，而泛說的心智能力不會讓塌陷了的靈魂概念更加飽滿。⑨

但是，雖然在概念上，心靈傾向顯然不僅是泛指心靈有相應的能力，就好像某物易碎（fragile）不單是指它能夠破碎（breakable）（否則任何可以破碎的物體便都可以說是易碎），然而正面來說，什麼是心靈「傾向」？就物理事物而言，要說明何謂具有某種傾向或許相對清楚，例如我們可以訴諸汽油的一些物理屬性，以說明其易燃的特質，但什麼是心理傾向的依據，卻沒有那麼明晰。

在這裡，《新論》的思考面臨一個有趣的轉折點。萊布尼茲雖然指明，心靈傾向不是心靈

---

⑧ 參*NE*, 79 f.：上冊第一卷第一章第29頁。

⑨ 參*NE*, 110：上冊第二卷第一章第79-80頁。

意識到的內容，但同時他又認定，它們也不是完全外鑠於心靈的項目，傾向既出於心靈之中，卻又並非它直接可意識的事項，萊布尼茲在《新論》這樣敘述：

> 也就是像這樣，觀念和眞理就作爲傾向、稟賦、習性或自然的潛能天賦在我們心中，而不是作爲現實天賦在我們心中的，雖然這種潛能也永遠伴隨著與它相應的、常常感覺不到的某種現實。⑩

這種含混的、既潛能又現實的存在維度使得萊布尼茲的心靈概念比起笛卡兒的「我思」多了一點厚度，它指向萊布尼茲最獨特而具創意的「細微知覺」（petites perceptions）概念。所謂細微知覺，是指微小的、在可意識邊緣的知覺或感覺。據萊布尼茲在《新論》的闡釋，這些細微知覺即是先天心靈傾向的基礎，心靈不會意識這些個別細微知覺的內容，但卻會受其累積效應所影響，情況類似於許多單獨的水滴運動匯聚，便能產生波浪的噪音。⑪在「細微知覺」的概念引導下，萊布尼茲將睡眠和夢等概念納入《新論》討論的主題，並同時爲哲學開闢了關

---

⑩ *NE* 52.：上冊〈序言〉第92頁。

⑪ *NE*, 53-55.：上冊〈序言〉第94-96頁。

於無意識的心靈行爲與心靈內容的有趣論域。

總體來說，萊布尼茲的《新論》無疑是一部異常雄心勃勃的論評著作，它所觸及的議題遠比萊布尼茲的其他哲學論著爲廣闊。雖然就對話錄文體的思想論著來說，《新論》或許不算成功，代表洛克的斐拉萊特（Philalèthe）和代表萊布尼茲的德奧斐勒（Théophile）都只是頗爲蒼白的角色，在他們之間的對話，不能稱得上是對等的思想交鋒，更遑論出現柏拉圖對話錄那樣引人入勝的戲劇情節，而就論評來說，萊布尼茲的行文不時過於雜亂，有時甚至曲解了洛克的意思，然而即使有著這種種缺憾，《新論》卻有系統地討論了近乎所有萊布尼茲思想上重要的議題，諸如「前定和諧」、「不可辨別者之同一性」、「充足理由律」、「單子說」、「細微知覺」等等，都在本書中得到相當詳細的闡述。這部著作也許不是萊布尼茲最嚴密精彩的著作，卻無損它是理解其思想全貌的重要經典。

譯者序言

萊布尼茲及其哲學簡介

《人類理智新論》是萊布尼茲的一部主要著作。在這部書中，萊布尼茲站在唯心主義（Idealism）唯理論（Rationalism）的立場，對洛克在《人類理智論》①一書中所發揮和詳細論證的唯物主義（Materialism）經驗論（Empiricism）的觀點，進行了系統的反駁。在西歐近代哲學史上，經驗論與唯理論的鬥爭，一直持續不斷。從哲學的基本問題來看，萊布尼茲的唯心觀點當然是錯誤的，但其中也還包含著積極的內容。萊布尼茲不僅僅是一位唯心主義的哲學家，而且更重要的是一位偉大的科學家和淵博的學者；他的哲學中也確實包含著相當豐富的辯證法因素。當他攻擊洛克的認識論（Epistemology）中的形上學（Metaphysics）觀點時，雖然是站在錯誤的唯心主義立場上，但往往也發揮了某些有辯證法意義的合理思想，不乏可供我們在批判形上學觀點時用作借鑒之處。因此，萊布尼茲的《人類理智新論》，作爲一部西方古典哲學名著，在哲學史上自有其確定的地位。

① 該書中譯本名爲《人類理解論》，關文運譯，一九五九年商務印書館版。

一

萊布尼茲的《人類理智新論》，雖然主要是關於認識論的著作，但因內容所涉極爲廣泛，實無異萊布尼茲哲學的一部百科全書。因此要了解萊布尼茲這書的內容，必須對他的整個哲學體系先有一個概括的了解。他的哲學體系，是他所處的十七世紀後半期到十八世紀初的德國以及整個西歐的歷史條件的產物，是當時德國資產階級特殊的歷史地位和階級利益在意識形態上的集中反映，並與他的個人生活經歷有著密切聯繫。爲此我們又有必要先簡略回顧一下他所處時代的西歐特別是德國的歷史狀況，以及他個人的主要經歷。

十七世紀的西歐，總的來看，正處在資本主義（Capitalism）新制度開始在若干國家代替封建主義（Feudalism）舊制度而開闢了人類歷史新紀元的重要時期。四〇年代至八〇年代的英國資產階級革命，標誌著世界歷史從此開始進入了資本主義時期。這是一個天翻地覆的時代，同時也是革命與反動、進步與落後的各種社會階級和集團、各種政治力量進行著錯綜複雜的尖銳鬥爭的時代。西歐的各個國家，一方面由於資本主義發展的不平衡而各自有其特殊的社會狀況，另一方面又並非各自孤立地發展而是彼此間有著密切聯繫和相互影響，這就更增加了這種鬥爭的複雜性。我們將可看到，正是當時西歐整個社會的階級鬥爭和各種矛盾的複雜性，造成了萊布尼茲的全部思想和活動中正確的東西和錯誤的東西、進步的東西和反動的東西、精華和糟粕紛然雜陳的狀況。

十七世紀西歐資本主義發展最先進的國家是英國和荷蘭。英國從四〇年代爆發了資產階級革命起，經過前進與倒退、復辟與反復辟的反覆鬥爭，終於以一六八八年的所謂「光榮革命」（Glorious Revolution），即以資產階級與貴族的階級妥協而結束了這個革命的全過程，資產階級成了統治階級的一部分，英國從此走上了資本主義得以迅速發展的道路。在這場劃時代的資產階級反封建大革命運動的前後，隨著資本主義經濟與政治的發展，英國的科學文化和哲學也得到了光輝燦爛的發展，爲人類歷史提供了一批有巨大貢獻的科學家和哲學家，其中特別重要的如：牛頓以及波以耳（Robert Boyle）、虎克（Robert Hooke）等在自然科學方面，和培根（Bacon）、霍布斯（Thomas Hobbes）、洛克等在唯物主義哲學方面，都做出了卓越的貢獻。

荷蘭的資產階級革命，甚至發生得比英國更早。遠在十六世紀六〇年代，荷蘭就已開始掀起了擺脫西班牙封建王室統治的民族解放鬥爭和資產階級革命風暴了，經過幾十年的戰爭，終於在十七世紀初葉爭得了獨立，同時建立起了歷史上第一個資產階級的共和國。雖然這場革命也遠沒有澈底剷除封建勢力，資產階級還有鞏固新建立的政權、防止封建復辟的任務，但畢竟使荷蘭成了「十七世紀標準的資本主義國家」②。由於資產階級革命的勝利，荷蘭不僅在經濟發展上居於前列，政治上是當時各國中相對說來最民主、最自由的國家，同時在文化上也達到了空前的繁榮，著名的科學家惠更斯（Huygens），最早進行了對微生物的觀察的斯瓦默丹（Jan Swammerdam）、雷文霍克（Antonie Philips van Leeuwenhoek），自然法學派（school of natural law）的著名代表、近代國際法的奠基人胡果．格老秀斯（Hugo Grotius），現實主義（Realism）畫派的大師倫勃朗（Rembrandt Harmenszoon van Rijn）等人都產生在這個時期的荷蘭，而在哲學上則有對唯物主義的發展做出巨大貢獻，並對萊布尼茲的思想有過直接影響的斯賓諾莎。

十七世紀的法國，由於某些特殊的歷史原因，資本主義的發展，比英國和荷蘭落後了一步，資產階級的力量雖有所發展，但還比較軟弱，不足以提出革命的要求，可以說和封建勢力處於勢均力敵、誰也不能戰勝誰的狀態。在這種條件下，專制王權就以表面上超乎封建貴族和資產階級的對立之上的姿態出現而大大發展起來。十七世紀上半期，路易十三（Louis XIII）的首相黎胥留（Armand Jean du Plessis de Richelieu）就已爲強化專制王權奠定了基礎，到了下半期路易十四統治的時代，王權達到了極盛，同時也取得歐洲大陸的霸主地位。當時的法國，

---

② 馬克思：《資本論》，《馬克思恩格斯全集》第二十三卷，第820頁。

雖然就其經濟和政治制度的發展來說不如英國和荷蘭先進，但由於其軍事和政治上的這種霸主地位，卻使其首都巴黎成了歐洲政治和文化的一個中心，同時也使法語成了歐洲政治、外交和文化界最通行的語言。在這種歷史條件下，巴黎不僅是各國科學、文化界著名人物薈萃之所，同時法國本身也出了許多有貢獻、有影響的科學家和哲學家，如最早製造了計算機、並為概率論奠立基礎的帕斯卡爾（Blaise Pascal），代數學的奠基人韋達（Francis Viete）等等，而最值得注意的則是不僅在數學和物理學等自然科學方面做出過偉大貢獻，並且在哲學上成為近代唯理論派的開創者和古典的二元論的創導者以及在「物理學」範圍內的機械唯物主義者的笛卡兒，和笛卡兒派的哲學家馬勒伯朗士與勒羅阿等人，以及以復興伊比鳩魯（Epicurus）的原子論（Atomism）著名的唯物主義哲學家伽森狄（Pierre Gassendi）。此外，在十七世紀末，有以懷疑為武器批判了神學和為之張目的形上學，成為十八世紀法國啓蒙運動（Enlightenment）的先驅，並與萊布尼茲本人進行過反覆辯難的比埃爾・培爾（Pierre Bayle），也還有一批與萊布尼茲有過密切交往的神學家如博須埃（Bossuet）、阿爾諾等人。

義大利雖是資本主義關係最早形成的地方，也是「文藝復興」（Renaissance）的策源地，但後來由於新航路的發現，資本主義發展的中心向大西洋沿岸的英國、荷蘭等國轉移，義大利的經濟發展相對地落後了，政治上也遠未能成為統一的獨立國家，許多地方長期為歐洲其他國家的封建王室所分割、占領、統治。不過，義大利作為早期資產階級文化的發祥地，不僅產生過一大批「人文主義者」（Humanist），而且在十六、十七世紀也還產生了像康帕內拉（Tommaso Campanella）、布魯諾（Giordano Bruno）這樣英勇地爲眞理而獻身的戰士和偉大的唯物主義哲學家，伽利略（Galileo Galilei）這樣爲近代自然科學的發展開闢道路和奠定基礎的偉大科學家。

德國雖然早在中世紀末期也和西歐其他國家一樣產生了資本主義萌芽和相當繁榮的工商業城市，而且正是在德國進行了資產階級和人民群眾反封建的第一次大起義，即以路德（Martin Luther）和閔採爾（Thomas Münzer）爲代表的宗教改革（Reformation）運動和農民戰爭。但其經濟發展，到了十六世紀後期，本來因新航路開闢後商路的轉移，也和義大利一樣日漸低落而比英國、荷蘭乃至法國都大大落後了。再加上這次宗教改革運動，由於以路德爲代表的市民階級的不堅決和背叛，最後轉過來和封建勢力一起鎮壓農民起義，實際上使這次轟轟烈烈的反封建鬥爭完全失敗了。運動的結果雖然產生了一個路德教的教派，但其實無非是使一部分封建諸侯利用這一新教教派的名義來擺脫天主教會的控制，沒收天主教會的部分財產而加強自己的勢力，反而強化了在各自領地內的封建統治而使廣大農民重新淪爲農奴。同時，由於宗教改革的結果又形成了信奉新教的諸侯和仍舊信奉天主教的諸侯之間的對立。在十七世紀初，就先後成立了「新教同盟」和「天主教同盟」這樣兩個對立的營壘，每個營壘內部，也還有不同派系的鬥爭。這種德國封建諸侯之間爭權奪利的鬥爭，又受到了外國的利用和干涉，終於在一六一八年釀成了歷史上有名的「三十年戰爭」，直到一六四八年訂立了「威斯特伐利亞和約」（the Peace Treaty of Westphalia）才告結束。這是歐洲近代史上第一次大規模的國際戰爭，瑞典、丹麥、英、法、荷蘭、西班牙等許多國家都參加進去了，又和德國內部各派諸侯之間以及諸侯與皇帝之間的混戰交織在一起，形成了錯綜複雜又曠日持久的混戰局面。這場戰爭主要都是在德國境內進行的，這就給德國的經濟造成了極大的破壞，使得原來已經落後的經濟更大大地落後了。恩格斯（Friedrich Engels）在談到當時德國的狀況時寫道：「在整整一代的時間裡，德意志到處都遭到歷史上最沒有紀律的暴兵的蹂躪。……到處是一片人去地荒的景象。當和平到來的時候，德意志已經無望地倒在地下，被踩得稀爛，撕成了碎片，流著鮮血。」③當時雖然名義上有一個「德意志神聖羅馬帝國」，但皇帝除了其直屬的奧國及捷克等部分地區外，對德國境內其他諸邦從來未能行使有效的統治權。「三十年戰爭」之後，皇帝建立統一帝國的希望完全破滅，威斯特伐利亞和約更承認帝國諸侯有獨立的外交權力，這就使這種分裂局面更進一步固定下來。當時的「德意志」實際上無非是個地理名詞，境內有三百多個邦，此外還有許多不屬任何邦國的城市以及近千個騎士領地。這些邦、城市和騎士領地都是各自獨立而不相統屬的。這種極端分散的封建割據局面嚴重地阻礙了資本主義的發展，也使得當

---

③《馬爾克》，《馬克思恩格斯全集》第十九卷，第366頁。

時德國實際上不可能形成一個統一的資產階級。所謂當時德國的資產階級，其實無非是分散在各邦爲諸侯宮廷、官府、貴族和軍隊的需要服務而經營一些小規模工商業的市民而已，充其量只是依附於封建王室或諸侯的一些分散的狹隘的地方小集團。這樣的資產階級，經濟力量既極端軟弱，政治上也只能仰承封建諸侯和貴族的鼻息，完全提不出什麼革命的要求，相反地只能向封建勢力奴顏婢膝地阿諛逢迎。可以想見，在這樣的歷史條件下，是不可能產生具有革命意義的唯物主義哲學的。這就是決定作爲這一時期德國資產階級思想代表的萊布尼茲，在哲學上仍只能是個唯心主義者（Idealist）的主要原因。

哥特佛萊德・威廉・萊布尼茲（一六四六至一七一六年）恰恰是在「三十年戰爭」結束前兩年，出生在萊比錫的一個知識分子家庭。他的父親是萊比錫大學的道德哲學教授，在他年僅六歲的時候就去世了；他幼年雖接受了虔信宗教的母親的教育，但在他未讀完大學以前母親也去世了。他父親留下了豐富的藏書，使萊布尼茲從小就接觸到了許多古典作家的作品，相當熟悉古希臘羅馬的思想文化。他十五歲時進入了萊比錫大學，雖然學的是法律，但同時又讀了許多近代哲學家和科學家如培根、康帕內拉、克卜勒（Johannes Kepler）、伽利略以及笛卡兒等人的著作。他在大學時第一個對他有影響的老師是一位精通古典和經院哲學（scholasticism）的教授雅可布・托馬修斯，因此他也接受了傳統的經院哲學的訓練。在他的第一篇公開發表的作品即他的畢業論文《論個體性原則》中，就可看出這種經院哲學教育對他思想的明顯影響。在這篇文章中他是維護唯名論（Nominalism）觀點的。雖然在這個時期他由於讀了許多近代科學家和哲學家的作品，一度爲機械唯物主義和原子論的觀點所吸引，但早在他十五歲時就本已考慮過是否應當把經院哲學中的「實體的形式」保留下來，果然不久他就感到那種機械唯物主義的觀點有許多缺點而加以拋棄，回到與經院哲學相通的唯心主義路線上去了。這誠然有他個人思想上的原因，但歸根到底是由於當時德國資產階級那種必須仰承封建勢力鼻息的軟弱地位，使他不能接受有革命意義的唯物主義而只能宣揚封建統治階級可以接受和需要的唯心主義。一六六六年，萊比錫大學顯然因萊布尼茲還過於年輕而拒絕給他法學博士的學位，但鄰近的另一個大學即阿爾特道夫大學卻接受了他的論文，給了他博士學位，並要聘他爲教授，而他卻另有打算，沒有接受這個職位，並從此離開了萊比錫。

離開萊比錫之後，萊布尼茲經人介紹到美茵茲大主教（Mainz Johann Philipp von Schonborn）手下工作，開始成爲一位外交官。這位大主教，也是一位選帝侯，深感教派之間的鬥爭引起了「三十年戰爭」，不僅弄得滿目瘡痍，國土殘破，而且也危及自己的統治。因此爲了免蹈覆轍，竭力想使新教與天主教之間取得和解，重新統一起來。這種新舊教之間和解的談判本來已在進行，萊布尼茲也就參加了這一活動，並且以後一生都以各種方式不斷地進行了這一徒勞的工作。爲此目的他特別研究了關於麵包和酒轉化爲耶穌的血肉這種基督教教義，這涉及所謂實體轉化的問題，而他認爲笛卡兒派關於物質實體的本性就在於純廣延的學說不論與天主教或路德教的教義都是不可調和的，因此竭力想來找出一種新的關於實體的理論，要使新舊教雙方都能接受，以便作爲調和新舊教的哲學理論基礎。這也是促使他拋棄了機械唯物主義的物質實體觀點而另創立那種唯心主義的實體學說即關於「單子」的理論的一個重要原因。但其實這種企圖使雙方都能接受的理論只能是使雙方都加以拒絕。萊布尼茲的這種努力也只能以失敗告終。

美茵茲的大主教除了怕教派紛爭危及自己的統治之外，還非常害怕當時成爲歐洲大陸霸主的法國國王路易十四的軍事威脅。萊布尼茲爲之出謀劃策，企圖去說服這位國王當向異教的埃及進軍而不要來進攻同樣信基督教的德意志。在這位大主教的贊同下萊布尼茲果然於一六七二年到了巴黎，想去遊說法國國王。他的計畫未被採納，當時也不爲人所知。據說後來拿破崙出征埃及失敗後，於一八〇三年占領漢諾威時，才發現了這一計畫。萊布尼茲去巴黎的本來目的雖未達到，但他因此在巴黎留居了四年，對他一生的思想和事業卻有極其重要的影響。如上所說，巴黎本是當時歐洲一個文化中心，尤其是在哲學和數學方面，可說居於當時世界的最前列。萊布尼茲在這裡遇到了一些著名的科學家和哲學家，例如惠更斯、馬勒伯朗士，以及阿爾諾等人。他本來主要想從事於法律和歷史的研究，正是和惠更斯的交往，使他又轉而研究高等數學，並促使他終於在一六七五至一六七六年間發明了微積分，當時他稱爲「無窮小算法」。牛頓早於萊布尼茲已對這問題作出了成績，但並未發表，萊布尼茲在發明微積分時並不知道牛頓的工作。萊布尼茲關於微積分的著作發表於一六八四年，而牛頓的則發表於一六八七年，或認爲還更遲到一六九三年。爲此引起的一場關於發明權的爭論是科學史上一樁著名的公案，但現在已可肯定微積分是萊布尼茲和牛頓各自獨立地發明的，沒有根據可以說是誰剽竊了誰。在巴黎期間，萊布尼茲還發明了一具能作加、減、乘、除和開方的計算機，比帕斯卡爾的僅能作加減的計算機前進了一大步。他這個時期和馬勒伯朗士的交往對於他進一步研究和討論笛卡兒及其學派的哲學，以及對於他自己的哲學體系的形成和發展都顯然有重大影響。他和阿爾諾的結識以及後來長期的通信，對他思想的影響更是不可低估。阿爾諾是一位詹森派的神學家，同時也是一位數學家和哲學家，是著名的《王港邏輯》一書的作者之一。羅素（Bertrand Russell）認爲萊布尼茲正是在與阿爾諾的通信中講了一套與他公開宣揚的哲學不同的「好」的哲學，而由於遭到阿爾諾的反對，就把他的這另一套哲學祕而不宣了。④且不管這看法對不對，阿爾諾對萊布尼茲思想的影響總是不能否認的。留居巴黎這段時期在萊布尼茲思想和學術事業的發展上的重要性，並不僅僅限於他和某些著名人士的交往，而在於他的思想和活動從此超出了當時處於極端落後狀態的「德意志」的狹隘界限，投身到整個歐洲乃至世界的學術文化

---

④ 參閱羅素：《萊布尼茲哲學述評》（*A Critical Exposition of the Philosophy of Leibniz*，倫敦，一九五八年版）第二版序言等處，以及他的《西方哲學史》下卷第十一章。

活動之中去了。例如：他雖被有些人看做「德國哲學之父」，但他用德文寫作的作品在他全部著作中卻只占很小的比例，他的大部分著作除了用拉丁文寫的之外，更多的部分，包括這部《人類理智新論》和他生前發表的唯一一部篇幅較大的著作《神正論》以及許多重要的短篇作品在內，都是用法文寫的。這正表明他要向國際學術界發言，因此要用當時國際上比較最通行的文字。

就在這留居巴黎期間，他於一六七三年初又曾短期訪問了英國。在倫敦他又結識了著名科學家波以耳，和英國皇家學會的祕書奧爾登堡。這對促進他的數學研究也起了重要作用。他本來早就曾寫信給霍布斯，表示對他的哲學的讚賞和欽佩，這時也曾想去訪問霍布斯，但因霍布斯當時已過於年邁而神志不清，故未得見面。

由於美茵茲的大主教已於一六七三年逝世，萊布尼茲想另謀一外交官職位未成，終於在一六七六年接受了漢諾威的布勞恩斯魏克（Brunswick-Luneburg）公爵的王家圖書館長的職位，並從此以它爲終身的正式職務。在他離開巴黎去漢諾威就職途中，他又特地經過荷蘭去訪問了斯賓諾莎。據說他在海牙可能和斯賓諾莎相處了約一個月，經常在一起談論，並且在他的堅持要求下，斯賓諾莎給他看了自己未發表的《倫理學》一書的手稿。由於斯賓諾莎被看做大不敬的無神論者（Atheist）而受到教會當局和反動勢力的攻訐，萊布尼茲後來力圖掩飾他和斯賓諾莎的密切關係，說和他僅見過一面，聽他講了些政治軼聞，竭力縮小乃至否認自己所受斯賓諾莎思想的影響，甚至也參與對斯賓諾莎的攻擊。這也鮮明地表現了德國資產階級的軟弱性乃至向封建勢力妥協投降的反動性在萊布尼茲思想上打上的烙印。實際上斯賓諾莎對萊布尼茲哲學的重大影響是他自己所抹殺不了的。

到漢諾威定居以後，萊布尼茲又繼續和許多人通信，從事於重新使天主教與新教聯合起來的活動，結果都失敗了。就這個問題和他通信的人之中最重要的是法國的博須埃主教，和他的通信斷斷續續地進行了二十五年之久。博須埃一心想使萊布尼茲皈依天主教，但萊布尼茲畢竟是一位科學家，不願使教會的束縛影響他研究科學的自由而未使博須埃如願。擔任布勞恩斯魏克的圖書館長之後，他又受聘爲布勞恩斯魏克編修歷史，爲了弄清布勞恩斯魏克公爵與義大利的一個古老貴族家族艾思特家族的親緣關係，他又曾於一六八九年短期出遊義大利。在此期間又有人想勸他皈依天主教，並爲此要任命他爲梵蒂岡教廷的圖書館長，和許以其他可望更加飛黃騰達的高位。但萊布尼茲畢竟不想給自己套上天主教會的枷鎖而未答應。據說當他參觀羅馬曾成爲早期受迫害的基督教徒避難處的墓窖時，帶回了一小塊染有當初殉教者的血跡的玻璃，爲的是想來對它做一番化驗！這件軼事也很可以使我們看到，萊布尼茲作爲一位偉大的科學家，還是遠超過他作爲替宗教張目的衛道士。儘管他竭力想用他的哲學來爲重新統一基督教的事業服務，爲之提供一種哲學理論基礎，但他本人一生並不進教堂，甚至死時也並無一個教士在場，而教士和其他的人們甚至給了他一個綽號，稱之爲 Lövenix（下德意志方言，意即「什麼也不信的人」）。

經過多年的探索和觀點的反覆轉變，萊布尼茲終於在一六八六年前後確立了他自己的哲學體系的主要原則。從此以後他的基本思想就沒有什麼大的改變，只是以各種方式就各個方面對它作了闡述和發揮。他最終確定了的主要哲學觀點也許最早在一六八六至一六九〇年與阿爾諾的通信中已經提出來了，但這些通信是到一八四六年才由後人全部發表的，當時並不為人所知。學術界最初知道萊布尼茲的哲學觀點，主要是通過他一六九五年在萊比錫的《學報》（*Acts Eruditorum*）上發表的一篇拉丁文的動力學論文（Specimen Dynamicum）和法文的《學者雜誌》（*Journal des Savants*）上發表的《新系統》一文。此後，萊布尼茲也並沒有寫一部系統的大部頭著作，把自己的哲學體系全面地加以闡述，而往往只是在與別人的通信中，對別人的著作或哲學觀點的評論中，對別人的反對意見的答覆或解釋中，來論述或發揮自己對某個問題或某一方面的問題的見解。例如：這部《人類理智新論》，就是通過對洛克的《人類理智論》的評論，來發揮他自己的觀點。洛克的《人類理智論》最早發表於一六九〇年，接著曾多次再版。萊布尼茲讀到這書以後，隨手就其中的某些問題寫了一些評論。這些評論的一部分曾通過一位朋友之手轉給了洛克。洛克在給另一位朋友的信中對萊布尼茲的意見表示了輕視，並不屑置答。一七〇〇年，出版了《人類理智論》的法譯本，這是科斯特（Pierre Coste）根據洛克作了增補的第四版翻譯的。萊布尼茲對英文不如法文精通，有了這法譯本後才對這書又做了更深入鑽研。他首先對洛克做了重要增補的兩章，即〈論觀念的聯合〉的第二卷第三十三章和〈論狂信〉的第四卷第十九章，做了一個摘要和簡評，發表在《每月文摘》（*Monatliche Auszug*）上。接著就著手來寫這部《新論》。爲了論辯的方便以及免使讀者不斷去翻閱洛克原書計，他採取了兩個朋友對話的方式，一個代表洛克，一個代表他自己。這樣斷斷續續地寫了好幾年，大約在一七〇四年才把初稿寫完。他先把稿子給一位法國朋友去做文字上的潤色，又由於在一七〇六年他和科斯特通了信，科斯特告訴他說洛克的原書譯本還要有重大的修改，勸他等知道了這些修改之處後再發表，這樣就把這書的發表拖延下來了。同時，洛克又已於一七〇四年去世了，萊布尼茲覺得很不願意發表一部反駁一位已去世的作者的作品，而想另寫一部獨立地發揮自己的思想的書。這樣，這部《新論》就被擱置下來，生前一直未發表。雖然內容基本上已是完整的，但形式上則是一部未經最後審訂潤色的手稿。直到萊布尼茲逝世後約五十年，即一七六五年，拉斯普（Raspe）在編纂出版萊布尼茲的拉丁文和法文哲學著作集時，才首次把這部書公開發表。拉斯普是根據經法國人潤色過的稿子發表的，以後埃德曼（Erdmann）編的萊布尼茲哲學著作集也是根據拉斯普的版本，而格爾哈特編的七卷本《萊布尼茲哲學著作集》則是重新根據萊布尼茲原來的手稿發表，而未考慮法國人的修改。這就是兩種版本有某些不同的原因。但這主要只涉及第一卷的前面部分，後面的絕大部分並無重要區別。

除了這部《人類理智新論》之外，萊布尼茲所寫的另一部篇幅較大的著作就是一七一〇年發表的《神正論》。這是他生前發表的唯一一部大部頭著作。《神正論》實際上也是與人論戰性質的作品，主要是針對著法國啓蒙運動的先驅培爾的論難來維護自己調和信仰與理性以及所謂「樂觀主義」（Optimism）的主張的，同時也藉此發揮了自己的哲學的主要原則。這書也是作爲萊布尼茲與普魯士的蘇菲・夏洛特（Sophie Charlotte）王后談話的結果，在這位王后的慫恿下寫成的。萊布尼茲生前已成爲一位學術界的名人，經常與歐洲許多國家的王公后妃及顯貴們交往，他的另一些哲學著作也是爲王公后妃們寫的。例如：一般認爲他的《單子論》一文，就是應薩瓦親王歐根（Eugene）之請而寫的自己哲學體系的綱要，但格爾哈特認爲他給歐根親王寫的是《自然與神恩的原則》一文而不是《單子論》。不管怎樣，兩者都是他逝世前不久於一七一四年寫的概括自己的主要哲學觀點的作品，內容基本相似，只是《單子論》較完備些。

萊布尼茲的許多重要思想，又多在和別人的通信中表達。其中比較最重要的，如：和著名數學家讓・貝爾努依先後經二十餘年（一六九四至一七一六年）的通信，主要討論數學和物理學以及它們和形上學的聯繫問題；和德・鮑斯（Des Bosses）經十年（一七〇六至一七一六年）的通信，主要討論他的實體學說與基督教的聖體轉化的教義相結合的可能性問題；和布爾蓋（D. Bourguet）的通信（一六一四至一六一六年），討論他的主要哲學觀點和生物學的某些關係問題；以及和克拉克的通信（一七一四至一七一六年），主要討論關於空間和時間問題，也是他和牛頓物理學的主要分歧問題等等。

萊布尼茲的學術活動，範圍非常廣泛，除了哲學和數學之外，在其他許多學科上都曾做出重大貢獻。他在大學裡本來學法律，在法學上有許多論著；在史學上，他編纂了布勞恩斯魏克家族的歷史；在邏輯學上，是他首先提出了充足理由律，作爲傳統的同一律、矛盾律、排中律之外的另一條基本思想律；更重要的是他關於數理邏輯問題的研究，羅素認爲他這方面的研究成果如果當初就發表，「他就會成爲數理邏輯的始祖，而這門科學也就比實際上提早一個半世紀問世」⑤；在物理學上，他對牛頓派和笛卡兒派的物理學觀點都提出過有重要意義的批評或異議，例如：他既不同意牛頓派關於「絕對空間」的觀點，也批判了笛卡兒派關於物質的本性就在於廣延性的觀點，同時針對著笛卡兒關於運動量守恆的觀點，論證了在自然中保持不變的不是運動量而是力的量，以 $mv^2 = c$（質量與速度的平方的積是一個常數）的公式，補正了笛卡兒的 $mv = c$（質量與速度的積是一個常數）的公式；甚至在技術科學上，萊布尼茲也對哈茨山的開礦事業做出過貢獻，並爲此研究了地質學而寫了論著。此外，如對於醫學、比較語言學、圖書分類學或目錄學以及其他許多門科學，萊布尼茲都做過研究，有自己的見解和或多或少的貢獻。總之他是歷史上少數幾個最博學的人之一，普魯士的腓特烈「大王」（Frederick II）甚至曾說萊布尼茲「本人就是一所科學院」。萊布尼茲不僅自己研究了各門科學，而且非

---

⑤ 羅素：《西方哲學史》，商務印書館，一九七六年版，下卷，第119頁。

常熱心於推動科學事業的發展。正是在他的努力之下，在柏林建立起了科學院，他本人也在一七〇〇年被任命爲柏林科學院的第一任院長。他也爲了在全歐洲推廣和發展科學事業，曾先後向波蘭的國王、俄國的沙皇彼得一世（Peter I）、奧國的皇帝建議，在德累斯頓、聖彼得堡、維也納都建立起科學院。只是當時歐洲還充滿了戰爭動亂，這些封建帝王們忙於爭權奪利，並無心發展科學事業，萊布尼茲的這些努力也都失敗了。據說萊布尼茲也曾給中國清朝的康熙皇帝寫信，建議在北京也創設一所科學院，這願望當然也未能實現。萊布尼茲的這些努力雖大都只是徒勞，但他這種熱心科學事業的精神還是值得肯定的。

由於最初任命萊布尼茲爲王家圖書館長的布勞恩斯魏克公爵及其繼承者都先後去世，新接任的公爵就是後來成爲英國國王的喬治一世（George I），對萊布尼茲似乎素無好感，當他接任英王的時候，就未把萊布尼茲帶往英國而仍讓他留在漢諾威。據說這主要也是因爲萊布尼茲與牛頓爲微積分的發明權等問題的爭執，使英國人不喜歡萊布尼茲的緣故。不管怎樣，萊布尼茲的暮年似乎頗不得意，一七一六年九月十四日就在漢諾威冷落地去世了。

從上述西歐和德國當時的歷史條件以及萊布尼茲個人的一生經歷，我們可以看出萊布尼茲爲什麼會一方面宣揚落後乃至反動的唯心主義哲學，另一方面又在科學上有卓越成就，並在其總的唯心主義哲學體系中包含著某些合理的、進步的因素。這種複雜的、矛盾的狀況，並不是偶然的。他本來早在青少年時代就已接觸到反映當時西歐較先進國家資產階級利益的唯物主義哲學如霍布斯以及伽森狄、笛卡兒等人的思想，並表示曾爲它所吸引。但他終於放棄了唯物主義而轉向唯心主義，這絕不能以他個人的「一念之差」或僅用思想方法上的錯誤或片面性來解釋，而應看到正是他所代表的當時德國資產階級的軟弱地位和向封建勢力屈膝投降乃至討好獻媚的政治需要決定了他不得不如此。如前所述，他自己就曾明白表示他之所以不能接受例如：笛卡兒的關於物質實體的觀點，要另外提出一種關於實體的學說，是爲了給重新統一基督教提供一種哲學理論基礎。他的唯心主義哲學是一種爲宗教教義提供新的理論基礎的反動的僧侶主義，是爲資產階級迎合封建勢力的需要這一政治目的服務的，對於他的哲學的這一主導方面必須給予澈底的批判。但當時德國的資產階級畢竟還是一個新興的階級，雖然由於自身力量的軟弱而不得不向封建勢力妥協投降，但終究還是有求得自身的發展的願望，並且不能不對其他較先進國家資產階級的地位特別是其所創造的新的科學文化有所嚮往。這就是在萊布尼茲的反動唯心主義哲學體系中又包含有一些有進步意義的辯證法思想的合理因素，以及在科學上能做出積極貢獻的主要原因。我們從上述萊布尼茲的一生經歷中可以看出，他與當時整個西歐的幾乎所有最主要、最著名的科學家和哲學家都有直接間接的聯繫，而他不僅十分勤奮好學，又十分善於吸取別人的長處和成就，並加以綜合、提高，從而做出自己創造性的貢獻。他的科學成就，並不僅僅是德國一國的產物，而是當時整個歐洲在資本主義發展條件下所取得的科學成果的結集，是那一時代整個科學水準的反映。科學技術歷來是人類共同創造的財富，不應該也不可能受人爲的國界的限制。產生在經濟、政治狀況都十分落後的德國的萊布尼茲，在科學上卻可以達到當時國際最先進的水準，就是這個道理。我們在考察萊布尼茲思想產生的歷史背景時，之所以不能限於德國一國，而要看到當時西歐其他主要國家的社會狀況，以及在這些國家裡產生的主要哲學家和科學家對萊布尼茲的影響，道理也就在這裡。

應該指出，萊布尼茲因爲以他的勤奮和卓越的才能對人類科學文化事業做出了偉大的貢獻，也因爲他的哲學思想中還是包含有可貴的辯證法的合理因素，不僅得到歷來進步思想家的推崇，也得到馬克思主義（Marxism）創始人的高度評價。例如：狄德羅（Denis Diderot）在爲他自己主編的《百科全書》撰寫的「萊布尼茲主義」一條中就寫道：「當一個人考慮到自己並把自己的才能和萊布尼茲的才能來作比較時，就會弄到恨不得把書都丟了，去找個世界上極偏僻的角落躲藏起來以便安靜地死去。這個人的心靈是混亂的大敵：最錯綜複雜的事物一進入他的心靈就弄得秩序井然。他把兩種幾乎彼此不相容的品質結合在一起了，這就是探索發現的精神和講求條理方法的精神；而他藉以積累起最廣泛的各種不同種類知識的最堅毅又最五花八門的研究，既沒有削弱這一種品質，也沒有削弱另一種品質。就哲學家和數學家這兩個詞所能具有的最充分的意義來說，他是一位哲學家和一位數學家。」[6]而馬克思（Karl Marx）在

---

⑥ 見狄德羅主編《百科全書》「萊布尼茲主義」條；又見Assézat主編《狄德羅全集》第十五卷，第440頁。

一八七〇年五月十日致恩格斯的信中也曾說：「你知道，我是佩服萊布尼茲的。」⑦當然，這不是說對萊布尼茲該無批判地全盤肯定。對其哲學中反動的唯心主義和形上學方面，從他同時代的進步思想家如培爾等人，到伏爾泰（Voltaire）以及包括狄德羅本人在內的「百科全書派（Encyclopédiste）」唯物主義者，都是一再加以批判、否定，乃至嘲笑的；馬克思主義經典作家們對此更是做了澈底的揭露和批判。總之，不能因爲萊布尼茲是個唯心主義者就抹殺他哲學中的合理因素，特別不能抹殺他在科學上的偉大貢獻；同時也不能因爲他是一位偉大的科學家就忽視對他哲學上反動的唯心主義和形上學的批判。應該對他一分爲二地、實事求是地做出恰當的評價和階級的、歷史的分析。

二

萊布尼茲的哲學體系，通常被稱爲「單子論」（Monadology），他自己也常稱之爲「前定和諧系統」。這是一個客觀唯心主義的形上學體系，是在和當時西歐資本主義發展較先進國家新興資產階級的機械唯物主義作鬥爭中形成和發展起來的。在他最初發表他已趨成熟的哲學觀點的《新系統》一文中，他概述了自己思想發展的過程，表明他在少年時代本來接受了經院

⑦《馬克思恩格斯全集》第三十二卷，第489頁。

哲學中所講的亞里斯多德的觀點，後來讀了近代一些科學家和哲學家的著作，一度爲他們那種「機械地解釋自然的美妙方式」所吸引，就摒棄了經院哲學那種用「形式」或「功能」等實際上什麼也不能說明的東西來解釋自然的方法，而相信了「原子」和「虛空」，也就是爲伽森狄所復活了的伊比鳩魯的「原子論」觀點。可是當他做了進一步思考之後，發現這種觀點有許多缺點和困難，因此就又拋棄了這種觀點而想到要把當時已身價大落的「實體的形式」重新召回，不過要給以新的解釋。這無異於表明他又放棄了唯物主義而回到了經院哲學的唯心主義路線，不過不是簡單地回到原封不動的舊觀點，而是要給予舊觀點某種改造以適應新的需要。

萊布尼茲之所以要拋棄唯物主義而仍舊轉向唯心主義，誠然是當時十分軟弱的德國資產階級向封建勢力妥協投降的政治需要所決定的，但就理論上來說，也確實是由於他看到了當時那種唯物主義的機械論（Mechanism）的侷限性，看到了那種機械論的自然觀，特別是關於物質實體的觀點所陷入的矛盾困境和難以自圓其說。

照萊布尼茲看來，當時那種機械論的物質觀，首先就陷入了所謂「連續性」與「不可分的點」的矛盾。在他的《神正論》一書的序言中，他寫道：「我們的理性常常陷入兩個著名的迷宮：一個是關於自由和必然的大問題，特別是關於惡的產生和起源的問題；另一個問題在於有關連續性和看來是它的要素的不可分的點的爭論，而這問題牽涉到對於無限性的考慮。前一個問題煩擾著幾乎整個人類，而後一個問題則只是得到哲學家們的注意。」⑧前一個問題是他在《神正論》中企圖解決的，這裡撇開不談，後一個問題則正是他作爲哲學家所面臨的主要問題。萊布尼茲認爲，在當時的哲學家和科學家中，如伽森狄等原子論者和另一些科學家，肯定萬物是由不可再分的原子或微粒構成，就是只肯定了萬物都是一些「不可分的點」的堆集，而否定了眞正的「連續性」；反之如笛卡兒及其學派乃至斯賓諾莎，則只是肯定了「連續性」而否定了「不可分的點」，因爲如笛卡兒既肯定物質的唯一本質屬性就是廣延，有廣延就有物質，從而否定了「虛空」，也否定了爲「虛空」所隔開的「原子」即「不可分的點」。這樣，這些哲學家們在「連續性」和「不可分的點」這個問題上就各執片面而形成了不可調和的對立。這個問題，實質上和「全體」與「部分」或「一般」與「個別」的關係問題密切相連，甚至就是同一個問題。凡是肯定「連續性」而否定「不可分的點」的哲學家，也就肯定「全體」或「一般」，而否定了「部分」或「個別」的實在性；肯定「不可分的點」而否定「連續性」的哲學家則與此相反。可是，在萊布尼茲看來，「連續性」的規律是宇宙間的一條基本規律，

⑧見 Die Philosophischen Schriften von G. W. Leibniz, herausgegeben von C. J. Gerhardt, Berlin,1875-1890（以下簡稱G本）第六卷，第29頁；God. Guil. Leibnitii opera philosophica quae extant latina, gallica, germanica omnia, ed. J. E. Erdmann, Berlin,1840（以下簡稱E本），第470頁a。

是不能否定的；同時，萬物既是複合的，就必須是由一些眞正的「單位」或「單元」構成，否則就不成其爲複合物，因此作爲眞正的「單元」的「不可分的點」也是不能否認的。必須把兩者結合起來。但是，當時的機械唯物主義者都只是就廣延性、就量的規定性著眼來看物質的本性，就始終無法把兩者眞正結合起來而陷入了不可解決的矛盾。

其次，照萊布尼茲看來，那種唯物主義的原子論的觀點，雖似乎肯定了「不可分的點」，但那種原子既是物質的，就必須有廣延，而凡是有廣延的東西，總是無限可分的；廣延就意謂著「重複」，「重複」的東西就不是「單純」的，不是不可再分的東西，不是事物的最後的「單元」。或認爲原子的不可分是在於它的堅硬，但堅硬性也總只能是相對的，不可能有絕對堅硬到永遠不可分割的東西。因此，如果說「原子」照希臘文的原意就是「不可分」的意思，則「物質的原子」在萊布尼茲看來就是個自相矛盾的概念。這也就是他雖一度認爲「原子」與「虛空」的學說最能滿足想像而加以接受，但經過深思熟慮後又覺得不能成立而加以拋棄的主要理由。

再次，萊布尼茲認爲，當時的唯物主義物質觀，不論是肯定「連續性」或肯定「不可分的點」的，既都只從廣延著眼，就無法說明事物的運動變化。因爲廣延本身不能成爲運動的原因，那種機械的物質觀就都只能把物質本身看作不能自己運動的東西，運動是從外加到物質中去的。而照萊布尼茲看來，完全只是被動而不能自己運動的東西，是和「實體」的觀念不合的。因爲「實體」意謂著自身獨立存在而不受他物決定的東西，它的運動變化也應該出於自身的原因而不受他物的決定。物質既是完全被動的，也就是受他物決定的，因此照萊布尼茲看來就不可能是眞正的實體，「物質實體」這個概念也是自相矛盾而不能成立的。

就是針對著所看到的機械唯物主義觀點的這些缺陷和矛盾，萊布尼茲提出了他自己的一套觀點，企圖來彌補這些缺陷，克服這些矛盾。

首先，針對著「物質的原子」不可能是原則上不可分的這一缺陷，他提出了一種眞正不可分的「單元」即「單子」的學說來與之相對立。在他看來，既有複合物存在，就必須有組成複合物的「單純」實體。所謂「單純」，就是沒有部分的意思。只有不包含部分的單純實體，才能成爲構成複合物的眞正「單位」或「單元」。而物質的原子既具有廣延性，就必包含有部分。因此這種眞正的「單元」必須根本不具廣延性。但不具廣延性的東西也就不可能是物質，因此構成事物的最後單位只能是精神性的東西，這就是他所說的「單子」。萊布尼茲認爲，「數學的點」是眞正不可分的，但這種點只是抽象思維的產物而並不是實在存在的東西；而物質的原子作爲「物理學的點」雖是實在的，卻不是眞正不可分的；只有這種「單子」才是既眞正不可分又是實在存在的，他也稱之爲「形上學的點」。因此這種「單子」似乎既與數學上的點和物質的原子根本不同而又同時兼有兩者的某些特性。萊布尼茲最初也把他所設想的這種「單純」的實體叫做「實體的原子」，或者就用經院哲學的名詞稱之爲「實體的形式」等等，只是到後來才稱之爲「單子」。它在一定意義下也可以說就是精神化了的原子，這種「單子論」也可以說就是一種唯心主義的原子論。唯物的原子論者認爲萬物都是由物質的原子構成的，萊布尼茲的「單子論」則認爲萬物都是由精神性的單子構成的。單子既是精神性的東西，萊布尼茲也就把它比之於一種「靈魂」。因此列寧（Lenin）指出：「單子＝特種的靈魂。萊布尼茲＝唯心主義者。而物質是靈魂的異在或是一種用世俗的、肉體的聯繫把單子黏在一起的糨糊。」⑨物質，在萊布尼茲那裡，有「初級物質」和「次級物質」之分。所謂「初級物質」，是抽象地就赤裸裸的物質本身來看，就是具有某種廣延性即占據一定空間，同時具有某種抵抗他物進入其所占位置的不可入性的東西，在他看來只是一種純粹被動的東西，可以說只是一種赤裸裸的被動性。而所謂「次級物質」，則是指由單子所構成的事物對感覺或想像所呈現的某種現象，只是抽象地被看做一種暫時的堆集的某種單子之間的關係。總之，只有精神性的單子才是唯一眞實存在的東西，是眞正的「實體」，而「物質」則只是某種純粹的被動性或某種對混亂知覺所呈現的現象，而不是「實體」。雖然萊布尼茲有時也談到「物質實體」，這在他看來就好比哥白尼（Nicolaus Copernicus）也可以談到太陽的運轉或日出日落一樣，只是隨俗的說法，不是指嚴格意義而言的。誠然，他也說到「次級物質」作爲一種現象，和純粹的幻覺或

---

⑨ 列寧：《哲學筆記》，第430頁。

夢境之類不同而是「有良好根據的現象」，但它終究只是「現象」而不是眞正的「實體」。這樣，萊布尼茲就由於當時機械唯物主義者的物質實體觀念的某種侷限性而把物質實體本身否定掉，並轉向澈底唯心主義的實體觀了。

從這種精神性的實體「單子」是眞正不可分的，即沒有部分的這一點出發，萊布尼茲就演繹出了單子的一系列特性：

第一，由於單子是沒有部分的，它就不能以自然的方式通過各部分的合成而產生，也不能以自然方式通過各部分的分解而消滅，它的產生和消滅都只能是由於上帝的創造和毀滅，即由於「奇蹟」⑩。這實際上等於說自有世界以來，單子都是不生不滅，永恆存在的。萊布尼茲也從這裡很自然地引申出了「靈魂不死」的教義，甚至肯定一切生物都是並無眞正的生死的，而只有與靈魂相聯繫的機體的展開或縮小。⑪

第二，由於單子沒有部分，也就不能設想有什麼東西可以進入其內部來造成變化，「單子沒有可供事物出入的窗子」，「不論實體或偶性，都不能從外面進入一個單子」。⑫這樣，單

⑩ 參閱《單子論》§3-§6，見《十六—十八世紀西歐各國哲學》，商務印書館，一九七六年版，第483頁。

⑪ 參閱《新系統》，G本第四卷，第480頁以下等處。

⑫ 《單子論》§7。

子就是一個澈底孤立的東西，各單子之間不能有眞正的相互作用或相互影響。

第三，由於單子沒有部分，實際上不具有廣延性，沒有量的規定性，彼此之間也就沒有量的差別。這樣，每個單子就必須各自具有不同的質，否則事物之間就不能有任何區別了。由此也就引申出：世間任何一個事物都是與任何其他事物有某種不同的，甚至普天之下也找不出兩片完全相同的葉子。萊布尼茲明確肯定世上沒有兩個不可辨別的個體，他把這叫做「不可辨別者的同一性」，這也是他的一個著名論點。⑬

第四，由於單子沒有部分，「沒有可供事物出入的窗子」，就不能由外來的原因造成其變化發展；而萊布尼茲肯定「一切創造物都是有變化的，因而創造出來的單子也是有變化的」，既然變化的原因不能來自單子之外，就只能來自單子內部，因此「單子的自然變化是從一個內在的原則而來」。⑭

其次，針對著當時機械唯物主義者把物質實體的本性看做僅在於廣延，因而把物質與運動割裂開來，無法說明事物的自己運動變化，使物質成了完全依賴外力推動的東西而不成其爲

---

⑬《單子論》§8，§9；並參閱本書上冊第二卷第二十七章§3（第338-339頁），及「給克拉克的第四封信」（見G本第七卷，第372頁；E本第755頁b，第756頁a）。

⑭《單子論》§10，§11。

自身獨立的實體這種缺點，萊布尼茲提出了實體本身就具有能動的「力」，因而能夠自己運動變化的觀點來與之相對立。在《新系統》一文中，他講了當時的物質實體觀念的缺陷之後，接著就寫道：「因此，爲了要找到這種實在的單元，我就不得不求援於一種可說是實在的及有生命的點，或求援於一種實體的原子，它當包含某種形式或能動的成分，以便成爲一個完全的存在。……因此我發現這些形式的本性是在於力，由此跟著就有某種和知覺及欲望相類似的東西；因此我們應該拿它們和對於靈魂的概念相仿地來設想。」⑮這就是說，萊布尼茲後來稱之爲「單子」的這種「實體的形式」，本身就具有一種「力」，在他看來，每一個單子也就是一個「力」的中心；同時它也是一種「有生命的點」，是和「靈魂」同類的東西。由於他把單子看做「特種的靈魂」，因此他認爲每個單子也都像靈魂一樣具有「知覺」和「欲望」，所謂單子的能動的「力」，在他看來歸根到底無非也就是這種「欲望」的推動力。各個單子的特殊狀態或性質的不同，萊布尼茲把它歸結爲這種「知覺」的模糊或清晰的程度的不同；事物的發展變化，也被萊布尼茲看做就是單子的這種「知覺」由模糊、混亂到明白、清楚或相反的變化發展；而推動這種變化發展的「內在原則」，也就是「欲望」或「欲求」。這樣，我們又再一次看到，萊布尼茲因爲當時機械唯物主義者的物質實體觀念的侷限性就根本否定了物質實體本

⑮ G本第四卷，第478-479頁；E本第124頁。

身，把實體看成完全是精神性的東西了。

最後，針對著當時機械唯物主義者由於單從量的方面著眼無法解決「不可分的點」和「連續性」的矛盾這一困難，萊布尼茲企圖從質的方面著眼來解決「單子」作爲「不可分的點」與「連續性」的關係問題，並提出了所謂「前定和諧」的學說，來作爲解決這一問題的一個關鍵。

如上所說，照萊布尼茲看來，如果只從量的規定性著眼，把物質看成就是具有廣延性的東西，是無法找到眞正不可分的點的；而如果像原子論者那樣武斷地肯定有這種「不可分的原子」，則又必須同時承認有把這些原子彼此分開的「虛空」從而否定了「連續性」。從廣延或量的方面著眼既無法解決這個矛盾，萊布尼茲就企圖另闢蹊徑，根本撇開量而單從質的方面著眼來解決這個問題，把「不可分的點」和「連續性」結合起來。我們看到他的「單子」就是根本不具有廣延性，也無法說它有形狀或大小的量的差別而只是各自具有不同的質的精神實體。它在這個意義下是眞正「不可分的點」。而這種「不可分的點」既因沒有部分而沒有「窗子」可供事物出入，是不能互相作用而澈底孤立的，又如何構成一個連續體呢？

照萊布尼茲看來，每個單子既然都如靈魂一樣具有知覺，憑它的知覺就都能反映整個宇宙，這在一定意義下也就可以說宇宙間無限的單子的全體就包含在每一單子之中。而如以上所說，每個單子都在質的方面與其他任何單子不同，這不同就意謂著每個單子反映宇宙的「觀點」或角度的不同。也就是說，全部單子都各自從每一可能的「觀點」反映著宇宙。單子的數目是無限的，否則宇宙就將不能從每一可能的觀點被反映或表象，這樣宇宙就會是不完全的了。而單子的數目既是無限的，並且每一單子在質上都與別的單子不同，那麼就可以把全部單子設想成有如一個序列，其中每一項即每一單子都與其相鄰的單子既有不同，而在質上不同的程度又是無限地小，這樣就使相鄰的單子緊密相連，而使全部單子形成一個無限的連續的鏈條。他認爲這樣就解決了「不可分的點」與「連續性」的矛盾了。在他看來，單子由於「知覺」的清晰程度的不同，大體上可分爲三類：其中如通常認爲無生命的東西即無機物以至植物，也是由同樣有知覺和欲望的單子構成，不過這類單子僅僅具有極不清晰的「微知覺」，他借用亞里斯多德的名詞稱之爲原始的「隱德萊希」（entelechie）；比這高一級的單子則具有較清楚的知覺，也有了某種記憶，這就是動物的「靈魂」；更高一級的單子則不僅有了清楚的知覺和記憶，而且有了具有「自我意識」的「察覺」（或譯「統覺」）和「理性」，這就是人類的靈魂，可特稱之爲「心靈」。在人類的「心靈」之上，他認爲也還有無數更高級的「心靈」就是「天使」之類，直到最高的無所不知，也無所不能的唯一創造其他單子的單子，這就是「上帝」。在這由上帝直到最低級的物質這一無窮序列中，雖大體上可分爲「心靈」、「靈魂」、「隱德萊希」這樣一些等級，或與之相應的人類、動物、植物和無機物等物種，但實際這些類別之間並不能劃出明顯的界限，往往有許多東西介乎兩者之間而難以歸入哪一類，如「植蟲」之類的有些生物就介乎植物與動物之間。因此，他認爲人和動物連接著，動物和植物連接著，植物又和「化石」之類的東西連接著，如此類推，宇宙萬物就構成了一個「連續體」，中間並無空隙。他一再明確地肯定「自然是不作飛躍的」。這樣他認爲就既肯定了單子這種眞正「不可分的點」，又肯定了由無限的單子構成的宇宙的「連續性」。

但是，如果僅僅停留在這一步，則充其量只是肯定了在抽象的靜態條件下的全部單子的連續性。而單子及其所構成的事物，是在欲望的推動下不斷地變化發展的，萊布尼茲也明確肯定宇宙間沒有什麼絕對靜止的事物，所謂靜止，在他看來也只是運動速度無窮小而不爲人所覺察的一種狀態。既然如此，則在由無數單子構成的這個連續的序列中，一個單子有了某種變化，如果其餘的單子不隨之而作相應的變化，則整個序列的連續性就被破壞。可是每個單子又是澈底孤立而不能與其他單子互相影響的，那麼又怎樣來解釋每個單子都在不斷地變化發展而全部單子構成的序列又仍舊保持其連續性呢？萊布尼茲就用所謂「前定和諧」的學說來解決這個困難問題。照這種學說看來，當一個單子有了某種變化時，宇宙間的其他所有單子也就作相應的變化而保持了整個序列的連續性。但這種相應的變化並非由於某個單子的變化直接影響其他單子的結果，而是由於上帝在創造每個單子時，就已預見到一切單子的全部變化發展的情況，預先就安排好使每個單子都各自獨立地變化發展，同時又自然地與其餘一切單子的變化發展過程和諧一致，因此就仍然保持其爲一個連續的整體。用他自己的比喻來說，整個宇宙好比一個無比龐大的交響樂隊，每一樂器的演奏者都按照上帝事先譜就的樂曲演奏出各自的旋律，而整個樂隊所奏出的卻自然地是一首完整的和諧的交響樂曲。

這個「前定和諧」的學說，本來萊布尼茲是用來解決笛卡兒所遺留下來的身心關係問題。笛卡兒的古典二元論既把物質與精神看做兩種截然對立而不能互相作用的實體，就始終無法圓滿地說明身體與心靈又交互影響這種顯著的現象。他的門徒中的一派如馬勒伯朗士等人就提出一種「偶因論」（Occasionalism）的學說來企圖解決這個問題。照「偶因論」者看來，是上帝在心靈有某種變化時使身體產生了相應的運動或變化，又在身體有某種運動時使心靈產生了相應的變化；身心雙方變化的直接原因都在上帝，而一方的變化只是另一方的變化的「偶因」或「機緣」。萊布尼茲既把各個單子看做彼此孤立而不能互相作用的，也同樣無法用交互影響來說明身心關係問題。而他認爲「偶因論」的解釋則無異於把上帝看做一個「很壞的鐘錶匠」，須隨時守著來調整身心這兩個「鐘」使之走得彼此一致。針對著「偶因論」的這種缺點，萊布尼茲就提出一種看法，認爲上帝既是萬能的，就應當在他製造身心這兩個「鐘」時就造得非常精密準確，使之各走各的又自然彼此一致。這也就是身心之間的「前定和諧」。但萊布尼茲把這「前定和諧」的學說運用到了一切單子、一切事物之間，身心之間的和諧一致就只是這種普遍的「前定和諧」的一個特例了。

這個「前定和諧」的學說，是萊布尼茲哲學的一個中心，也是最能表現他的哲學的特徵的。他也利用這個學說不僅來證明上帝的存在，證明上帝的全智、全能、全善，並由此來證明這個世界是「一切可能的世界中最好的世界」，從而導致他的所謂「樂觀主義」。萊布尼茲是主張當用一切手段來證明上帝的存在的，以往安瑟倫（Anselm）和笛卡兒所用過的所謂「本體論的證明」，或聖多瑪斯・阿奎那（St. Thomas Aquinas）等人所用的「宇宙論的證明」之類，他認爲都可以用，只是不夠完善而須加以補充修正。[16]而他認爲他的「前定和諧」學說，正可以爲上帝的存在提供一個新的證明。這無非是說宇宙間千差萬別的無數事物，既都是獨立發展的，卻又是這樣顯然地和諧一致，若不是有一種萬能的心智加以安排是不可能設想的，因此這正證明了萬能上帝的存在。他自詡他的「前定和諧」假說遠比「偶因論」優越，更能證明上帝的萬能。其實，如培爾在當時就指出，他的假說倒正是如他自己譴責「偶因論」的那樣，在無法自圓其說時就只好求援於上帝的奇蹟，和希臘戲劇舞臺上每當劇情陷入困境時就從機器裡放出神（**deus ex machina**）來以解危難的做法一樣。[17]在我們看來，任何企圖證明上帝存在的理論都只能是唯心主義、僧侶主義的荒謬理論。萊布尼茲自以爲證明了上帝的存在以後，又認爲上帝既是最完滿的存在，就必定是全智、全能，並且全善的。因此他所創造的世界也必須

---

⑯ 參閱本書下冊第四卷第十章§7（第328-330頁）等處。

⑰ 參閱G本第四卷，第521頁等處。

是「一切可能的世界中最好的世界」，因爲否則上帝就不是全善的了。既然這世界是最好的世界，那麼爲什麼世上又顯然有這許多壞事或「惡」呢？萊布尼茲認爲「惡」的存在正可以襯托出「善」，使善顯得更善，說這個世界是一切可能的世界中最好的世界，並不表示這個世界沒有惡，只是說這個世界善超過惡的程度比任何其他可能的世界都高。這套理論，即萊布尼茲的所謂「樂觀主義」，典型地表現了爲當時德國那種最落後、最反動的現實狀況進行粉飾的反動作用，正是軟弱資產階級向封建勢力獻媚討好，奴顏婢膝的卑鄙庸俗態度的絕妙寫照。連羅素也指出：「這套道理明顯中了普魯士王后的心意。她的農奴繼續忍著惡，而她繼續享受善，有一個偉大的哲學家保證這件事公道合理，眞令人快慰。」⑱這倒是相當機智地指出了萊布尼茲這套哲學在當時的反動社會作用的。

以上所述，特別是(1)關於「單子」及其種種特性，(2)關於「連續性」和(3)關於「前定和諧」的學說，是萊布尼茲哲學體系的一些主要原則。他運用這些原則所闡述的有關哲學中其他一些問題的見解，在這裡不能一一詳述。順便可以指出的是：羅素在其《萊布尼茲哲學評述》及《西方哲學史》的〈萊布尼茲〉一章中，都認爲通常人們所講的萊布尼茲的這套哲學，都只是他用來「討王公后妃們的嘉賞」以追求世俗的名利的東西，而他另有一套「好」的哲

---

⑱ 羅素：《西方哲學史》，商務印書館，一九七六年版，下卷，第117頁。

學，是他祕而不宣，也為人們所不注意，彷彿是羅素獨具慧眼，首先發現的。他的《萊布尼茲哲學評述》就著重在闡述他那另一套「好」的哲學。而它之所以「好」，無非是在於它是從少數幾條「前提」出發，經過相當嚴密的邏輯推理而構成的一個演繹系統。不過羅素同時也還是認為萊布尼茲所據以構成整個系統的幾條「前提」或原則彼此之間並不一致，而其推理過程中也還是有許多漏洞。這樣看來似乎也並不怎麼「好」。我們並不否認羅素對萊布尼茲哲學的闡述和評論有某些可供借鑒之處，例如：上引他對萊布尼茲所謂「樂觀主義」的實際社會作用的見解就不無可取。我們也不否認萊布尼茲有一些未公開發表或雖已發表而並未引起注意的有價值的思想，值得進一步發掘和探討。但總的來說羅素對萊布尼茲哲學的上述評價只能是一種資產階級的偏見。馬克思主義認為一種哲學的「好」或「壞」主要在於它是否符合客觀實際，能否正確或比較正確地說明世界以至改造世界，是否為社會歷史上進步的階級服務，從而推動歷史的前進。這是評價一種哲學好壞的唯一科學的標準。因此即使如羅素自詡為新發現的萊布尼茲的另一套哲學那樣，能從少數幾條作為前提的原則出發經過較嚴密的邏輯推理而構成一個演繹系統，如果這些原則及其結論並不符合客觀實際，並不能正確說明世界，就完全談不上什麼「好」，而萊布尼茲的哲學，不論是羅素所說「流俗的」或「祕而不宣的」，都是唯心主義的，因此總的來說都不能正確說明世界，也就都說不上什麼「好」；而那套東西既是「祕而不宣的」，並無多大社會作用，也並不值得對它比他公開的哲學更加重視。這就是我們並不和羅素一起去窮究他那一套「祕而不宣」的哲學，而仍著重闡述其爲一般人所熟知、從而有較大社會影響，起過較重大歷史作用的哲學觀點的主要理由。其實，照羅素所闡述，萊布尼茲的所謂「祕而不宣的」哲學和「流俗的」哲學之間，也並無截然的鴻溝，其基本原則和基本結論也並非有什麼本質的區別，至多只是在論證方式上有所不同而已。誠然，在他原先未公開發表的手稿中，有些觀點，若加以邏輯的推演，則可以得出接近斯賓諾莎的唯物主義的結論而排除了上帝創世的作用，這是值得注意的。例如，在其有關邏輯的殘篇中，有一條關於存在的定義的論述，說到「存在就是能與最多的事物相容的，或最可能的有，因此一切共存的事物都是同等可能的」。羅素認爲，照此推論下去，則這世界就可以是憑定義就自身存在而無需上帝的「天命」，這就落到斯賓諾莎主義中去了。⑲但其實即使在其未發表的手稿中萊布尼茲也從未明確地作出過唯物主義的結論，而在其公開發表的哲學中，也未嘗不包含某些論點，如果把它邏輯地貫徹到底，就可得出和他自己所宣揚的唯心主義相抵觸的結論。因此也不能說他未公開發表的哲學和他公開發表的哲學有什麼本質上的不同。他的整個哲學本來就是包含著各種矛盾的因素，應該作一分爲二的辯證分析的。

我們看到，就萊布尼茲哲學思想發展過程及其定型後的整個體系來說，是在一度接受機

⑲ 參閱羅素：《萊布尼茲哲學評述》第二版序言，一九五八年倫敦版，第vi-vii頁。

械唯物主義觀點之後又拋棄了唯物主義，轉而在與唯物主義的鬥爭中發展成了一套唯心主義的體系。他的唯心主義，如他自己所說是要把經院哲學所講的「實體的形式」之類的東西重新召回，並大力論證上帝的存在和萬能，論證這個世界是上帝所創造的「一切可能世界中最好的世界」等等，在一定意義下的確是經院哲學唯心主義、僧侶主義的一種復辟，是軟弱資產階級向封建勢力獻媚討好的表現，在當時整個西歐哲學陣營中，是站在和新興資產階級反封建的革命路線相對立的妥協投降路線一邊，因而就其哲學的主導方面來說是保守乃至反動的，必須予以嚴肅的批判和否定。但同時也必須看到，萊布尼茲所宣揚的唯心主義，畢竟不同於傳統的經院哲學，是處在萌芽狀態的軟弱資產階級的意識形態而並不就是封建的意識形態。他所論證其存在的上帝，並不就是傳統宗教中那個喜怒無常、能任意禍福人的人格神，其實也只是和其他事物的組成單位「單子」一樣的一個「單子」，不過是最高的、創造其他「單子」的「單子」而已，而且上帝也是必須按照理性行事，不能違背理性任意胡來的。列寧在論到亞里斯多德的神的觀念時曾指出：「當然，這是唯心主義，但比起柏拉圖的唯心主義來，它客觀一些，離得遠一些，一般化一些，因而在自然哲學中就比較經常地＝唯物主義。」⑳萊布尼茲的唯心主義和上帝觀念，比起經院哲學的來，似乎多少也有類似的情況。再如拿他的「前定和諧」和所謂

---

⑳ 列寧：《哲學筆記》，《列寧全集》第三十八卷，第316頁。

「樂觀主義」的觀點來看，當然，這也是唯心主義、僧侶主義的荒謬理論，並且歷來最爲人所詬病，如伏爾泰在其小說《老實人》中就對它作了極辛辣的諷刺和嘲笑，早在萊布尼茲最初發表這觀點時就也受到如培爾等許多人的批判和反駁。這種「前定和諧」當然只能是上帝的「奇蹟」，而且是最大的「奇蹟」，是爲宗教迷信張目的。但同時也要看到，萊布尼茲其實是要拿「前定和諧」這個唯一的最大的「奇蹟」，來排除其他的一切奇蹟。他就說過：「我不願我們在自然的通常過程中也不得不求助於奇蹟。」[21]又說：「說上帝平常也老是施行奇蹟，這本身也就是荒唐無稽的。」[22]一勞永逸地假定了「前定和諧」這一最大的「奇蹟」之後，萊布尼茲就主張對一切事物的自然過程必須就其本身來尋求合理的自然的解釋，實質上是肯定每一事物都按照其本身已「前定」的固有規律而自己變化發展，從而排除了上帝對事物變化發展過程的具體干預。這和「自然神論」肯定上帝作爲世界的最初原因或「第一推動力」產生或推動了世界萬物之後，世界萬物就按其本身的規律而運動變化，不再受上帝的干預的主張，至少是相似的。我們知道馬克思和恩格斯都一再指出過「自然神論」是在當時條件下擺脫神學而宣揚唯物主義的方便途徑，並把它看做唯物主義的一種形式。萊布尼茲的哲學體系當然是唯心主義而不

㉑ 本書〈序言〉16（第106頁）。

㉒ 本書〈序言〉22（第114頁）。

能說像「自然神論」一樣也是一種形式的唯物主義。但就其「前定和諧」學說與「自然神論」有某種相似之處這一點來看，能否說它也是在唯心主義的體系中隱藏著或偷運了須按世界的本來面目來說明世界的唯物主義觀點呢？甚至那種顯然爲現存的腐朽封建統治塗脂抹粉的「樂觀主義」思想，我們也要看到，它在另一種意義下也還是新興資產階級對前途具有希望和信心的表現，而不是完全腐朽沒落的封建統治階級的思想。封建統治階級所宣揚的宗教觀念毋寧是把這個塵世看得一片陰暗，宣揚禁欲主義來教人棄絕現世生活而把希望寄託於來世，也並不把這世界看做是什麼「最好的世界」而抱「樂觀主義」思想的。普魯士王后是會因萊布尼茲的學說使她得到暫時的安慰而感到中意的。但她如果眞有點哲學眼光而能看到她所屬那個階級的前途和命運，也未必眞的會相信這個世界對她來說是個什麼「最好的世界」。當然，我們說萊布尼茲的唯心主義哲學體系中也包含有上述這些有積極意義的因素，並不是要以此來否定或減弱他的哲學體系主導方面的保守性和反動性，只是要藉此來表明他的哲學畢竟不同於完全反映封建統治階級利益的經院哲學唯心主義，還是屬於新興資產階級思想的範疇；但它和當時已產生並已得到相當高度發展的西歐其他一些國家的資產階級的唯物主義比較起來，則是站在資產階級反封建革命路線的對立面，而代表了一條向封建勢力妥協投降的路線，因此不僅大大落後，甚至是倒退了。

就萊布尼茲哲學的總的體系來說，不僅是唯心主義的，而且也是形上學的。首先他爲了要找到一種構成事物的最後單位，就企圖撇開量而單從質著眼來尋求一種「不可分的點」的思想，就是把事物的質和量加以割裂的典型的形上學思想。這也是使他從唯物主義走向唯心主義在思想方法上的一個關鍵之點或失足之處。任何眞實存在的具體事物總有質和量兩個方面的規定性，把兩者割裂開來就必然難免由這種形上學的思想方法而陷入唯心主義的虛構。萊布尼茲的「單子」正是這種情況的顯著例證。其次，由於他的這種形上學思想方法，也使他把單子看成澈底孤立的而否定了事物的眞正的普遍聯繫。他雖然又提出「連續性」的觀點試圖來說明事物之間的聯繫並把「不可分的點」和「連續性」結合起來，但他的企圖是不可能完成的，這種結合也只能是虛假的。因爲已被人爲地澈底孤立起來的單子就不能與其他單子有眞實的聯繫或相互作用，他所設想的「連續」也就只能是他在思想上的一種抽象的、武斷的肯定，始終未能眞正解決「連續性」和「不可分的點」的矛盾問題。再次，由於他片面地強調了「連續性」，就否定了自然界的「飛躍」，這顯然也是只承認漸變而否認突變，即只承認量變而否認質變的形上學思想。最後，他的「前定和諧」學說，儘管如我們以上所分析，可以暗含著接近自然神論的思想而有某種積極意義，但就這種觀點本身的主要方面來說，是把世上一切事物的發展變化都看作已由上帝預先決定的宿命論，不僅是唯心主義的，也正是典型的形上學思想。

可是另一方面我們也看到，萊布尼茲在與機械唯物主義作鬥爭時，的確也抓住了這種機械唯物主義的一些形上學的侷限性並發揮了一些可貴的辯證法思想。首先，他正確地看到了機械唯物主義把物質實體的本質僅僅歸結為廣延性就無法說明事物的自己運動，把物質與運動割裂開來了，並因此而提出了構成事物的「單子」本身就具有「力」，是由於「內在的原則」而自己運動變化的思想。正如列寧所指出的：「萊布尼茲通過神學而接近了物質和運動的不可分割的（並且是普遍的、絕對的）聯繫的原則。」[23]這顯然是包含著辯證法因素的，因此列寧又說：「大概馬克思就是因為這一點而重視萊布尼茲。」[24]其次，萊布尼茲也抓住了機械唯物主義由於把物質的本質歸結為廣延而把物質本身看作僅有量的規定性而無質的區別這種形上學的片面性，並因此提出單子及其所構成的事物本身就各自具有不同的質的思想。雖然他自己也有妄圖撇開量而單只考慮質的另一種片面性，但肯定世界萬物的質的多樣性，並肯定每一單子由於其「內在原則」即「欲望」的推動而在質的方面有變化發展的思想，也還是有辯證法因素的。再次，萊布尼茲明確提出了「連續性」與「不可分的點」的矛盾問題，並力圖以自己的方式來加以解決，這在一定程度上也是抓住了機械唯物主義各執片面的形上學侷限性而企圖加以克服。雖然如上所說他也並未能真正正確地解決這個問題，但他因此而提出的每一單子都由於其知覺而反映全宇宙，以及各自獨立的單子又構成整個連續的序列等思想，實際上還是包含

㉓ 列寧：《哲學筆記》，第427頁。

㉔ 同前註。

著關於個別與一般、部分與全體，以及間斷性與連續性的對立統一的觀點的。正是針對著這一點，列寧指出：「這裡是特種的辯證法，而且是非常深刻的辯證法，儘管有唯心主義和僧侶主義。」㉕此外，在認識論問題上，萊布尼茲也還是有些辯證法思想，我們將在後面再作論述。

總之，萊布尼茲的哲學，雖然總的來說是個唯心主義形上學的體系，但卻包含有較豐富的辯證法因素。這和十八世紀末至十九世紀初從康德（Kant）到黑格爾（Hegel）的德國古典唯心主義比較起來，雖然程度上有很大不同，特別是和黑格爾比起來，萊布尼茲的辯證法思想不是那麼自覺和系統，但性質上還是一樣的。這是因爲從萊布尼茲的時期直到黑格爾的時期，德國社會的基本性質和基本特徵並沒有根本改變，他們的哲學也都是德國軟弱資產階級既要向封建勢力妥協投降，又要有求自身的發展的進步願望這樣一種矛盾地位的反映，只是發展程度上有所不同而已。因此萊布尼茲理應被看作十八世紀末至十九世紀初德國古典哲學的先驅。

三

在了解了萊布尼茲哲學體系的主要的基本原則的基礎上，我們就可以來看一看萊布尼茲在《人類理智新論》中所闡述的認識論的基本觀點以及他和洛克進行鬥爭的主要問題了。萊布

㉕ 列寧：《哲學筆記》，第431頁。

尼茲的認識論，是他的「單子論」體系的一個組成部分，無非是關於人類靈魂這種「單子」如何憑其較其他動物等所具有的更清晰的「知覺」即「察覺」或「理性」反映宇宙萬物的學說而已。他的認識論的基本理論，是他的關於「單子」、「連續性」和「前定和諧」的哲學基本原則在關於人類認識問題上的一種具體運用。從根本上說來，認識只是人類心靈這種較高級的單子的「知覺」在其「內在原則」推動下的某種發展，而單子既無「窗子」可供事物出入就是澈底孤立的，因此這種認識即或多或少清楚的「知覺」就不可能是外物對心靈影響的結果而是內在固有的。這就決定了他的認識論的根本立場是與唯物主義反映論相對立的唯心主義先驗論。誠然他也說單子是憑其知覺「反映」了全宇宙的，但這所謂「反映」與我們所理解的「反映」是根本不同的，它並不是外物作用於我們感官的結果，而是指單子的知覺自身的發展變化與宇宙萬物的發展變化的「前定和諧」。他就是站在這種唯心主義先驗論或唯心主義唯理論的立場來與洛克進行論戰。

在顯然是《人類理智新論》全書基本完稿以後寫的該書〈序言〉中，萊布尼茲對他和洛克的主要分歧和爭論之點，自己作了一個總結。他首先就從路線上把自己和洛克對立起來，指出：「他（指洛克——引者）的系統和亞里斯多德關係較密切，我的系統則比較接近柏拉圖，雖然在許多地方我們雙方離這兩位古人都很遠。」㉖我們知道，亞里斯多德的哲學是動搖於唯物主義與唯心主義之間的，雖然最後仍倒向唯心主義，但當他對柏拉圖派的「理念論」進行批判時，往往是站在唯物主義的立場上。特別是在認識論上，其出發點是有強烈的唯物主義經驗論傾向的。通常也認爲正是亞里斯多德首先確立了「凡是在理智中的，沒有不是先已在感覺中的」這一經驗論的原則。說洛克的系統和亞里斯多德關係較密切，實際上就是說洛克和亞里斯多德一樣基本上都是站在唯物主義經驗論的立場。這是符合實際情況的。而且洛克也和亞里斯多德一樣有動搖性和不澈底性，只是具體情況有所不同。至於柏拉圖，則不僅是客觀唯心主義的典型代表，而且他的「回憶說」認爲人的認識只是靈魂對自己在降生以前在「理念世界」原已具有的知識的「回憶」，這正是唯心主義先驗論的最粗野的原始表現。萊布尼茲自己承認他的系統接近柏拉圖，也就是承認不僅他的「單子論」是和柏拉圖的「理念論」一樣的一種客觀唯心主義，而且他的認識論也是和柏拉圖的「回憶說」一樣的一種唯心主義先驗論。這也是符合實際情況的。這樣也就把他自己和洛克的對立的實質明確地指出來了，這就是唯心主義先驗論和唯物主義經驗論即反映論的對立和鬥爭。此外，在本書正文的開頭，萊布尼茲又藉書中代表洛克的「斐拉萊特」之口對代表萊布尼茲本人的「德奧斐勒」指出：「您是擁護笛卡兒

㉖ 本書〈序言〉2（第86頁）。

和擁護《眞理的追求》一書的著名作者（即馬勒伯朗士——引者）的意見的；我卻發現貝尼埃（François Bernier）所闡明的伽森狄的意見比較容易些和自然些。」[27]接著並指出：「他（指洛克——引者）的思想大體上是足可在伽森狄的體系中找到的，後者則骨子裡就是德謨克利特（Democritus）的體系；他贊成有虛空和原子；他相信物質能夠思維；他認爲沒有天賦觀念；我們的心靈是『白板』；我們並不是永遠在思維；並且他似乎有意於贊成伽森狄對笛卡兒所做的絕大部分反駁。」[28]這實際上就表明洛克和萊布尼茲之間的鬥爭，是德謨克利特路線與柏拉圖路線之間的鬥爭的繼續和發展，同時也是近代最初以伽森狄等爲代表的唯物主義經驗論和以笛卡兒爲代表的唯心主義唯理論的鬥爭的繼續和發展。雖然接著「德奧斐勒」也表明他「已不再是笛卡兒派」，並自詡他的體系似乎已「把柏拉圖和德謨克利特、亞里斯多德和笛卡兒、經院哲學家和近代哲學家、神學、倫理學和理性，都結合起來了」，[29]但這實際只表明萊布尼茲力圖把各種對立的思想加以折衷調和的一貫傾向（這也是符合萊布尼茲的實際情況的），以及他和笛卡兒在某些具體觀點上已發生分歧，而就根本立場上來說，他還是仍舊站在笛卡兒派的

㉗ 本書上冊第一卷第一章（第5頁）。
㉘ 本書上冊第一卷第一章（第6-7頁）。
㉙ 本書上冊第一卷第一章（第8頁）。

唯心主義唯理論即先驗論一邊。例如：他「一向是並且現在仍然是贊成由笛卡兒先生所曾主張的對於上帝的天賦觀念，並且因此也認爲有其他一些不能來自感覺的天賦觀念的」，㉚這也是他自己公開承認的。這表明他在認識論的根本觀點上和笛卡兒一樣是個唯心主義先驗論者。

由於這種根本立場上的分歧，萊布尼茲就和洛克在一系列重大問題上進行了鬥爭。

鬥爭的第一個重要問題，就是人的心靈究竟是「白板」，還是具有某種「天賦觀念」或「天賦原則」的問題。洛克在《人類理智論》的第一卷中，從各個方面大力駁斥了「天賦觀念」或心靈中有某種天賦的「理性原則」或「實踐原則」的學說，主張人心原來是一塊「白板」。他的矛頭也許直接的是針對他當時英國劍橋大學某些新柏拉圖主義者，但當然同時也是針對笛卡兒的。萊布尼茲雖然自稱已「不再是笛卡兒派」，但在這個問題上則仍然公開承認自己贊成笛卡兒的關於天賦觀念的主張，並且說他按照自己的新的體系已比笛卡兒的主張還走得更遠了，「甚至認爲我們靈魂的一切思想和行動都是來自它自己內部，而不能是由感覺給予它的」。㉛這就是說，笛卡兒還只承認關於上帝的觀念以及其他有些觀念如關於邏輯的基本思想律和幾何學公理之類的觀念是天賦的，並不認爲一切觀念都是天賦的；而萊布尼茲則根據他的

㉚ 本書上冊第一卷第一章§1（第14頁）。

㉛ 本書上冊第一卷第一章§1（第14頁）。

「單子」沒有「窗子」可供事物出入的主張，就認爲一切觀念都不能來自心外，都是天賦的了。這在一定意義下是把「天賦觀念」的先驗論學說推到了極端而陷入更加絕頂荒謬的境地了。不過就另一意義來看又可以說萊布尼茲從笛卡兒的觀點後退了一步，不是像笛卡兒那樣認爲這些觀念就是現成地、清楚明白地天賦於人心之中，而只是認爲「觀念和眞理就作爲傾向、稟賦、習性或自然的潛能天賦在我們心中，而不是作爲現實天賦在我們心中的，雖然這種潛能也永遠伴隨著與它相應的、常常感覺不到的某種現實。」㉜總之，心靈既不是像一塊空白的板或完全一色的大理石，也不是在上面已有完全刻成了的像，而是像「一塊有紋路的大理石」，「如果在這塊石頭上本來有些紋路，表明刻海克力士（Hercule）的像比刻別的像更好，這塊石頭就會更加被決定【用來刻這個像】，而海克力士的像就可以說是以某種方式天賦在這塊石頭裡了，雖然也必須要加工使這些紋路顯出來」。㉝儘管似乎作了些讓步，萊布尼茲維護「天賦觀念」的基本立場仍然未變，而且如上所說還比笛卡兒走得更遠。這裡值得注意的是萊布尼茲把觀念看作並非一下完成、一成不變的，而是有個發展過程，需要加工使之清晰，或由模糊而變成清楚明白。這是和洛克與笛卡兒都不同的。洛克與笛卡兒雖然在是否有天賦觀念的觀點

㉜ 本書〈序言〉4（第92頁）。

㉝ 本書〈序言〉4（第92頁）。

上根本對立，但就把觀念都看成是一成不變的這一點來說，則是共同的。這種觀點當然是形上學的，而萊布尼茲的看法則有某種辯證法的因素，儘管是唯心主義的先驗論。

與此相聯繫的另一個問題，用萊布尼茲自己的話來說，就是：「究竟是一切眞理都依賴經驗，也就是依賴歸納與例證，還是有些眞理更有別的基礎。」㉞洛克是明確主張：「我們的全部知識是建立在經驗上面的；知識歸根到底都是導源於經驗的。」㉟這是經驗論的根本主張。萊布尼茲與此相反地認爲有些眞理性的知識並非來自經驗而是天賦的。這是與前一個關於「白板」與「天賦觀念」的爭論問題密切相關的，或可以說只是前一個問題的另一種提法。它也是經驗論與唯理論鬥爭的焦點所在。洛克的觀點雖不澈底，也有形上學的侷限性，但基本上是站在唯物主義反映論立場上的。萊布尼茲則是從唯理論的觀點出發反對了洛克的經驗論，雖也抓住了這種經驗論的形上學侷限性而有某些辯證法因素，但歸根到底陷入了唯心主義先驗論。照萊布尼茲看來，「像我們在純粹數學中，特別是在算術和幾何學中所見到的那些必然的眞理，應該有一些原則是不依靠實例來證明，因此也不依靠感覺的見證的。」㊱不僅是純粹數學，還

㉞ 本書〈序言〉3（第88頁）。

㉟ 洛克：《人類理智論》第二卷第一章§2。

㊱ 本書〈序言〉3（第89頁）。

有邏輯以及形上學和倫理學，乃至神學、法學，也「都充滿了這樣的眞理，因此它們的證明只能來自所謂天賦的內在原則。」[37]必須指出，萊布尼茲把眞理分爲兩種：理性的眞理和事實的眞理。理性的眞理是必然的，事實的眞理是偶然的。理性的眞理是根據「矛盾律」，它的反面因包含矛盾而是不可能的；事實的眞理則是根據「充足理由律」，它的反面是可能的，如果說某一事實的眞理的反面不是眞的，也不是因爲它包含矛盾而不可能，而只是因爲它與其他事實的「不可並存」或不是「共同可能」的。[38]總之，在萊布尼茲看來，只有「事實的眞理」在一定意義下可以說是根據經驗的，而「理性的眞理」或必然的眞理則不是依賴經驗而是來自一些「天賦的內在原則」。它們或者是憑理性的直覺得到的一些自明的同一性命題如A是A，B是B之類，或者是運用理性、根據「矛盾律」從這類自明的公理推論出來的。他認爲：「誠然理性也告訴我們，凡是與過去長時期的經驗相符合的事，通常可以期望在未來發生；但是這並不因此就是一條必然的、萬無一失的眞理，……只有理性才能建立可靠的規律，並指出它的例外，以補不可靠的規律之不足，最後更在必然後果的力量中找出確定的聯繫。這樣做常常使我

---

[37] 同前註。

[38] 參閱本書下冊第四卷第二章§1（第183頁以下）及《單子論》§31-§33等處。

們無須看實際經驗到影像之間的感性聯繫，就能對事件的發生有所預見」。㊴

這裡我們看到，萊布尼茲在「理性的眞理」之外，也承認有「事實的眞理」，並且承認它在一定意義下是根據經驗的。也正是他在「矛盾律」之外又提出「充足理由律」作爲建立「事實的眞理」的基本原則，這還是他在邏輯學上的一個貢獻。有的資產階級學者如拉塔（R. Latta），在他的《萊布尼茲單子論及其他哲學著作》的〈序言〉中認爲「矛盾律」和「充足理由律」在萊布尼茲的全部哲學中是二元並列著而始終未能統一起來，也並未把其一歸結爲其他。萊布尼茲也把根據經驗的事實的判斷或命題看作是一類的「眞理」而並不像笛卡兒乃至斯賓諾莎那樣把感覺經驗貶低爲完全不可靠的，甚至是謬誤的來源。這樣看來，萊布尼茲似乎是要把理性和經驗、唯理論和經驗論結合起來而並不是澈底的唯理論或先驗論者。這在一定意義下也確是符合萊布尼茲的實際情況的，他本來在各個方面都有折衷調和的傾向。作爲一位科學家，他本來也不能完全抹殺經驗或事實。但必須看到，萊布尼茲所說的經驗，並不是唯物主義者所理解的外物印入人類心靈中的印象或觀念，而只是心靈固有的某種較「理性」爲模糊或混亂的「知覺」，因爲心靈作爲沒有「窗子」的單子是始終不能從外界接受什麼東西的。所謂「理性的眞理」和「事實的眞理」的區別，歸根到底只是同一種內在固有的「知覺」較清楚明

㊴ 本書〈序言〉3（第90頁）。

白和較混亂模糊的程度上的差別而並不是種類或本質上的差別。眞正說來，所謂「事實的眞理」，也只是因爲它所包含的概念是無限複雜的，爲演繹有關一個主語的謂語所作的分析也必須是無限複雜的過程，這對於人類來說是辦不到的，因此只能憑藉經驗，並把它看作「偶然的」。對於無所不知、無所不能的上帝來說，則一切都是必然的，例如：某人於某年某月某日生於某地這樣一個事實，都是從創世以來就已預先決定，也是在關於某人的一個完全的概念中自始就包含著的。只是對於凡人來說，要全部掌握關於某一個體的完全概念，由於其無限的複雜性是不可能的，因此只能憑藉經驗來把握其中的某一謂語，而把這一謂語與某一個體作爲主語的聯繫看作偶然的。總之所謂「理性的眞理」和「事實的眞理」或「必然的眞理」和「偶然的眞理」的區別只是對於凡人來說才有意義，對於上帝來說是根本不存在的。羅素認爲這套觀點是屬於萊布尼茲的「祕而不宣」的學說，其實從他關於每一單子都是孤立存在，其全部發展過程都已預先決定因而形成「前定和諧」的學說，稍加推論，也就可以得出這樣的結論。所以歸根到底說來，萊布尼茲還是把偶然的事實眞理也歸結爲必然的理性眞理，這就意謂著他還是把唯理論的觀點推到了極端而成了徹頭徹尾的先驗論者。只是在一定意義下，即在作爲常人的認識的範圍內，他也確實向經驗論作了些讓步，或容納了一些經驗論的成分。

萊布尼茲雖然歸根到底是個徹頭徹尾的先驗論者，在認識論的全體上是完全錯誤的，但他在與經驗論的鬥爭中也確實抓住了洛克那種舊唯物主義經驗論的形上學弱點而表現出有某些合理的辯證法思想。例如：他寫道：「禽獸的聯想純粹和單純的經驗論者的聯想一樣；他們以爲凡是以前發生過的事，以後在一種使他們覺得相似的場合也還會發生，而不能判斷同樣的理由是否依然存在。人之所以如此容易捕獲禽獸，單純的經驗論者之所以如此容易犯錯誤，便是這個緣故。因此，那些由於年歲大、經驗多而變得很精明的人，當過於相信自己過去的經驗時，也難免犯錯誤，這是在民事和軍事上屢見不鮮的。」[40]據此他指出單憑經驗不能得到普遍必然的眞理，不能掌握事物的必然的規律，只有理性才能做得到這一點。這是有合理的辯證法因素的。正是這一點告訴我們，舊唯物主義的經驗論即消極被動的反映論是不能戰勝唯心主義先驗論的，必須提高到辯證唯物主義的革命的能動的反映論的高度才能眞正戰勝先驗論。同時也告訴我們必須在兩條戰線上作戰，既要反對唯心主義先驗論，也要反對消極被動的反映論；既反對片面的唯理論，也要反對片面的經驗論；既反對教條論，也要反對狹隘經驗論。

萊布尼茲與洛克鬥爭的另一個重大問題，就是關於物質能否思想的問題。其實，洛克也並沒有明確地肯定思想就是高度發展了的物質即人腦的功能，而是也承認有某種精神實體作爲從「反省」得來的觀念，包括思想在內的支撐者。不過在他看來精神實體的實在本質和物質實體的實在本質一樣都爲我們所不知道，因此也不能肯定精神實體或靈魂一定是非物質性的，物質

---

[40] 本書〈序言〉3（第90頁）。

能夠思想在他看來也有可能。萊布尼茲則認爲洛克就是維護「在自然秩序的範圍內，物質也有進行思想的可能性」這樣一種主張的。㊶照萊布尼茲看來，感覺和思想都是物質按其自然本性不能具有的能力，而只能是非物質性的心靈這種精神實體的能力。如果認爲物質也能夠思想，就是把物質「以奇蹟的方式提高」了。他之所以反對物質能夠思想，無非是爲了維護「靈魂的非物質性」，最終爲維護「靈魂不死」這種宗教教條提供理論根據。而他據以反對物質能夠思想的論據，也無非是利用當時機械唯物主義者的物質觀的狹隘性，把物質本身看作是惰性的、死的、完全被動的東西，這樣自然就無法理解物質如何能夠思想了。這種物質觀本身的狹隘性當然不能成爲否認物質能夠思想的眞正理由。科學已完全證明思想正是高度發展了的物質即人腦的功能，而什麼非物質性的自己存在的「精神實體」則只是導源於原始人們的迷惘無知的唯心主義的虛構。洛克在這個問題上的缺點倒在於他並不堅定明確地肯定物質能夠思想，而萊布尼茲在這個問題上則是完全錯誤的。

除了以上這些有關認識論的帶根本性的重大原則問題上的鬥爭之外，由於萊布尼茲和洛克在根本立場上的對立，在其他一系列具體問題上也都表現出分歧而進行了爭論。例如在關於物質的本性和關於空間的問題上，洛克基本上接受了原子論者和牛頓的觀點，把物質的微粒看作

㊶ 參閱本書〈序言〉16以下（第107頁以下）。

是堅實性的物體，並認爲有虛空即空的空間以作爲運動的條件，萊布尼茲則認爲空間中都充滿了無限可分的流動的物質，否認有空的空間（當然這只是就現象範圍內或就物理學上來說的，因爲萊布尼茲根本不承認物質是實體）。同時正如承認有空的空間一樣，洛克也承認心靈並不永遠在思想，例如：在無夢的睡眠時那樣，而萊布尼茲則既否認有絕對的虛空，否認有絕對的靜止，也否認有絕對沒有感覺或思想的心靈，而認爲心靈即使在沉睡或昏迷時也還是有某種模糊的知覺即那種「微知覺」的。在關於無限性的問題上，萊布尼茲一方面同意洛克的意見，認爲眞正說來我們不能有無限的空間、無限的時間或無限的數的積極觀念，所謂「無限的全體」及其對立物「無窮小」都只是數學家們在演算中所用的東西，就像代數中的虛根一樣，並非實際存在的東西；但萊布尼茲還是肯定有眞正的無限，它是只存在於「絕對」之中的。洛克認爲心靈把有限和無限看作是廣延和綿延的樣態，而萊布尼茲認爲眞正的無限並不是一種樣態，而是絕對，無限並不是由各部分的相加構成而是先於一切組合的。又如洛克主張本質可分爲名義的本質和實在的本質，萊布尼茲則認爲事物的本質總只能是指其實在的本質，只有定義才可分爲名義的定義和實在的或原因的定義。洛克對於邏輯的形式以致其基本的思想律如同一律等表示出某種輕視，認爲沒有什麼用處，而萊布尼茲則認爲這些形式規律非常重要，不僅就邏輯本門範圍內來說很重要，對於建立形上學乃至其他學科也是重要的。如此等等。這類具體問題上的分歧和爭論當然還有很多，原書俱在，也無需一一論列了。

此外當然也應看到，萊布尼茲並不是在每個問題上都與洛克有意見分歧。在許多並不涉及兩條路線對立的問題上，萊布尼茲也往往同意洛克的觀點。特別是洛克由於本身的不澈底性而同樣表現出唯心主義觀點的地方，萊布尼茲也更是加以附和甚至讚許，並利用它們來反對洛克自己的唯物主義觀點。例如：洛克在「感覺」之外又承認對心靈本身的活動的「反省」也是觀念的另一個來源，萊布尼茲就不僅贊同而且正利用這一點來證明心靈本身就不是白板而是有一些內在的天賦觀念。至於洛克也承認並要來證明上帝的存在，更是萊布尼茲所附和和贊同的，只是認爲洛克的證明也和笛卡兒等人的證明一樣還有漏洞而需要修正補充。當洛克也來證明「那第一個永恆的存在物不能是物質」㊷時，萊布尼茲更是竭力加以稱讚。這類情況，在本書中也屢見不鮮。

總的來看，萊布尼茲在《人類理智新論》中所表現的認識論觀點，也和他的整個哲學體系一樣，總的原則和根本立場是完全錯誤的唯心主義先驗論，但其中也包含著某些合理的辯證法因素，在一定意義下和一定範圍內也有企圖克服唯理論的片面性而把理性和經驗結合起來的傾向。他和洛克的鬥爭，總的來說是站在錯誤的唯心主義先驗論立場上對唯物主義反映論的一種反撲，但在許多問題上也往往抓住了舊唯物主義反映論的形上學弱點而表現出辯證法思想的

㊷ 本書下冊第四卷第十章§10（第331頁）。

閃光。此外，在本書中涉及的一些並不與認識論的根本問題相關而是與其他科學有關的問題，特別是關於邏輯與數學的問題上，則萊布尼茲作爲一位大科學家，特別是作爲傑出的數學家和邏輯學家，其見解往往有遠遠高出於洛克之處。這些方面的內容對於研究這些科學的發展史的人來說，更是有參考價值的。就其主要作爲在認識論上唯心主義先驗論與唯物主義反映論鬥爭的歷史上一部比較最集中、最有代表性的著作來說，其中也有許多理論鬥爭上的正反兩方面的經驗教訓，可供我們吸取。至於具體地來總結這些經驗教訓以便爲現實的思想戰線上的鬥爭服務，以及對萊布尼茲的全部哲學思想作出科學的分析、批判和評價，則是須待廣大哲學史工作者和理論工作者來協力完成的任務。這裡只是對萊布尼茲其人及其哲學，和本書的主要內容，作一概括的介紹，以供參考。不妥之處，切望批評指正。

譯者

一九八一年四月

關於譯註的幾點說明

一、本書全名原爲 *Nouveaux essais sur l'entendement humain, par l'auteur du système de l'harmonie préétablie*（《前定和諧系統的作者所作的人類理智新論》），也常被簡稱爲 *Nouveaux essais*（《新論》）。中譯係據 *Die Philosophischen Schriften* von G. W. Leibniz, hrg. von C. I. Gerhardt, Berlin,1875-1890，（簡稱G本）Bd V，參照 God. Guil. Leibnitii: *Opera Philosophica Omnia*, ed. J. E. Erdmann,Berolini,1840（簡稱E本）pp.194-418 所載法文原文譯出，兩種文本有異文時，因G本是參照手稿重新校訂過的後出版本，故以照G本爲主，但也有G本顯然有誤而照E本的，凡有較重要的異文處，都已在邊註中註出。翻譯時也參考了 *New Essays concerning Human Understanding*, by G. W. Leibniz, tr. by A. G. Langley, 2nd ed., Chicago,1916（簡稱英譯本）。英譯本一般較忠實於原文，對譯者很有幫助，但也有若干誤譯或不妥之處，則仍照譯者認爲正確的理解照原文譯出。英譯也曾參考過 M. A. Jacques: Œuvres de Leibniz, Paris,1842（簡稱J本），Janet: Œuvres Philosophiques de Leibniz, Paris, 1866（簡稱Janet 本），和 Dutens, Foucher de Careil, R. E. Raspe 等編的各種版本，以及 K. Schaarschmidt 的本書德文譯本等，這些文本譯者均並未親見，註中偶有提及，都是據英譯本的註。

二、爲便於讀者理解計，譯本加了一些邊註。這些邊註，除個別條目爲原編者所加，已隨文標明之外，其餘均係譯者所加，其中很大一部分，特別是有關人名資料方面的，多採自英譯本的註，但曾酌量作了增刪，尤其是英譯本註中涉及許多參考書目，大都爲拉丁文著作或其他國內不易得的著作，除少數對理解原文較有用者之外，都刪去了，有需要在這方面作深入研究的讀者，請直接參考英譯本。此外，本書內容所涉極爲廣泛，有關於邏輯、數學、物理、法學、醫學、歷史、比較語言學等等方面的問題，在翻譯及加註過程中曾直接或輾轉請教過武漢大學哲學系、數學系、歷史系、物理系等單位的許多位同志，得到他們的熱情幫助，特別是數學系齊民友同志，哲學系康宏逵同志，幫助尤多；書中又用了很多拉丁文和希臘文，英譯本也都逕用原文未譯，中譯本在本文中也仍用原文，但在邊註中或隨文註中註出其大意，中譯者不諳拉丁文，這方面譯註多承哲學研究所傅樂安同志幫助；這些在註中都不再一一指明，一併在此聲明並致衷心謝意。這些方面的譯註中有錯誤或不妥之處，自當仍由譯者負責。此外，也有若干有關萊布尼茲本人或西方哲學史上其他一些哲學家的重要觀點的帶評論性的註解，除少數也參考了英譯本的註之外，大部分係譯者就自己理解所加，其中更必有錯誤或不妥之處，希讀者批評指正。

三、本書中所用方括弧【 】，全是G本原書本來有的，諒係根據手稿，英譯本也都照加，但E本則一概刪去，現中譯本也仍保留以供讀者參考。但原書加這些方括弧的意義很不清楚。圓括弧（）除有些是譯者附註原文所用的之外，也都是按照原書。粗括弧【】則係譯者所加，表明粗括弧內文字本原文所無，為補足語氣或求譯文意義較顯明易解起見由譯者所加的。

四、本書〈序言〉部分，原曾收入北京大學哲學系外國哲學史教研室編譯：《西方古典哲學原著選輯．十六——十八世紀西歐各國哲學》一書（見該書一九七五年商務版第 500-522 頁），為譯者以前所譯，此次翻譯全書，曾對照原文將〈序言〉譯文重新校訂，有所修改，並增加了一些邊註。

五、本書既係作者用兩人對話的體裁與洛克的《人類理智論》（J. Locke：*An Essay concerning Human Understanding*）進行逐段辯論的著作，因此翻譯過程中曾理所當然地逐段參考過洛克該書的中譯本（關文運譯，一九五九年商務版，中譯書名作《人類理解論》），也有所借鑒；但本書中的「斐拉萊特」雖代表洛克的觀點，他所說的話也並非照抄洛克該書中的原文，因此這裡仍直接從本書法文原文譯出，也並未照抄洛克原書中譯文，有些名詞術語等的譯法也與該書中譯有所不同，間或也在註腳中指明。

譯者雖力求在忠實於原文的前提下使譯文較能通順易讀，並在可能範圍內加些注釋以便利讀者，但由於水準及條件所限，譯文和注釋中定有許多錯誤和不足之處，切望讀者批評指正。

譯　者

序言

1. ①一位有名的英國人②所著的《人類理智論》，是當代最美好、最受人推崇的作品之一，我決心對它作一些評論，因爲很久以來，我就對同一個主題以及這書所涉及的大部分問題作過充分的思考；我認爲這將是一個好機會，可以在《理智新論》這個標題下發表一點東西，並且希望我的思想藉著和這樣好的同道相伴隨，可以更有利於爲人所接受。我還認爲，藉助於別人的工作，不僅可以減輕自己的工作（因爲事實上遵循一位優秀的作者的線索，比自己完全獨立地重起爐灶要省力些），而且可以在他提供給我們的之外再加上一點東西，這總比從頭做起要容易些；因爲我認爲他留下完全未解決的一些難題，我已經予以解決了。因此他的名望對我是有好處的；此外我的秉性是公平待人，並且絕不想削弱人們對這部作品的評價，因此如果我的讚許也有點分量的話，我倒是會增加它的聲望。誠然我常常持不同的意見，但是我們在覺

---

① 本書正文各節都按洛克《人類理智論》原書加了編號，如§1，§2，……，但〈序言〉部分本來沒有編號。現爲參考引證方便計，譯本在〈序言〉部分也按原書自然段加了編號。

② 指洛克。

得有必要不讓那些著名作者的權威在某些重要之點上壓倒理性時，表明自己在哪些地方以及爲什麼不同意他們的意見，這絕不是否認他們的功績，而是爲他們的功績提供證據。此外，在酬答這樣卓越的人們的時候，我們也就使眞理更能爲人所接受，而我們應當認爲他們主要是爲眞理而工作的。③

2. 事實上，雖然《理智論》的作者說了許許多多很好的東西，是我所贊成的，但我們的系統卻差別很大。他的系統和亞里斯多德關係較密切，我的系統則比較接近柏拉圖，雖然在許多地方我們雙方離這兩位古人都很遠。他比較通俗，我有時就不得不比較深奧難懂和比較抽象一點，這對我是不利的，尤其是在用一種活的現代語言④寫作的時候更是如此。但是我想，採用兩個人談話的方式，其中一個人敘述從這位作者的《理智論》中引來的意見，另一個人則加

③ 此段從「我還認爲，藉助於別人的工作……」以下，E本作：「我還認爲，藉助於別人的工作，不僅可以減輕我的工作，而且可以在他提供給我們的之外再加上一點東西，這比從頭做起和完全重起爐灶要容易些。誠然，我常常和他持不同意見；但我絕不因此否認這位著名作者的功績，而是通過在我覺得有必要不讓他的權威在某些重要之點上壓倒理性時，表明在哪些地方以及爲什麼不同意他的意見，來公平對待他。」以下緊接下段，不另起。

④ 當時歐洲的學者在寫作學術著作時還多用拉丁語，洛克的《人類理智論》是用英語寫的，而萊布尼茲的這書則是用法語寫的。

上我的一些看法，這樣的對照可以對讀者比較方便些，否則只寫一些十分枯燥的評論，讀起來就一定要不時地中斷，去翻閱他的原書以求了解我的書，這就比較不便了。但是有時把我們的作品對照一下，並且只從他自己的著作去判斷他的意見，也還是好的，雖然我通常都保留著他自己的用語。誠然我在作評論的時候，由於要隨著別人的敘述的線索，受到拘束，因而不能夢想取得對話體易有的那種動人的風格，但是我希望內容可以補償方式上的缺點。

3. 我們的差別是關於一些相當重要的主題⑤的。問題就在於要知道：靈魂本身是否像亞里斯多德和《理智論》作者所說的那樣，是完完全全空白的，好像一塊還沒有寫上任何字跡的板（Tabula Rasa⑥），是否在靈魂中留下痕跡的東西，都是僅僅從感覺和經驗而來；還是靈魂原來就包含著多種概念和學說的原則，外界的對象是靠機緣把這些原則喚醒了。我和柏拉圖一樣持後面一種主張，甚至經院學派以及那些把聖保羅（《羅馬書》第二章第十五節）說到上帝的法律寫在人心裡的那段話用這個意義來解釋的人，也是這樣主張的。斯多噶派（Stoic）稱這些原則爲**設准**（Prolepses），也就是基本假定，或預先認爲同意的東西。數學家們稱之爲

⑤ G本原文爲"sujets"（「主題」），E本和J本作"objects"（「對象」）。

⑥ 拉丁文，意即：「白板」。

共同概念（χοινὰς ἐννοίας[7]）。近代哲學家們又給他們取了另外一些很美的名稱，而斯卡利杰（Jules/Julius Caesar Scaliger）[8]特別稱之爲 Semina aeternitatis, item Zopyra[9]，好像說它是一種活的火，明亮的閃光，隱藏在我們內部，感官與外界對象相遇時，它就像火花一樣顯現出來，如同打鐵飛出火星一樣。認爲這種火花標誌著某種神聖的、永恆的東西，它特別顯現在必然眞理中，這是不無理由的。由此就產生了另外一個問題：究竟是一切眞理都依賴經驗，也就是依賴歸納與例證，還是有些眞理更有別的基礎。因爲如果某些事件我們在根本未作任何驗證之前就能預先見到，那就顯然是我們自己對此有所貢獻。感覺對於我們的一切現實認識雖然是必要的，但是不足以向我們提供全部認識，因爲感覺永遠只能給我們提供一些例子，也就是特殊的或個別的眞理。然而印證一個一般眞理的全部例子，不管數目怎樣多，也不足以建立這個眞理的普遍必然性，因爲不能得出結論說，過去發生過的事情，將來也永遠會同樣發生。例如希臘人、羅馬人以及地球上一切爲古代人所知的民族，都總是指出，在二十四小時過去之前晝變成夜，夜變成晝。但是如果以爲這條規律無論在什麼地方都有效，那就錯了。因爲到新地

---

⑦ 希臘文，意即：「共同概念」。

⑧ 斯卡利杰（Jules 或 Julius Caesar Scaliger, 1484-1558），義大利古典語文學家、哲學家和詩人，也是醫生。

⑨ 拉丁文，意即：「永恆的發光火花的種子」。

島[10]去住一下，就看到了相反的情形。如果有人以爲至少在我們的地帶，這是一條必然的、永恆的眞理，那還是錯了，因爲應該斷定，地球和太陽本身也並不是必然存在的，也許會有一個時候，這個美麗的星球和它的整個系統不再存在下去，至少是不再以現在的方式存在下去。由此可見，像我們在純粹數學中，特別是在算術和幾何學中所見到的那些必然的眞理，應該有一些原則是不依靠實例來證明，因此也不依靠感覺的見證的，雖然沒有感覺我們永遠不會想到它們。這一點必須辨別清楚，歐幾里得（Euclid）就很懂得這一點，他對那些憑經驗和感性影像就足以看出的東西，也常常用理性來加以證明。還有邏輯以及形上學和倫理學，邏輯與前者結合形成神學，與後者結合形成法學，這兩種學問都是自然的，它們都充滿了這樣的眞理，因此它們的證明只能來自所謂天賦的內在原則。誠然我們不能想像，在靈魂中，我們可以像讀一本打開的書一樣讀到理性的永恆法則，就像在布告牌上讀到審判官的法令那樣毫無困難，毫不用探求；但是只要憑感覺所提供的機緣，集中注意力，就能在我們心中發現這些法則，這就夠了。實驗的成功也可以用來印證理性，差不多像算術裡演算過程很長時可以用驗算來避免演算錯誤那樣。這也就是人類的認識與禽獸的認識的區別所在。禽獸純粹憑經驗，只是靠例子來指導自己，因爲就我們所能判斷的來說，禽獸絕達不到提出必然命題的地步，而人類則能有

---

⑩ Nova Zembla，在北極圈內，夏天整段時期太陽永不落，即有晝無夜，冬天則有夜無晝。

經證明的科學知識。也是因爲這一點，禽獸所具有的那種聯想的功能，是某種低於人所具有的理性的東西。禽獸的聯想純粹和單純的經驗論者的聯想一樣；他們以爲凡是以前發生過的事，以後在一種使他們覺得相似的場合也還會發生，而不能判斷同樣的理由是否依然存在。人之所以如此容易捕獲禽獸，單純的經驗論者之所以如此容易犯錯誤，便是這個緣故。因此，那些由於年歲大、經驗多而變得很精明的人，當過於相信自己過去的經驗時，也難免犯錯誤，這是在民事和軍事上屢見不鮮的，因爲他們沒有充分考慮到世界在變化，並且人們發現了千百種新的技巧，變得更精明了，而現在的獐鹿或野兔則並沒有變得比過去的更狡黠些。禽獸的聯想只是推理的一種影子，換句話說，只是想像的聯繫，只是從一個影像到另一個影像的過渡，因爲在一個和先前的境遇看起來相似的新境遇中，它們就重新期待它們先前發現連帶發生的事物，好像因爲事物在記憶中的影像彼此相連，事物本身也就實際上彼此相連似的。誠然理性也告訴我們，凡是與過去長時期的經驗相符合的事，通常可以期望在未來發生；但是這並不因此就是一條必然的、萬無一失的眞理，當支持它的那些理由改變了的時候，即令我們對它作最小的期望，也可能不再成功。因爲這個緣故，最明智的人就不那樣信賴經驗，而毋寧只要可能就努力去探求這事實的某種理由，以便判斷在什麼時候應該指出例外。因爲只有理性才能建立可靠的規律，並指出它的例外，以補不可靠的規律之不足，最後更在必然後果的力量中找出確定的聯繫。這樣做常常使我們無須看實際經驗到影像之間的感性聯繫，就能對事件的發生有所預見，而禽獸則只歸結到這種影像的感性聯繫。因此，證明有必然眞理的內在原則的東西，也就是區別人和禽獸的東西。

4. 也許我們這位高明的作者意見也並不完全和我不同。因爲他在用整個第一卷來駁斥某種意義下的天賦知識之後，在第二卷的開始以及以後又承認那些不起源於感覺的觀念來自反省。而所謂反省不是別的，就是對於我們心裡的東西的一種注意，感覺並不給予我們那種我們原來已有的東西。既然如此，還能否認在我們心靈中有許多天賦的東西嗎？因爲可以說我們就是天賦予我們自身之中的。又難道能否認在我們心中有存在、統一、實體、綿延、變化、行爲、知覺、快樂以及其他許許多多我們的理智觀念的對象嗎？這些對象既然直接而且永遠呈現於我們的理智之中（雖然由於我們的分心和我們的需要，它們不會時刻爲我們所察覺⑪），那麼爲什麼因爲我們說這些觀念和一切依賴於這些觀念的東西都是我們天賦的，就感到驚訝呢？我也曾經用一塊有紋路的大理石來作比喻，而不把心靈比作一塊完全一色的大理石或空白的板，即哲學家們所謂 Tabula rasa（白板）。因爲如果心靈像這種空白板那樣，那麼眞理之在我

⑪ 察覺，原文爲 appercevoir，在萊布尼茲是與 percevoir（知覺）有別的，即指清楚明白的、有意識的知覺。本書中這個詞及其名詞形式 apperception 一律譯作「察覺」。

們心中，情形也就像海克力士[12]的像之在這樣一塊大理石裡一樣，這塊大理石本來是刻上這個像或別的像都完全無所謂的。但是如果在這塊石頭上本來有些紋路，表明刻海克力士的像比刻別的像更好，這塊石頭就會更加被決定【用來刻這個像】，而海克力士的像就可以說是以某種方式天賦在這塊石頭裡了，雖然也必須要加工使這些紋路顯出來，和加以琢磨，使它清晰，把那些妨礙其顯現的東西去掉。也就是像這樣，觀念和眞理就作爲傾向、稟賦、習性或自然的潛能天賦在我們心中，而不是作爲現實天賦在我們心中的，雖然這種潛能也永遠伴隨著與它相應的、常常感覺不到的某種現實。

5. 我們這位高明的作者似乎認爲在我們心中沒有任何潛在的東西，甚至沒有什麼不是我們永遠現實地察覺到的東西。但是這意思不能嚴格地去了解，否則他的意見就太悖理了，因爲雖然獲得的習慣和我們記憶中儲存的東西並非永遠爲我們所察覺，甚至也不是每當我們需要時總是招之即來，但是我們確實常常一有使我們記起的輕微機緣就可以很容易地在心中喚起它，

⑫ Hercule，希臘神話中最著名的英雄，曾完成了十二件巨大業績的大力士。因常被用作雕刻等藝術作品的題材，故這裡舉以爲例。

正如我們常常只要聽到一首歌的頭一句就記起這首歌[13]。作者又在別的地方限制了他的論點，說在我們心中沒有任何東西不是我們至少在過去曾察覺過的。但是除了沒有人能單憑理性確定我們過去的察覺能夠達到什麼地步——這些察覺我們可能已經忘記了，尤其是照柏拉圖派的回憶說，這個學說儘管像個神話，但至少有一部分與赤裸裸的理性並無不相容之處[14]——，除了這一點之外，我說，爲什麼一切都必須是我們由對外物的察覺得來，爲什麼就不能從我們自身之中發掘出點什麼呢？難道我們的心靈就這樣空虛，除了外來的影像，它就什麼都沒有？這（我確信）不是我們明辨的作者所能贊同的意見。況且，我們又到哪裡去找本身毫無變異的板呢？因爲絕對沒有人會看見一個完全平整一色的平面。那麼，當我們願意向內心發掘時，爲什麼就不能從我們自己心底裡取出一些思想方面的東西呢？因此使我們相信，在這一點上，既然他承認我們的認識有感覺和反省這兩重來源，他的意見和我的意見或者毋寧說和一般人共同的意見歸根到底是並無區別的。

6. 我不知道是否能那樣容易使這位作者和我們以及笛卡兒派意見一致起來，因爲他主張

---

⑬ E本和J本作"le commencement d'une chanson pour nous fair ressouvenir du rest"，即「一首歌的頭一句就使我們記起它的其餘部分。」

⑭ E本作"n'a rien d'incompatible avec la raison toute nue"，即「（但）與赤裸裸的理性絲毫沒有不相容之處」。

心靈並不是永遠在思想的，特別是當我們熟睡無夢時，心靈就沒有知覺，而且他反駁說⑮，既然物體可以沒有運動，心靈當然也可以沒有思想。但是在這裡我的回答和通常有點兩樣。因爲我認爲在自然的情況之下，一個實體不會沒有活動，並且甚至從來沒有一個物體是沒有運動的。經驗已經對我的主張是有利的，而且只要去看一看著名的波以耳先生⑯反對絕對靜止的著作，就可以深信這一點。但是我相信理性也有利於我的主張，而這也是我用來駁斥原子說的證據之一。

7. 此外，還有千千萬萬的徵象，都使我們斷定任何時候在我們心中都有無數的知覺，但是並無察覺和反省；換句話說，靈魂本身之中，有種種變化，是我們察覺不到的，因爲這些印象或者是太小而數目太多，或者是過於千篇一律，以致沒有什麼足以使彼此區別開來；但是和別的印象連結在一起，每一個也仍然都有它的效果，並且在總體中或至少也以混亂的方式使人感覺到它的效果。譬如我們在磨坊或瀑布附近住過一些時候，由於習慣就不注意磨子或瀑布的

⑮ E本和J本作“Il dit que”，即「他說」，G本爲“et il object que”。

⑯ 波以耳（Robert Boyle, 1627-1691），著名的英國科學家，即關於氣體體積與壓強、溫度的關係的「波以耳—馬略特定律」的發明者之一，萊布尼茲常提到他。參閱本書第三卷第四章，§16。這裡提到的他的著作，即《論物體的絕對靜止》，見於Birch編的《波以耳全集》，倫敦，一七七二年版，第一卷，第443-457頁。

運動，就是這種情形。並不是這種運動不再繼續不斷地刺激我們的感覺器官，也不是不再有什麼東西進入靈魂之中，由於靈魂和身體的和諧，靈魂是與之相應的；而是這些在靈魂和在身體中的印象已經失去新奇的吸引力，不足以吸引我們的注意和記憶了，我們的注意力和記憶力是只專注於比較顯著的對象的。因爲一切注意都要求記憶，而當我們可以說沒有警覺，或者沒有得到提示來注意我們自己當前的某些知覺時，我們就毫不反省地讓它們過去，甚至根本不覺得它們；但是如果有人即刻告訴我們，例如：讓我們注意一下剛才聽到的一種聲音，我們就回憶起來，並且察覺到剛才對這種聲音有過某種感覺了。因此是有一些我們沒有立即察覺到的知覺，察覺只是在經過不管多麼短促的某種間歇之後，在得到提示的情況下才出現的。爲了更好地判斷我們不能在大群之中辨別出來的這種微知覺，我慣常用我們在海岸上聽到的波浪或海嘯的聲音來作例子。我們要像平常那樣聽到這聲音，就必須聽到構成整個聲音的各個部分，換句話說，就是要聽到每一個波浪的聲音，雖然每一個小的聲音只有和別的聲音在一起合成整個混亂的聲音時，也就是說，只有在這個怒吼中，才能爲我們聽到，如果發出這聲音的波浪只有單獨一個，是聽不到的。因爲我們必須對這個波浪的運動有一點點感受，不論這些聲音多麼小，也必須對其中的每一個聲音有點知覺；否則我們就不會對成千成萬波浪的聲音有所知覺，因爲成千成萬個零合在一起也不會構成任何東西。我們也從來不會睡得那樣沉，連任何微弱混亂的感覺都沒有；即令是世界上最大的聲音，如果我們不是先對它開始的小的聲音有所知覺，也不會把我們弄醒，就好比世界上最大的力也不能把一根繩子拉斷，如果它不是被一些小的力先拉開一點的話，儘管這些小的力所拉開的程度是顯不出來的。

8. 因此，這些微知覺，就其後果來看，效力要比人所設想的大得多。就是這些微知覺形成了這種難以名狀的東西，形成了這些趣味，這些合成整體很明白、分開各部分則很混亂的感覺性質的影像，這些環繞著我們的物體給予我們的印象，那是包含著無窮的，以及每一件事物與宇宙中所有其餘事物之間的這種聯繫。甚至於可以說，由於這些微知覺的結果，現在孕育著未來，並且滿載著過去，一切都在協同併發（如希波克拉底（Hippocrates）⑰所說的 σύμπνοια πάντα⑱），只要有上帝那樣能看透一切的眼光，就能在最微末的實體中看出宇宙間事物的整個序列。

Quae sint, quae fuerint, quae mox futura trahantur.⑲這些感覺不到的知覺，更標誌著和構成了同一的個人。它們從這一個人的過去狀態中保存下一些痕跡或表現，把它與這一個人的現在狀態聯繫起來，造成這一個人的特徵。即令這一個人自己並不感覺到這些痕跡，也就是不再有

---

⑰ 希波克拉底（Hippocrates），西元前五世紀希臘最偉大的醫學家，也是哲學家。

⑱ 希臘文，意即：「一切都在協同併發」。

⑲ 拉丁文，意即：「現在的、過去的、將來要發生的事物」。G本作 que mox，顯係誤植。

明確的記憶的時候，它們也能被一種更高級的心靈所認識。但是它們（我是說這些知覺）憑著有朝一日可能發生的一些定期發展，在必要的時候，也提供出恢復這種記憶的手段。就是因爲這個緣故，死亡只能是一種沉睡，甚至也不能永久保持沉睡，因爲在動物中間，知覺只是不再分明，並回到一種混亂狀態，使察覺中斷，但這種狀態是不能永遠延續的；在這裡不談人，人爲了保持他的人格，是應當在這方面有一些大的特權的。[20]

9. 也就是用這些感覺不到的知覺，說明了[21]靈魂與身體之間的這種奇妙的前定和諧，甚至是一切單子或單純實體之間的前定和諧，這種前定和諧代替了它們彼此之間那種站不住腳的影響，並且照那部最優美的《歷史批判辭典》的作者[22]的看法，把那種神聖圓滿性的偉大提高到了超乎人從來所曾設想過的程度之上。此外，我還要補充一點，我說就是這些微知覺在許多場合決定了我們而我們並沒有想到，它們也常常顯出半斤八兩毫無區別的樣子欺瞞了普通人，

---

⑳ E本和J本略去了「在這裡不談人……」以下的一句。

㉑ E本和J本作“j'explique”，即「我說明了」，G本作“s'explique”。

㉒ 指比埃爾・培爾（Pierre Bayle, 1647-1706），是法國哲學家，啓蒙運動的先驅，他曾在所作《歷史批判辭典》（*Dictionaire historique et critique*）中的「羅拉留」（Rorarius）條下評論和批判了萊布尼茲的「前定和諧」學說，萊布尼茲曾和他進行了反覆的辯論。見G本第四卷，第517頁以下；E本第150頁以下。

好像我們向（例如）右轉或向左轉完全沒有區別似的。我在這裡也不需要如在本書中那樣指出，這種微知覺也是那種不安的原因，我指出這種不安就是某種這樣的東西，它和痛苦的區別只是小和大的區別，可是他常常由於好像給它加了某種刺激性的風味而構成我們的欲望，甚至構成我們的快樂。同樣也是由於我們感覺得到的知覺中那些感覺不到的部分，才使得在顏色、熱及其他感覺性質的知覺之間有一種關係，並且在和它們相應的身體運動之間有一種關係。反之，笛卡兒派和我們這位作者，儘管他觀察透闢，卻都把我們對這一切性質的知覺看作武斷的，就是說，好像上帝並不管知覺和它們的對象之間的本質關係，而任意地把這些知覺給了靈魂似的。這種意見使我驚訝，我覺得這和造物主的尊嚴不相稱，造物主無論造什麼東西都是不會不和諧和沒有理由的。

10. 總之，這種感覺不到的知覺之在精神學㉓上的用處，和那種感覺不到的分子在物理學

㉓ 原文爲 Pneumatique，是由希臘文的 Pneuma 一詞變來的，Pneuma 原意指「噓氣」、「呼吸」，轉義爲「精神」、「靈魂」或「心靈」等，因此照字面譯作「精神學」，也可譯作「靈學」。其實其意義與 Psychologie（心理學）是一樣的，Psychologie 也來源於希臘文 Psukhê，意思也是指「靈魂」、「心靈」，故這裡本來也可逕直和 Psychologie 一樣譯作「心理學」，但因爲它如下文所說也包括討論上帝、精靈等等的即所謂「靈學」的內容，故雖覺生僻，仍譯作「精神學」。

上的用處一樣大；如果藉口說它們非我們的感覺所能及，就把這種知覺或分子加以排斥，是同樣不合理的。任何事物都不是一下完成的，這是我的一條大的準則，而且是一條最最得到證實了的準則，**自然絕不作飛躍**。我最初是在《文壇新聞》（*Les Nouvelles de la République des Lettres*）㉔上提到這條規律，稱之為**連續律**；這條規律在物理學上的用處是很大的。這條規律是說，我們永遠要經過程度上以及部分上的中間階段，才能從小到大或者從大到小；並且從來沒有一種運動是從靜止中直接產生的，也不會從一種運動直接就回到靜止，而只有經過一種較小的運動才能達到，正如我們絕不能通過一條線或一個長度而不先通過一條較短的線一樣，雖然到現在為止那些提出運動規律的人都沒有注意到這條規律，而認為一個物體能一下就接受一種與前此相反的運動。所有這一切都使我們斷定，那些令人注意的知覺是逐步從那些太小而不令人注意的知覺來的。如果不是這樣斷定，那就是不認識事物的極度精微性，這種精微性，是永遠並且到處都包含著一種現實的無限的。

㉔《文壇新聞》（*Les Nouvelles de la République des Lettres*），是培爾創辦的一種雜誌，後由巴斯那日（Basnages）接編，改名為《學者著作史》（*L'Histoire des Ouvrages des Savans*），萊布尼茲曾在該雜誌一六九八年六月號上發表了《對培爾先生在關於靈魂和身體的結合的新系統中所發現的困難的說明》一文，見G本第四卷第517-524頁，E本第150-154頁。

11. 我也曾經指出過，由於那些感覺不到的變異，兩件個體事物不會完全一樣，並且應該永遠不止是號數不同，這就摧毀了那些所謂靈魂的空白板，沒有思想的靈魂，沒有活動的實體，空間中的眞空，原子，甚至物質中不是實際分割開的微粒，絕對的靜止，一部分時間、空間或物質中的完全齊一，從原始的正立方體產生的第二元素的正球體，[25]以及其他千百種哲學家們的虛構。這些虛構都是由他們的不完全的概念而來的，是事物的本性所不容許的，而由於我們的無知以及對感覺不到的東西的不注意，就讓它們通過了。但是我們除非把它們限制於心靈的抽象，是不能使它們成爲可容忍的，心靈對於它撇在一邊，認爲不應該放在當前來考慮的東西若不加以否認，是要提出抗議的。否則如果我們眞的認爲我們察覺不到的東西就既不在靈魂中也不在物體中，我們在哲學上就會犯過失，正如在政治上忽略了（τὸ μικρόν）[26]亦即感覺不到的進展就會犯過失一樣；反之，只要我們知道進行抽象時所隱藏著的東西是在那裡的，則抽象並不是一種錯誤。正如數學家們就是這樣運用抽象的，他們談到他們向我們提出的那種圓滿的線，齊一的運動，以及其他全合規矩的結果，雖然物質（也就是環繞著我們的無限事物所產生的種種結果的混合物）永遠總是有某種例外的。爲了區別所考慮的情況，爲了在可能範圍

[25] 參閱本書下冊第四卷第二十章§11「德」及註（第491頁）。

[26] 希臘文，意即：「細節」、「小事」。

內由結果追溯原因，以及爲了預見它們的某種後果，我們就這樣來進行。因爲我們越是注意不要忽略我們所能控制的任何情況，實際就越符合於理論。但是只有一種包攬無遺的最高理性，才能清楚地了解整個無限，了解一切原因和一切結果。我們對於無限的東西所能做到的，只是混亂地認識它，以及至少清楚地知道無限的東西是存在的，否則我們就太不認識宇宙的美和它的偉大了，我們也就不能有一種說明一般事物的本性的好的物理學，更不能有一種包含關於上帝、靈魂以及一般單純實體的知識的好的精神學了。

12. 這種對於感覺不到的知覺的認識，也可以用來解釋兩個人的靈魂或其他屬於同一類的靈魂[27]爲什麼以及如何從來不會完全一樣地從造物主手中造出來，並且每一個都和它在宇宙中將有的觀點有一種原初的關聯。但這從我關於兩個個體的看法就已經可以推出來了，這看法就是說：它們的區別永遠不只是號數上的區別。此外還有另一個重要之點，我不但不得不和這位作者意見不同，而且也和大部分近代人意見不同；這就是我和大部分古代人一樣認爲一切精靈[28]、一切靈魂、一切被創造的單純實體都永遠和一個身體相結合，從來沒有什麼靈魂是和身體完全相分離的。這一方面我有*先天的*理由。但是也可以發現，在這種學說中有這種好處，它

㉗ 此處照G本；若照E本當作：「兩個人類靈魂或兩件同類事物」。

㉘ les génies，就是指萊布尼茲認爲其地位在人類之上而在上帝之下的天使、大天使之類。

可以解決如下所說的一切哲學上的困難問題，如關於靈魂的狀態，關於它們的永久保持，它們的不死，以及它們的作用。因爲靈魂的一種狀態和另一種狀態的區別，無論過去和現在都從來不是什麼別的，只是能感覺的程度較高對較低、完滿程度較高對較低，或倒過來的區別，這就使靈魂過去和將來的狀態也和現在的狀態一樣能解釋。只要稍稍反省一下，就足以明白這是很合理的。而一個狀態一下跳到另一個無限不同的狀態，是不合自然之道的。我很驚訝，爲什麼經院學派的哲學家們要毫無理由地拋棄了自然的解釋，有意跌進很大的困難中去，使那些離經叛道的自由思想者得到表面的勝利。用這個解釋來說明事物，他們的一切理由就一下都垮了。從這個解釋來看，要設想靈魂（或照我看毋寧是動物的靈魂）的保存，就並不比設想毛蟲變成蝴蝶有什麼更大的困難，也不比設想睡著時仍保持著思想有更大的困難；耶穌基督就曾經神聖地把死亡比之於沉睡。我也已經說過，沒有任何沉睡能永遠持續下去的；而在有理性的靈魂，沉睡就將更少持久或幾乎根本不能持續，它們永遠注定要保存它們在上帝之城中所接受的人格和記憶，這是爲了能更好地接受賞罰。我還補充一點：一般來說不論把可見的器官如何變換，都不能在動物中使事物完全陷於混亂，或者摧毀一切器官，使靈魂完全脫離了它的有機身體和去掉一切先前痕跡的不可磨滅的殘餘。但是人們很容易拋棄天使也和一種精妙的身體相結合（人們常常把這種身體與天使本身的形體性相混）的古老學說，並把一種所謂與身體分離的心智（intelligence）引進被創造物之中（亞里斯多德的「心智」使諸天運行的說法大有助於這種看法），並且持一種誤解了的意見，以爲要是禽獸的靈魂能保存，就不能不落入輪迴，並讓它們從一個身體到另一個身體漫遊，不知道該怎麼辦而引起困惑。㉙照我看，就是這些原因使人們忽略了解釋靈魂的保存的自然方式。這就大大地損害了自然宗教，並且使許多人以爲我們的不死只能是上帝的一種奇蹟的恩惠，連我們有名的作者也將信將疑地談到這一點，如我馬上就要說到的那樣。不過所有持這種意見的人要是都說得像他那樣明智，那樣有信仰，那倒也好了；因爲恐怕有許多人說到的靈魂由於神恩而不死，只是爲了顧全表面，而骨子裡是接近於阿威羅伊（Averroes）㉚派和有些很壞的寂靜派（Quietistes）㉛的，他們是想像著靈魂被吸收進神性的海洋之中與神合爲一體。這種概念，也許只有我的系統才能使人看出它的不可能性。

13. 在我們之間，關於物質的意見，似乎還有這一點差別，就是這位作者認爲虛空是運動所必需的，因爲他以爲物質的各個小部分是堅不可摧的。我承認，如果物質是由這樣的部分合

㉙ E本和J本無「並讓它們……困惑」一句。

㉚ 阿威羅伊（Averroes,1126-1198），即伊本·魯世德（Ibn Ruschd），出生於西班牙哥爾多華的阿拉伯哲學家，以注釋亞里斯多德著名，有較強烈的唯物主義和泛神論傾向，主張物質是永恆的，否認個人的靈魂不死，因此被正統派所譴責。他的學說在中世紀以致文藝復興時期在法國、義大利等都曾有很大影響。

㉛ 寂靜派（Quietistes），十七世紀西班牙的莫利諾（Molinos）、法國的基永夫人（Mme. Guyon）、費納隆（Fénelon）等所創導的一種神祕主義宗教派別。

成的，在充滿之中運動就是不可能的，就像一間房子充滿了許多小石塊，連最小一點空隙都沒有的情形那樣。但是人們並不同意這種假設，它也顯得沒有任何理由；雖然這位高明作者竟至於以爲這種微粒的堅硬或黏合構成了物體的本質。我們毋寧應該設想空間充滿了一種原本是流動的物質，可以接受一切分割，甚至在實際上被一分再分，直至無窮。但是有這樣一種區別，就是在不同的場所，由於運動的協同作用的程度有所不同，物質的可分性以及被分割的程度也就不相等。這就使得物質到處都有某種程度的堅硬性，同時也有某種程度的流動性，並且沒有一個物體是極度堅硬或極度流動的，換句話說，我們找不到任何原子會有一種不可克服的堅硬性，也不會有任何物質的團塊對於分割是完全不在乎的。自然的秩序，特別是連續律，也同樣地摧毀了這兩種情形。

14. 我也曾指出，黏合本身要不是衝擊或運動的結果，就會造成一種嚴格意義的牽引。因爲如果有一個原本堅硬的物體，例如：伊比鳩魯所說的一個原子，有一部分突出作鉤狀（因爲我們可以設想原子是有各種各樣的形狀的），這個鉤被推動時就可以把這個原子的其餘部分也就是沒有被推動並且沒有落到衝擊線上的部分，也帶著一起動了。可是我們這位高明的作者自己又反對這種哲學上的牽引，就像從前人們把它們歸之於懼怕眞空那樣的；他把這種牽引歸結爲衝擊，和一些近代人一樣主張一部分物質對另一部分物質只有通過接觸加以推動才直接起作用。在這一點上我認爲他們是對的，因爲否則在這作用中就沒有什麼可理解的東西了。

15.可是我應該不加掩飾地表明我曾注意到我們這位卓越的作者在這方面有過一種退縮的情形，我在這裡不禁要讚揚他那種謙遜的眞誠態度，正如我在別的地方曾欽佩他的透闢天才一樣。那是在他給已故的伍斯特（Edward Stillingfleet）主教先生㉜的第二封信的答覆中，印行於一六九九年，第408頁，在那封信中，爲了替他曾經堅持而反對這位博學的教長的主張，即關於物質也許能夠思想的意見作辯護，他在別的事情之外曾說到：「我承認我說過（《理智論》第二卷第八章§11），物體活動是靠衝擊而不是以別的方式。我當時寫這句話的確是持這種意見，而且現在我也還是不能設想有別的活動方式。但是從那時以後，我讀了明智的牛頓先生無可比擬的書，就深信想用我們那種受侷限的概念去限制上帝的能力，是太狂妄了。以我所不能設想的方式進行的那種物質對物質的引力，不僅證明了上帝只要認爲好就可以在物體中放進一些能力和活動方式，這些都超出了從我們的物體觀念中所能引申出來，或者能用我們對於物質的知識來加以解釋的東西；而且這種引力還是一個無可爭辯的實例，說明上帝已實際這樣做了。因此，我當留意在我的書重版時把這一段加以修改。」我發現在這書的法文譯本中，無疑是根據最後幾版譯出的，這§11是這樣的：「顯然，**至少就我們所能設想的範圍內來說**，物體彼此之間是靠衝擊而不是以別的方式起作用的，因爲我們不可能理解物體如何能作用於它沒有接

㉜ 原名 Edward Stillingfleet, 1635-1699，自一六八九至一六九九年任伍斯特（Worcester）主教。

觸到的東西，這就正如我們不可能想像它能在它所不在的地方起作用一樣。」

16. 我不能不讚揚我們這位著名作者謙遜的虔敬態度，他承認上帝的行事可以超出我們所能理解的範圍，並因此在信仰的事項裡可以有一些不能設想的神祕事物。但我不願我們在自然的通常過程中也不得不求助於奇蹟，並且承認有絕對不可解釋的能力和作用。否則就會托庇上帝所能做的事，給那些壞哲學家以太多的方便了。如果承認那種向心力或那種從遠處的直接引力，而不能使它們成為可理解的，我就看不出有什麼理由可以阻止經院哲學家們說一切都單只由那些功能所造成，和阻止他們主張有一種意象（les espèces intentionelles）[33]從對象達到我們這裡，甚至能找到辦法進入我們的靈魂之中。如果這樣也行，那麼

Omnla jam fient, fieri quae posse negabam.[34]

因此，我覺得我們這位作者，雖然很明智，在這裡卻有點太過於從一個極端跳到另一個極端了。他對於靈魂的作用感到困難，其實問題只涉及承認那種不可感覺的東西，而請看他竟把不可理解的東西給了物體了；因為他承認物體有那種引力，甚至從很遠的地方就能發生作用，並沒有任何作用範圍的限制，這樣就是給了物質一些能力和活動，照我看來是超出一個被創造

㉝ 參閱本書下冊第三卷第十章§14「德」註（第143頁註③）。

㉞ 拉丁文，意即：「過去我不認為會發生的一切都將馬上發生」。

的心靈所能做到和理解的整個範圍；而這樣做是爲了支持一種顯得同樣不可解釋的意見，就是：在自然秩序的範圍內，物質也有進行思想的可能性。

17. 他和這位攻擊過他的教長所討論的問題是：物質是否能夠思想。因爲這是個重要之點，甚至對本書來說也是這樣，我不免要稍稍深入討論一下，並且來考察一下他們的爭論。我要來說明一下他們在這個問題上的爭論的實質，並不揣冒昧說一說我對它的想法。已故的伍斯特主教恐怕（但是照我看來並無多大理由）我們這位作者關於觀念的學說會引起一些有害於基督教信仰的弊病，就在所著的《三位一體教義辯解》㉟中有些地方對它加以考察。他先對這位卓越的作者作了一番公道的評價，承認他把心靈的存在看成和物體的存在同樣確實，雖然這兩種實體是同樣不爲人所知，然後他就問（第241頁以下），如果照我們這位作者在第四卷第三章中的意見，上帝也可以給物質以思想的功能，那麼反省如何能使我們確信心靈的存在，因爲如果這樣，應該用來辨別㊱什麼東西適合於靈魂，什麼東西適合於身體的那種觀念的方式，就變成無用的了，反之他在《理智論》第二卷第二十三章§15、§27、§28裡又說：靈魂的作用爲我們提

㉟ *Vindication de la doctrine de la Trinité*，發表於一六九六年秋。

㊱ G本作"discerner"（「辨別」），E本和J本作"discuter"（「討論」或「辯論」）。

供了心靈的觀念，而理智和意志使這觀念成爲我們所能理解的，正如堅實性（Solidité）㊲和衝動使物體的本性成爲我們所能理解的一樣。我們的作者在第一封信中是這樣答覆的（第65頁以下）：「我認爲我已經證明了在我們裡面有一種精神實體，因爲我們經驗到在我們裡面有思想；然而【思想】這種活動或這種樣式，不能是關於一件自己存在之物的觀念的對象，因此這種樣式需要有一個支持者或附著的主體；這種支持者的觀念就造成了我們所稱的實體……因爲對於實體的一般觀念既是到處一樣的，所以那種稱爲思想或思想能力的樣式和它相結合，就使它成爲心靈，而不必考慮它還有什麼別的樣式，就是說，不必考慮它是否具有堅實性；而另一方面，具有所謂堅實性這種樣式的實體就是物質，不管它是否與思想相結合。但是如果您所謂精神實體是指非物質的實體，我承認我沒有證明在我們裡面有，並且也不能根據我的原則用推證的方式來證明它有，雖然我就關於物質的各種系統所說的話（第四卷第十章§6），已經證明了上帝是非物質的，從而使那在我們之中思想的實體的非物質性具有最高度的概然性……但是我已經指出（作者在第68頁上又說），宗教和道德的偉大目標，是由靈魂不死來保證的，並沒有必要假定靈魂的非物質性。」

18. 這位博學的主教在他對這封信的答覆中，爲了表明我們的作者在寫他的《理智論》第

㊲ Solidité，參閱本書上冊第二卷第四章標題的註（第104頁註①）。

二卷時，是持另一種意見，就從其中第51頁引了這一段話（引自同卷第二十三章§15），他在那裡說：「用我們從我們心靈的活動推出來的一些簡單觀念，我們可以構成對於一個心靈的複雜觀念，並且把思想、知覺、自由、推動我們身體的能力等觀念放在一起，我們就有了一個非物質實體的概念，和物質實體的概念一樣明白。」他又引了另外幾段，表明作者是把心靈和物體對立起來的，並且說（第54頁），要是證明了靈魂就其本性說是不死的，亦即非物質的，就給了宗教和道德的目標以更好的保證。他又引了這一段（第70頁）：「我們對於各種特殊的、個別的實體的觀念，不是別的，只是一些簡單觀念的不同組合。」因此，我們的作者曾認爲思想和意志的觀念提供了另一種實體，與堅實性和衝動的觀念所提供的實體不同；並且（§17）他指出這些觀念構成了與心靈對立的物體。

19. 伍斯特主教先生還可以說，從實體的**一般**觀念既在物體方面也在心靈方面這一點，並不能推出它們的**區別**就在於同一件東西的各種**樣式**的區別，如：我們這位作者在我們所引的第一封信中那個地方所說的那樣。我們應該把樣式與屬性好好區別開來。具有知覺和活動的功能、廣延、堅實性都是屬性或永久的、主要的謂詞；但是思想、動力、形狀、運動則是這些屬性的樣式。此外，我們還應該把**物理的**（或毋寧說實在的）類與**邏輯**的或理想的類區別開。屬於同一個物理的類或**同質**的東西，是可以說屬於同一種物質的，並且常常可以因樣式的變化而由一個東西變成另一個東西；如圓與方。但是兩個**異質**的東西也可以屬於一個共同的邏輯的類，而這時它們的差就不是同一主體或同一形上學的或物理的物質的一些單純偶然樣式之差了。因此，如：時間和空間就是非常異質的兩樣東西，而如果想像著有一種不知是什麼的實在的共同主體，它只有一般的連續量，而它的樣式就是時間或空間的由來，這種想法就將是錯誤的。可是它們的共同的邏輯的類就是連續量㊳。有些人也許會譏笑哲學家們關於兩種類的這種區分，一種只是邏輯的，另一種又還是實在的；又區別兩種物質，一種是物理的，就是物體的物質，另一種只是形上學的或一般的，以爲這就好像有人說兩部分的空間是屬同一種物質，或者說兩個小時屬於同一種物質一樣可笑。可是這種區別並不只是名詞上的區別，而是事物本身的區別，並且在這裡似乎顯得非常恰當，在這裡，由於它們之間的混亂，就產生了一種錯誤的結論。這兩個類有一個共同的概念，而實在的類的概念則爲兩種物質所共同的；所以它們的譜系應當是這樣的：

類
- 僅僅是邏輯的類，因單純的差而變異
- 實在的類，其差爲種種樣式，即物質
  - 僅僅是形上學的，其中有同質性
  - 物理的，其中有一種堅實性的，同質的質量

㊳ G本無此一句，照E本、J本加。

20.我沒有看到作者給這位主教的第二封信；而這位教長對此的答覆幾乎沒有觸及物質的思想這一點。但我們這位作者對這第二次覆信的再答覆又回到了這一點上。「上帝（他說的差不多就是用這樣的詞句，第397頁）把他所喜歡的性質與圓滿性加給物質的本質；在某些部分裡只有單純的運動，但是在植物裡有生長，在動物裡有感覺。有些人到此爲止都同意，但當我們再進一步，說上帝也可以給物質以思想、理性、意志時，他們就叫喊起來了，好像這樣就摧毀了物質的本質似的。但是爲了證明這一點，他們只引證說思想或理性是不包含在物質的本質之中的；這絲毫也沒有證明什麼，因爲運動和生命也同樣並不包含在其中。他們又說，我們不能設想物質能思想。但是我們所設想的概念並不是上帝的能力的尺度。」這以後，在第99頁，他又引了物質的引力的例子，尤其是在第408頁，說到歸之於牛頓先生提出的物質對物質的萬有引力（用我以上所引的話），同時承認我們絕不能設想它是怎麼樣的。這其實是回到隱祕性質[39]，或者簡直是回到不可解釋的性質去了。他在第401頁又說，沒有比否認我們所不了解的東西更適於爲懷疑論張目的了；又在第402頁說，我們甚至也不能設想靈魂如何思想。他想著（第403頁），既然物質的與非物質的兩種實體，可以就它們的沒有任何能動性的赤裸裸的本質去設想，那麼就全靠上帝來給這一種或另一種實體以思想的能力了。他又想乘機利用他的對

[39] les qualités occultes，這是經院哲學家們的一種遁詞，把解釋不了的東西都歸之於「隱祕性質」。

手自己承認的意見來取勝，因爲他的對手承認禽獸也有感覺，但是不承認它們有某種非物質的實體。他認爲自由、自覺意識（第408頁）以及進行抽象的能力（第409頁）都可以給予物質，不過不是作爲物質的物質，而是作爲被一種神聖能力所豐富了的物質。最後他又引證了（第434頁）一位很可尊重也很明智的旅行家德・拉・盧貝爾（Simon de la Loubère）[40]先生的觀察，說東方的異教徒都承認靈魂不死，卻並不能了解它的非物質性。

21. 關於這一切，在說明我自己的意見之前，我要指出，確實如我們的作者所承認的那樣，物質之不能機械地產生感覺，是和不能產生理性一樣的。並且我確實承認我們不能對不了解的東西就加以否認，但是我還要再說一句，我們確有權利否認（至少是在自然秩序範圍內）那種絕對不可理解，也不能解釋的東西的。我還認爲，實體（物質的或非物質的）是不能光就它的沒有任何能動性的赤裸裸的本質去設想的。能動性是一般實體的本質。最後，我承認被創造的東西所設想的概念並不是上帝的能力的尺度，但是被創造的東西的能設想性或設想能力卻是自然的能力的尺度，因爲一切符合於自然秩序的，都能爲某種被創造的東西所設想或了解。

㊵ 德・拉・盧貝爾（Simon de la Loubère, 1642-1729）他於一六八七年由法國國王路易十四派往暹羅，去建立法國與暹羅王國之間的外交和通商關係。他在那裡蒐集了有關暹羅的歷史、風俗習慣、宗教等等的大量資料，回國後發表了他的《暹羅王國》（*Du royaume de Siam*，巴黎，一六九一年）一書。

22. 凡是知道我的系統的人，將會看出我對這兩位卓越的作者都不能完全同意，可是他們之間的辯論是很有教益的。但是爲了清楚地說明我的意見，首先要考慮到，能夠自然地或不賴奇蹟地歸屬於同一主體的各種樣式，應該來自一個實在的類或一種經常的、絕對的原始本性的限制或變異。因爲哲學家們就是這樣來區別一個絕對存在物的樣式和這存在物本身的，例如：我們知道大小、形狀和運動顯然就是物體的本性的限制或變異。因爲很清楚，如何一種廣延加以限制就給人各種形狀，而其中所發生的變化不是別的，就是運動。並且無論何時，每當我們在一個主體中發現某種性質時，我們就應該相信，如果我們了解這主體和這性質的本性，我們就能設想這種性質如何能從這主體產生出來。因此，在自然秩序範圍內（把奇蹟撇開），上帝並不是武斷地、無分別地給實體以這種或那種性質的；他從來不會給它們別的，只給它們自然的性質，也就是那些能作爲可解釋的樣式從它們的本性中抽引出來的性質。因此我們可以斷定，物質憑它的本性是不會有上述的那種引力的，並且憑它本身也不會在一道曲線上運動，因爲我們不能設想它如何能這樣，就是說，我們從機械的觀點不能解釋這種運動；反之凡是自然的東西都應該能夠成爲清楚的可設想的，如果我們能夠深入了解事物的祕密的話。把自然的、可以解釋的東西與不可解釋的、奇蹟的東西區別開，就除去了一切困難。排除這種區別，就會是維護比那種隱祕性質更壞的東西，並因此而拋棄了哲學和理性，以一種糊塗的系統爲無知與懶惰開闢庇護所。這種系統不僅承認有我們所不了解的性質（這種性質只能說太多了），並且還承認有那樣一些性質，連最偉大的心靈，即使上帝給它打開了盡可能廣闊的道路也不可能了解的，換句話說，這種性質或者是出於奇蹟的，或者是荒唐無稽的。而說上帝平常也老是施行奇蹟，這本身也就是荒唐無稽的；所以，這種怠惰的假說，既摧毀了我們尋求理由的哲學，也同樣地摧毀了那供給理由的神聖智慧。

23. 現在說到思想，確實，並且我們的作者也不止一次地承認，它不能是物質的一種可以理解的樣式，或者是包含在物質之中並能以物質來解釋的東西[41]，換句話說，一個能感覺或能思想的東西不能是一種機械的東西，像一隻錶或一副磨子那樣，以致我們可以設想大小、形狀、運動等的機械組合能夠在一堆原來並無能思想與能感覺的東西的物質中產生出某種能思想甚至能感覺的東西，並且當這種機械組合弄亂時這種思想或感覺也就以同樣的方式終止。因此，物質能感覺和思想，並不是自然的事，它要能如此，只能由於兩種方式：一種方式是上帝使它和另一種自然能思想的實體相結合，另一方式是上帝用奇蹟把思想放在物質之中。所以在這方面我完全同意笛卡兒派的意見，只是我還把它擴充到禽獸，並認爲禽獸也有感覺和（眞正說來）非物質的心靈，也和德謨克利特或伽森狄所說的原子一樣不會毀滅；反之笛卡兒派則毫無理由地對禽獸的靈魂感到困惑，而如果禽獸的靈魂也能保存，他們就不知道該怎麼辦（因爲

㊶ E本無「或者是……的東西」一句。

他們沒有想到動物本身是縮小了保存著的），因此不得不與一切顯然的現象及人類的判斷相反，連禽獸有感覺也拒不承認了。但是如果有人說上帝至少能把思想的功能加給一種如此準備好了的機器，則我可以回答說，如果是這樣，如果上帝把這種功能加給物質而並不同時放進一種作爲這功能所依附的主體的實體（如我所設想那樣），換句話說，並不加進一種非物質的靈魂，那麼，物質就應當是被以奇蹟的方式提高了，以便來接受一種它照自然的方式不能有的能力。正如有些經院哲學家主張[42]，上帝把火提高了，甚至給了它一種力量，能直接焚燒與身體相分離的心靈，這將是純粹的奇蹟。這已足夠使我們不能主張物質也在思想，除非是在物質之中放進一種不能毀滅的靈魂，或者放進一種奇蹟。因此，我們靈魂的不死[43]是隨著自然本性來的，因爲我們不能主張它們熄滅，除非是由於奇蹟，或者把物質提高，或者把靈魂化爲烏有。因爲我們完全知道，既然上帝能把靈魂化爲烏有，則靈魂儘管可以是非物質的（或者單憑自然本性是不死的），上帝的能力仍能使我們的靈魂有死。

24. 然而，靈魂的非物質性這一眞理無疑是重要的。因爲對宗教和道德來說，尤其是在我

㊷ E本和J本此句作：「有些經院哲學家曾主張過某種和這很近似的東西，就是：」。

㊸ G本作 immortalité（不死），E本作 immatérialité（非物質性）。

們這個時代（現在許多人對於單單的天啓和奇蹟是幾乎不尊重的㊹），指出靈魂就自然本性說是不死的，而如果它不是這樣則是一種奇蹟，比之於主張我們的靈魂就自然本性說是應該死的，但由於一種奇蹟的恩惠，僅僅基於上帝的恩許，它才不死，要有無限地更大的好處。大家也久已知道，有些人想摧毀自然宗教而把一切歸結爲天啓宗教，好像理性在這方面絲毫不能教我們什麼，這樣的人是被人看作可疑的；而這並不是始終沒有理由的。但我們的作者並不屬於這一類人之列。他主張對上帝的存在要證明，並且認爲靈魂的非物質性有最高度的**概然性**，因此，可以被當作一種**道德上的確定性**；所以我相信，有了這樣的眞誠和通達，他是能夠同意我剛才所陳述的學說的，這學說在全部合乎理性的哲學中是根本性的。因爲否則我就看不出我們如何能避免重新陷於像弗拉德（Robert Fludd）㊺的《摩西哲學》（*Philosophia Mosaica*）那樣的**狂信哲學**㊻，它要爲一切現象找根據，就把它們用奇蹟直接歸之於上帝；或者陷於**野蠻哲學**，如過去時代某些哲學家和醫學家那樣的，他們還依舊顯出他們那個時代的野蠻性，而這在

㊹ E本和J本無括弧內這一句。

㊺ 弗拉德（Robert Fludd,1574-1637）是一位英國的醫生和神祕主義哲學家，他的《摩西哲學》（*Philosophia Mosaica*）出版於一六三八年。

㊻ E本與J本作"la Philosophie ou fanatique"（「哲學或狂信」）。

今天已理所當然地受到人們的輕視。他們要爲現象找根據，就明目張膽地捏造出一些隱祕性質或功能，把它們想像成好像是一些小精怪或幽靈，能夠不拘方式地做出一切你所要求的事，好像懷錶憑某種怪誕的功能就能指示時間而不需要齒輪，或者磨子憑一種能磨碎的功能就能粉碎穀物而用不著磨石之類的東西似的。至於好些人都存在的那種設想一種非物質的實體方面的困難，（至少大部分）是很容易解決的，只要他們不要求那些和物質分離的實體，事實上我認爲在被創造的東西是絕不會自然地有這種實體的。

目錄

【上冊】

導讀／吳俊業……9
譯者序言　萊布尼茲及其哲學簡介……23
關於譯註的幾點說明……81
序言……85

第一卷　論天賦觀念……1
第一章　人心中是否有天賦原則？……3
第二章　沒有天賦的實踐原則……37
第三章　關於思辨和實踐的兩種天賦原則的其他一些考慮……61

第二卷　論觀念……75

第一章　通論觀念並順帶考察人的心靈是否永遠在思想……77
第二章　論簡單觀念……95
第三章　論單由一種感官來的觀念……99
第四章　論堅實性……103
第五章　論從各種不同感官來的簡單觀念……115
第六章　論從反省來的簡單觀念……119
第七章　論從感覺和反省兩者來的觀念……123
第八章　對簡單觀念的其他一些考慮……127
第九章　論知覺……137
第十章　論保持力……149
第十一章　論分辨觀念的功能……153
第十二章　論複雜觀念……161
第十三章　論簡單樣式，並首先論空間的樣式……167
第十四章　論綿延及其簡單樣式……179

第十五章　合論綿延與擴張……187
第十六章　論數……191
第十七章　論無限性……197
第十八章　論其他簡單樣式……203
第十九章　論思想的諸樣式……207
第二十章　論快樂和痛苦的樣式……213
第二十一章　論能力兼論自由……225
第二十二章　論混合的樣式……293
第二十三章　論我們的複雜實體觀念……303
第二十四章　論集合的實體觀念……321
第二十五章　論關係……325
第二十六章　論因果及其他一些關係……331
第二十七章　什麼是同一性或差異性……335
第二十八章　論其他一些關係，尤其是道德關係……365
第二十九章　論明白的和模糊的、清楚的和混亂的觀念……379

第三十章　論實在的和幻想的觀念……395
第三十一章　論完全的和不完全的觀念……403
第三十二章　論眞的和假的觀念……409
第三十三章　論觀念的聯合……413
哥特佛萊德・威廉・萊布尼茲年表（一六四六－一七一六）……419
索引（上）……423
一、人名索引……424
二、名詞索引……433

【下冊】

導　讀／吳俊業……9
譯者序言　萊布尼茲及其哲學簡介……23
關於譯註的幾點說明……81
序　言……85

第三卷　論語詞……1
第一章　通論語詞或語言……3
第二章　論語詞的意義……13
第三章　論一般名詞……33
第四章　論簡單觀念的名稱……49
第五章　論混合樣式的名稱和關係的名稱……61
第六章　論實體的名稱……69
第七章　論質詞……113
第八章　論抽象名詞和具體名詞……121
第九章　論語詞的缺陷……125
第十章　論語詞的濫用……137
第十一章　糾正前述各種缺點和濫用的方法……157
第四卷　論知識……167
第一章　通論知識……169
第二章　論我們的知識的等級……181

第三章　論人類知識的範圍……207
第四章　論我們的知識的實在性……235
第五章　通論眞理……245
第六章　論普遍命題及其眞假和確定性……251
第七章　論稱爲公則或公理的命題……267
第八章　論瑣屑不足道的命題……305
第九章　論我們對於我們的存在所具有的知識……317
第十章　論我們對於上帝的存在所具有的知識……321
第十一章　論我們對於其他事物的存在所具有的知識……339
第十二章　論增進我們知識的方法……349
第十三章　關於我們的知識的其他一些考慮……365
第十四章　論判斷……369
第十五章　論概然性……373
第十六章　論同意的各種等級……379
第十七章　論理性……411

第十八章　論信仰和理性以及它們各別的界限……449
第十九章　論狂信……465
第二十章　論錯誤……481
第二十一章　論科學的分類……503
哥特佛萊德·威廉·萊布尼茲年表（一六四六—一七一六）……517
索引（下）……521
一、人名索引……522
二、名詞索引……538

第一卷　論天賦觀念

第一章① 人心中是否有天賦原則？

① 洛克的《人類理智論》卷一共四章，第一章是引論，萊布尼茲這書第一章相當於洛克那書的第二章。

斐拉萊特　當我在英國辦完事情以後重新渡海回來時，先生！我首先想著要來拜訪您，以便重溫我們的舊誼，並且和您談談那些一直縈繞我們心中的問題，我認爲在我長期②留居倫敦期間，對這些問題已得到一些新的啓發。當我們從前在阿姆斯特丹彼此很接近住著時，我們倆都非常喜歡探討各種原則和深入事物內部的方法。雖然我們的意見常常不同，當我們在一起討論時，這種分歧卻只增加了我們滿意的心情，儘管有時有爭論衝突，卻絲毫沒有摻雜什麼不愉快的情緒。您是擁護笛卡兒，和擁護《眞理的追求》一書的著名作者③的意見的；我卻發現貝尼埃所闡明的伽森狄④的意見比較容易些和自然些。現在，我覺得已由於一部卓越的著作而使自己極大地更加堅強而有力了，這部著作是我榮幸地特別熟悉的一位英國人那時發表的，並以

---

② E本無"long"（「長期」）一詞。

③ 指馬勒伯朗士（Nicolas de Malebranche, 1638-1715），法國唯心主義哲學家，笛卡兒派，其主要著作 *De la Recherche de la Vérité*（《眞理的追求》）發表於一六七四年。

④ 伽森狄（Pierre Gassendi, 1592-1655），法國唯物主義哲學家，經驗論者，以復興古希臘伊比鳩魯的唯物主義原子論學說著名。貝尼埃（François Bernier）曾編撰《伽森狄哲學撮要》（*Abrégé de la Philosophie de Gassendi*, 8 vols, 1678，第二版，7 vols, 1684）。

《人類理智論》這一謙遜的書名⑤在英國已多次重印。人們甚至確定說它不久前已以拉丁文和法文出版，對此我深爲欣慰，因爲這樣就能更廣泛地爲人所利用。我從這著作得益極大，甚至更得益於和作者本人的談話，我和他在倫敦常常交談，有時在奧茨（Oates），在著名的柯特渥茲（Ralph Cudworth）先生的令愛瑪香姆夫人（Lady Masham）⑥家，柯特渥茲先生是英國的大哲學家和神學家，《理智體系》的作者，她從父親那裡繼承了深思的精神和對優美知識的愛好，這種性格特別在她和上述《理智論》作者所保持的友誼中表現出來。當這位作者受到一些有聲譽的博士攻擊時，我也很高興在讀到他本人所作的辯護之外還讀到一位聰明睿智的女士爲他所作的辯護。他的思想大體上是足可在伽森狄的體系中找到的，後者則骨子裡就是德謨克利特的體系；他贊成有虛空和原子；他相信物質能夠思維；他認爲沒有天賦觀念；我們的心靈是「白板」；我們並不是永遠在思維；並且他似乎有意於贊成伽森狄對笛卡兒所做的絕大部分

⑤ 洛克的《人類理智論》原名"*An Essay concerning Human Understanding*"。Essay 一詞本有「嘗試」的意義，用以指文體也通常是指一種題材較輕微。篇幅較短小的隨筆、短評、雜文之類的文章，洛克的書本是一部哲學巨著，而以 Essay 爲名，故說是「謙遜的書名」。

⑥ 柯特渥茲（Ralph Cudworth, 1617-1688），其主要著作爲 *The True Intellectual System of the Universe*（《關於宇宙的眞理智體系》）發表於一六七八年。其女兒 Lady Masham 也曾和萊布尼茲通信。

反駁。他已經以千百種美好的思考豐富和加強了這個體系；而我毫不懷疑，現在我們這一派已對它的敵手逍遙學派和笛卡兒派取得了巨大的勝利。就因爲這樣，所以您要是還沒有讀過這本書，我要請您讀一讀；而如果您已經讀過了，我就請您對我談談您對它的看法。

德奧斐勒　在您長期外出以後，我很高興看到您回來了，愉快地結束了要務，身體健康，牢固保持著對我的友誼，並且始終具備一種和追求最重要的眞理相稱的熱情。我也以同樣的精神繼續了我的沉思；並且自認爲也和您一樣深爲得益，若不是自詡，也許比您還得益更多。我也比您更需要得益，因爲您原比我先進。您對思辨哲學家較爲親近，我卻更多地傾向於道德學。但我已越來越見到道德學從眞正哲學的堅實原則受到多大的助力，爲此我從那時以來已更加勤奮地研究了這些原則，並且已進入了一些頗爲新穎的沉思。這樣，我們將可以通過相互交流我們的闡述，而長期彼此相娛。但我必須作爲一件新聞告訴您，我已不再是笛卡兒派了，但離您們的伽森狄也比一向更遠了，只是對他的知識和功績我是承認的。我已爲一個新的體系所打動，我是在巴黎、萊比錫和荷蘭的《學者雜誌》（*Journaux des Savans*）[7]，以及培爾先生那部卓異的《歷史批判辭典》的「羅拉留」條[8]

---

⑦《學者雜誌》（*Journaux des Savans*），一六六五年在巴黎創辦的學術刊物，萊布尼茲在該刊一六九五年六月號上發表了《論實體的本性和交通，兼論靈魂與身體的結合的新系統》。

⑧ 參閱〈序言〉第九段註（第97頁註㉒）。

下讀到有關這一體系的一些東西。從此我認爲已看到事物內部的一種新面貌。這體系似乎把柏拉圖和德謨克利特、亞里斯多德和笛卡兒、經院哲學家和近代哲學家、神學、倫理學和理性，都結合起來了。它似乎從一切方面採取了最好的東西，然後又走得更遠，達到前人所未及的地步。我在其中發現了關於靈魂和身體的結合的一種很可以理解的解釋，對這事我從前是曾感到絕望的。我在這體系所提出的諸實體的單一性中，以及由「原始實體」⑨所確定的諸實體的前定和諧中，找到了事物的眞正原則。我在其中發現了一種驚人的單純性和齊一性，以致我們可以說這種實體到處和永遠是一樣的，只是在圓滿性的程度上有所差別。我現在看到了：當柏拉圖把物質看做一種不完善的、瞬息萬變的東西時，他的意思是什麼；亞里斯多德提出他的「隱德萊希」⑩是想說明什麼；照普林尼（Pline）⑪所記的德謨克利特本人所允許的來世生命是指什麼；懷疑論派所宣揚的反對感覺的論點在多大程度上是有道理的；怎麼動物照笛卡兒所說其實是自動機器，但怎麼照人類的意見它們又是有

---

⑨「諸實體」指單子，原文爲複數，「原始實體」原文爲單數，即指作爲唯一最高單子的上帝。

⑩「隱德萊希」（Entelechie），亞里斯多德哲學用語，原意指每一事物具有的內在目的性。萊布尼茲關於「隱德萊希」的觀點參閱其《單子論》§18。

⑪普林尼（Pline, 23-79）羅馬著名學者，所著《自然史》是古代自然科學史的重要著作。

靈魂和有感覺的；應該怎麼來合理地解釋那些把生命和知覺給予一切事物的人的觀點，如卡爾達諾（Cardan/Girolamo Cardano）[12]、康帕內拉[13]，以及比他們更好的如已故的坎納威伯爵夫人（la Comtesse de Cannaway）[14]，一位柏拉圖主義者，還有我們的朋友，已故的範·赫爾蒙先生（François Mercure van Helmont）[15]（雖然在別處充滿了不可理解的悖論）和他的朋友，已故的亨利·莫爾（Henry Morus/More）[16]；怎麼那些自然規律（在這體系出現前有一大部分是不爲人們所知的）是在高超於物質的那些原則中有其根源，但一切事物卻又是機械地在物

---

⑫ 卡爾達諾（Cardan，即 Girolamo Cardano, 1501-1576），義大利哲學家、數學家、醫生。

⑬ 康帕內拉（Tommaso Campanella, 1563-1639），義大利哲學家，空想社會主義者。

⑭ 坎納威伯爵夫人（la Comtesse de Cannaway，死於 1678-1679），英國女貴族，曾熱心於研究柏拉圖哲學和新柏拉圖派的哲學，也寫過一些這方面的著作。

⑮ 的範·赫爾蒙先生（François Mercure van Helmont, 1618-1698），坎納威伯爵夫人的朋友和醫生，曾鼓勵她研究柏拉圖的哲學。參閱本書上冊第二卷第二十七章 §6「德」(2)。

⑯ 亨利·莫爾（Henry Morus，或 More, 1614-1687），一位英國國教會的神學家，也是坎納威伯爵夫人的朋友。

質中發生的，對這一點，我以上所提到的那些使事物精神化的作家，用他們的 Archaei ⑰卻未能說明，甚至笛卡兒派也是如此，他們認爲，非物質性的實體，如果不是改變了物體運動的力，至少也改變了它的方向或規定性，而靈魂和身體，按照這新體系，卻是各自完全保持其本身的規律，但又按照所必須的程度而一個服從另一個。最後，是我自從思考了這個體系以來，我已發現怎麼禽獸的靈魂及其感覺，絲毫無害於人類靈魂的不死，或者毋寧說，發現怎樣沒有比這樣更適合於確立我們的自然不死性的了，這就是設想一切靈魂都是不滅的（morte carent animae ⑱），卻又不必怕陷於靈魂輪迴，因爲不僅靈魂，而且連動物也都保存著並且將來也保持是活的，有感覺的，能動的；這是到處都和這裡一樣，並且永遠和到處都和在我們這裡的情形一樣的，照我已經告訴過您的那樣，只除了是動物完善和發展程度有或多或少的差別，卻絕不需要靈魂完全分離獨立，同時我們卻始終具有盡可能純潔的心靈，而我們的身體器官又不會以任何影響擾亂我們【靈魂的】自發性的規律。我發現虛空和原子已被

---

⑰ 近代拉丁文，源出希臘文 αρχαιος, αρχή，原意爲開始的東西、本原、根源、第一原則、「始基」等。近代初期有些哲學家、科學家，包括上述的範・赫爾蒙等人，引用此術語而作了各種各樣神祕化的、唯心主義的解釋。按E本無此詞，而代之以「……」，G本原作“Archées”，英譯本作“Archaei”。

⑱ 拉丁文，意即：「靈魂不死」。

排除了，排除的辦法和笛卡兒派那種基於把物體和廣延的觀念擅自認作合一的詭辯是完全不同的。我發現所有事物都是以在迄今人們所設想的一切之外的方式被決定著和被裝飾著的；物質到處都是有機的，絲毫沒有虛空的、多餘無用的，或被忽視的東西，沒有什麼過於齊一的東西，一切都是千變萬化的，但又秩序井然，還有超乎想像之外的是，整個宇宙，都作爲縮影，但以不同的光景，在它的每一個部分，甚至在它的每一個實體的單元⑲之中。除了對於事物的這種分析之外，我還更好地了解了關於概念或觀念以及眞理的分析。我懂得了什麼是眞的、明白、清楚、貼切⑳（如果我敢用這個詞的話）的觀念。我懂得了什麼是原始眞理，和眞正的公理，必然眞理和事實眞理之間的區別，人的推理和動物的聯想之間的區別，動物的聯想是人的推理的一種影子。最後，您將會很驚訝，先生，聽到我要對您講的一切，尤其是了解到對於上帝的偉大和圓滿性的認識在這裡被提高到何等程度。因爲我不能隱瞞您，對您我一向是毫無隱瞞的，我現在對於事物和美的這一至高無上

⑲ unités de substance，即指單子，萊布尼茲認爲整個宇宙都反映在每一單子之中。

⑳ adéquante，一譯恰當，斯賓諾莎在笛卡兒所提出的清楚、明白之外又加上貼切，作爲眞觀念的標誌，本意是指觀念與對象不多不少相適合。萊布尼茲在這裡沿用了斯賓諾莎的這一用語，但其實質內容是與斯賓諾莎不同的。

源泉，是充滿了何等的讚美和愛（如果我們敢用這個詞的話），因爲，我看到了這體系所發現的那些東西，超過了迄今人們所曾設想的一切。您知道我從前曾走得太遠了一點，並且我開始是傾向於斯賓諾莎派這一邊的㉑，他們只留給上帝一種無限的能力，既不承認上帝的圓滿性，也不承認上帝的智慧，並且輕視對目的因的尋求，他們就從盲目的必然性中引申出一切。但這些新的光輝啓發拯救了我；而從那時以來我有時就自己採用了德奧斐勒㉒這個名字。我已讀過您剛才說的那位著名英國人的那本書。我對它有很高的評價，並且從其中發現有些美好的東西，但必須更向前進，甚至得背離他的意見，因爲他常採取了一些超過必要程度地限制了我們的觀點，並且不僅對人的情況，而且連對宇宙的情況，都有點太過於貶低了。

斐　您給我講的這許多奇妙的東西確實使我吃驚，只是您把它們講得太好了一點，使我不能輕易相信。不過我願希望您想用來款待我的這許多新奇東西之中確有些堅實可信的成分。

㉑ 參閱《關於認識、眞理和觀念的沉思》在 a 下的註解。（cf. quae ad Meditationes de cognitione, veritate et ideis sub a notavimus）——E 本原註。

㉒ 德奧斐勒（Théophile），由源出希臘文的 theos（即「神」、「上帝」）和 philos（即「愛」、「朋友」）兩個詞合成，意即「愛上帝者」。

在這點上您將會發現我是非常隨和的。您知道我的性情永遠是服從理性。因此，我有時就採用斐拉萊特㉓這個名字。所以，要是您喜歡，我們現在起就用這兩個名字，這對我們是非常貼切的。有辦法來嘗試證明這一點，因爲既然您已讀過這位著名英國人的那本使我深爲滿意的書，而它又討論了您剛才對我講的大部分問題，尤其是關於我們的觀念和知識的分析，所以最簡便的辦法就是照著它的線索，來看看您有什麼要說的。

德　我贊成您的提議。這裡就是那本書。

§1　斐　〔這書我已經讀得很熟，以至其中的表達用語我全記得，我將小心地遵照著這些用語。因此我用不著去翻書，除非碰到我們認爲必要的地方去翻一下。

我們將首先談到觀念或概念的起源（卷一），然後是觀念的不同種類（卷二）和用來表示這些觀念的語詞（卷三），最後是從這些得到的知識和眞理（卷四），而這最後一部分將對我們最關緊要。

關於觀念的起源，我和這位作者以及許多明智人士一樣，認爲沒有天賦的觀念，也沒有天賦的原則。〕而要駁斥那些承認有天賦觀念和天賦原則的人的錯誤主張，只要如以後所顯示

㉓ Philalèthe，由源出希臘文的 Philos（即「愛」）和 aletheia（即「眞」或「眞理」）兩個詞合成，意即「愛眞理者」。

的，指出並無這種需要，而人們不必求助於任何天賦的印象也能得到自己全部的知識，這就夠了。

德 〔您知道，斐拉萊特，我是長期以來持另一種意見的：我一向是並且現在仍然是贊成由笛卡兒先生所曾主張的對於上帝的天賦觀念，並且因此也認爲有其他一些不能來自感覺的天賦觀念的。現在，我按照這個新的體系走得更遠了；我甚至認爲我們靈魂的一切思想和行動都是來自它自己內部，而不能是由感覺給予它的，如您以後將會看到的那樣。但當前我將把這方面的探討撇在一邊，而沿用已被接受的說法，因爲事實上這些說法是好的，可以採取的，而且我們在一定意義下也可以說外部感覺部分地是我們的思想的原因，我將來考察一下，怎麼照我的意見我們應該說，即使在通常的體系中（談到身體對靈魂的作用，就像哥白尼派也和旁人一樣談到太陽的運動，並且是有道理的），也有一些觀念和原則，並非來自感覺，而我們發現它們是在我們心中，卻並非我們把它們形成的，雖然是感官給了我們機緣，使我們察覺到它們。我想像，您那位高明的作者曾經指出過，在天賦原則的名義下，人們常常堅持自己的成見，並且想藉此避免討論的勞苦，大概就是這種濫用，激起了他要來反對這種假設的熱情。他大概是想抨擊那樣一些人的懶惰和膚淺的思想方式，這些人在天賦觀念和自然地銘刻在我們心中，我們很容易給予同意的眞理那種貌似有理的藉口下，就毫不用心去對這些知識的源泉、聯繫和可靠性加以研究和考察。在這一點上我是完全贊同他的意見的，甚至我還更進一步。我但願對我們的分析絲毫不要加以限制，凡是可以下定義的名詞都要下定義，並且對一切並非原始的公理都要給以證明或給出證明的方法，而不去區別人們對它們是什麼意見，也不管人們對它是否同意。這樣將會比人們所想的還更有益。但這位作者似乎爲他的熱情所驅使而向另一方面走得太遠了，這種熱情本來是很可讚許的。照我看來，他沒有把源出理智的必然眞理的起源，和來自感覺經驗，甚至來自我們心中那些混亂知覺的事實眞理的起源，作充分的區別。因此，先生，我不同意您作爲事實所肯定的，說我們不需要天賦的印象就能得到我們全部的知識。以後將會顯出我們究竟誰對誰錯。〕

§2　斐　確實等我們以後看吧。我向您承認，親愛的德奧斐勒，沒有一種意見比這更爲通常所接受的了，這就是認定有某些眞理的原則是人們所一般地同意的；正因爲如此它們才被叫做**共同概念**，χοιναὶ ἔννοιαι㉔；由此人們就推論出，這些原則當是我們的心靈生來就已接受的那樣一些印象。

§3　但雖然事實上確實有一些原則是全人類都一致同意的，這種普遍同意卻絲毫不能證明它們是天賦的，如果人們能夠表明，正如我相信的那樣，有另外的途徑人們可以達到這種意見一致。

㉔ 希臘文，即「共同概念」。

§4 但更壞的是，這種普遍同意是哪裡也找不到的，即使是對於這兩條著名的思辨原則（因爲我們以後還將談到實踐原則），即：凡物是，則是；以及一物不能同時既是又不是；因爲人類中有很大一部分，對於在你們無疑當作必然眞理和公理的這兩個命題，是連知道也不知道的。

德 〔我並不把天賦原則的確實性建立在普遍同意的基礎上，因爲我已經對您說過，斐拉萊特，我的意見是人們應該要努力工作以便能夠證明一切並非原始的公理。我也承認，一種很一般但並非普遍的同意，可能來自一種遍及全人類的傳統，就像抽煙的習慣是不到一個世紀以來幾乎已爲一切民族所接受的，雖然也發現有些島上的居民因爲還不知道用火所以還不會抽煙。正因爲如此，有些高明人士，甚至在神學家中間，不過是屬於阿民念（James Arminius）㉕派的，也有人認爲對於神的認識是來自一種很古老也很一般的傳統；我還相信這種認識是由於訓教而得到加強和糾正了的。但看來自然界是曾有助於人的不藉學習教理而得到這種認識的；宇宙的奇妙曾使人想到一種至高無上的力量。有人曾看到一個生來聾啞的孩子表現出對滿月的崇敬，人們也發現有一些民族，並未看到他們曾學到其他民族的別的東西，卻也怕那種不可見的力量。我承認，親愛的斐拉萊特，這還不是我們所具有和所要求的那種對於上

㉕ 阿民念（James Arminius,1560-1609），一位荷蘭的著名神學家。

帝的觀念；但這觀念本身仍然是在我們靈魂深處，而不是被放進去的，如我們將看到那樣；而上帝的永恆法則部分地是以一種還更顯然可見的方式並且是由一種本能銘刻在靈魂之中的。但這些是實踐原則，對它們我們將也有機會談到。可是必須承認，我們所具有的認識上帝觀念的傾向，是在人的本性之中的。而且，即使把首次教人上帝觀念歸之於天啓，人們所顯出的那種很容易接受這種教理的【心理狀態】也還是來自他們靈魂的本性的。㉖但我們將認爲，這些天賦觀念包含著一些不相容的概念。〕

§19　斐　您主張人們一聽到說就承認爲眞的那樣一些特殊的、自明的命題（如說綠的不是

㉖ 自此處以下一大段，G本與E本在文字次序上有較大差異。G本在這以下的一句，「但我們將認爲」這幾個字在E本第207頁b第31行「這些天賦觀念……」以下則在E本第211頁a第26行，正在§19之前，而從這以下兩種版本又一致，直到§26，G本第72頁，E本第212頁。這裡G本作：「如果有天賦的眞理，那豈不是必須接著得出結論，即外來的教理僅僅只是刺激起源在我們心中的東西嗎？」從「接著得出結論……」以下，又和E本第207頁b第32行以下相同，直至G本第79頁第25行，E本第211頁a第26行。接著從G本第79頁第26行以下與E本第212頁末行起直至本章之末，兩種文本又基本一致。大體說來，E本文字是照著洛克原書的順序，而G本則將§19-§26移到§5之前，並在首尾相接處有些不同。G本爲何做此變動，原因不明。但鑒於G本係對照原稿作了校訂，據推測當係原來手稿是如此，爲求忠實於原稿之故。現譯本也仍照G本順序。但就內容看，當以E本順序較爲合理，可能G本所據原稿有舛訛。

紅的），是被作爲從另外一些被人看作這麼許多天賦原則的更一般命題所得的結論來接受的，當您這樣主張時，先生，您似乎絲毫沒有考慮到，這些特特殊的命題，是被那些對這種更一般的公則毫無認識的人，作爲無可懷疑的眞理來接受的。

德　對上述這一點，我已經作了答覆了。我們以這些一般公則爲根據，就像我們根據那樣一些大前提一樣，當我們作省略三段論推理時，這些大前提是被略去的。因爲雖然我們常常沒有分明地去想當我們推理時都做些什麼，也就像我們不去想當我們走路或跳躍時做了些什麼一樣，但這一點總永遠是眞的，就是那結論的力量，部分地是在那種我們略去了的東西之中，而不可能來自別處，當你要對這結論加以證明時，就會找到這種東西。

§20　斐　但情況似乎是：那些一般的和抽象的觀念，對於我們的心靈來說，是〔比那些特殊的概念和特殊的眞理更陌生的；因此這些特殊的眞理，將比那矛盾律對心靈更爲自然，您是想把這些特殊眞理僅僅作爲矛盾律的應用。〕

德　誠然我們毋寧更通常地是從察覺那些特殊眞理開始的，正如我們是從那些比較複雜和粗大顯著的觀念開始的那樣。但這絲毫也不排除自然的秩序是從最單純的東西開始的㉗，不排

㉗ 按萊布尼茲認爲宇宙萬物都是由「單子」構成，而「單子」的最根本特性就在於它是「單純」的，即不包含任何「部分」的，不是由任何部分複合而成的。參閱其《單子論》§1以下各節。

除較特殊的眞理的理由有賴於較一般的眞理，特殊眞理只是一般眞理的一些例子。而當我們想來考慮那潛在地，並且在全部察覺㉘之先在我們之中的東西時，我們從最單純的東西開始是有道理的。因爲那些一般原則進入我們的思想之中，形成了我們思想的靈魂和聯繫。它們對思想是必需的，正如肌肉和筋對於行走是必需的一樣，雖然我們一點也沒有想到它們。心靈每時每刻都依靠這些原則，但它並不容易把它們區別出來和清晰、分明地表象出來。因爲這要求這樣做的人有一種很大的注意力，而大部分的人，不習慣於沉思，卻幾乎沒有這種注意力。中國人不是和我們一樣也有有節音的語言嗎？但他們由於依照了另外一種書寫方式，卻還沒有想到給這些聲音做成一份字母表。人們有著許多東西卻並不知道，情況就是像這樣的。

§21　斐　如果心靈這樣迅速地承認某些眞理，那麼這種承認，與其說是由於這些命題是憑本性銘刻在心中的，難道不能說毋寧是由於考慮到事物的本性不允許作別樣的判斷嗎？

德　兩方面都是眞的。事物的本性和心靈的本性是彼此一致的。而既然您把對事物的考慮和對銘刻在心中者的察覺對立起來，那麼，先生，這種反駁本身就使人看出，您所屬那一派的人，是把天賦的眞理，僅僅理解爲人們憑本能自然地贊同的東西，並且甚至並不認識的，除非

㉘ apperception（察覺）在萊布尼茲哲學中和 perception（知覺）的區別，在於「知覺」是一切單子都具有的，而「察覺」則是清楚的、自覺的意識，是較高級的單子如人類心靈才有的。參閱《單子論》§14等處。

是混亂地有所認識。是有這樣性質的東西，我們也將有機會談到它；但人們稱爲自然的光（la lumière naturelle）㉙的東西，是假定著一種清楚的認識，並常常是認爲對事物本性的考慮，它不是別的，無非是對我們心靈的本性和對這些無需向外尋求的天賦觀念的認識。因此，我是把這樣一些眞理叫做天賦的，要證實這些眞理，除了這種考慮之外不需要別的。我已在§5回答了§22的反駁，這反駁是想說，當人們說天賦概念是隱含在心靈中時，這應該只意謂著它有認識這些概念的能力；因爲我已指出，除此之外，它還有在本身之中發現這些概念的能力，並且有當它認爲必要時對這些概念加以認可的稟賦。

§23　斐　那麼，先生，似乎您是想說，那些有人第一次向他們提出這些一般公則的人，也絲毫沒有學到什麼對他們來說是全新的東西了。但顯然他們首先是學到了名稱，然後又學到了一些眞理以及甚至是這些眞理所依賴的觀念。

德　這裡絲毫不涉及名稱，名稱在某種意義下是武斷的，而觀念和眞理則是自然的。但就這些觀念和眞理來說，先生，您把一種我們所強烈排斥的學說歸之於我們了，因爲我仍然同意，我們是學到這些天賦的觀念和眞理的，或者是通過注意它們的源泉，或者是通過用經驗來

㉙ 自然的光（la lumière naturelle），笛卡兒以來的唯理論者認爲人的心靈具有這種「自然的光」，即「天賦的靈明」，天賦的理性認識能力。

對它們加以證實。因此，我並沒有做您似乎在談到我們沒有學到什麼新東西這種情況下所說的那種假定。並且我也不能承認這樣的命題，即*凡是人所學到的東西都不是天賦的*。數的眞理是在我們心中的，但我們仍不失爲學到它們的，或者是通過從它們的源泉把它們抽引出來，當我們靠證明的推理來學到它們時（這就使人看出它們是天賦的）就是這樣；或者是通過用例子來驗證，如平常的算術教師所做的那樣，他們因爲不知道證明的道理，只是靠傳統學到他們那些規則的，而至多在教這些規則之前，用經驗來表明它們是正確的，這辦法他們可以繼續做下去，直到他們認爲適當的地步爲止。而有時甚至一位非常精明的數學家，由於不知道別人的發現是怎麼來的，也不得不滿足於由這種歸納的方法來考察它，如在巴黎有一位著名的作者就是這樣做的，當我在那裡時，他繼續不斷地搞了相當長一段時間，來試驗我的算術的化圓爲方的方法㉚，把它和魯道爾夫（Ludolph van Ceulen/Keulen）㉛數來作比較，認爲從中找出了某種錯誤；而在人家把那證明告訴他以前，他確實是有理由來懷疑的，這種證明使我們免除了這些試

㉚ 原文爲 tétragonisme arithmétique，其內容可參閱本書下冊第四卷第三章§1-§6一段「德」的本文及註（第210頁註②）。

㉛ 指魯道爾夫（Ludolph van Ceulen 或 Keulen, 1539-1610）荷蘭數學家，曾計算圓周率 π 之值達小數三十五位，在德國，圓周率即通稱魯道爾夫數。

驗，這種試驗人們是可以一直做下去的，而永遠也不會得到完全的確定。而正是這件事，即歸納的不完全性，卻是可以用經驗的實例來證實的。因爲有一些進程，在人們注意到在其中所發現的變化和其中的規律之前，是可以進行得很遠的。

斐　但難道就不可能是這樣，即不僅我們所用的名詞和語詞，而且連那些觀念都是從外來到我們心中的嗎？

德　那麼就必須是我們自己就在我們之外了，因爲那些理智的或反省的觀念是從我們心靈中抽引出來的。而我倒很願意知道，我們怎麼能有對於存在的觀念，要不是我們本身就是存在，並因此在我們自己之中發現了存在。

斐　但對於我的一位朋友的這樣一種挑戰，先生，您將說什麼呢？如果有人能夠找到一個命題，它的觀念是天賦的，那麼就請他把它的名稱給我指出來，沒有比這更會使我高興的了。

德　我將爲他指出，算術和幾何的命題，全都是這樣性質的；並且對於必然眞理來說，也不能發現別的命題。

§25　斐　這一點對大多數人來說將會顯得是奇怪的。能夠說那些最難、最深的科學是天賦的嗎？

德　就它們的現實的知識來說不是天賦的，但很多可以稱爲潛在的知識是天賦的，如大理石的紋路所構成的形象，在人通過工作而發現它們以前，就是在大理石之中的。

斐　但是說那些兒童，一方面接受了那些從外來的概念並給以認可，另一方面卻可以毫不認識那些你假定爲他們一生下來就天賦著的，而且是作爲他們心靈的組成部分的東西，並且你說它們是以一種抹不掉的字跡印在心中作爲一種基礎的，這是可能的嗎？如果是這樣，那自然將會是徒勞無益地自找麻煩了，或者至少是它把這些字跡刻印得很壞，因爲那看別的東西看得很清楚的眼睛也竟不能察覺它們。

德　對於那些在我們心中的東西的察覺，有賴於一種注意力和一種秩序。而因爲注意力是受需要所制約的，所以兒童更多地注意那些感覺觀念，這不僅是可能的，而且甚至是適宜的。但事情的結局以後將會使人看到，自然給我們印上那些天賦的知識並不是徒勞無益的自找麻煩，因爲沒有它們就將無法達到對那些證明的科學中的必然眞理的現實知識，以及對事實的理由的認識；而我們就會沒有什麼超出禽獸之上的東西了。

§26　斐　如果有天賦的眞理，那豈不是必須接著得出結論，那外來的教理僅僅只是刺激起那原在我們心中的東西嗎？我得出結論認爲在人們之間相當一般的一種同意，是天賦原則的一種標誌而不是一種證明；但對於這些原則的確切而有決定性的證明，是在於表明：它們的確定性只能來自我們心中的東西。爲了進一步答覆您所說的反對那人們給予那兩條大思辨原則（但卻是最好地確立了的）的一般贊同的那些話，我可以告訴您，即使這兩條原則不爲人所認識，它們仍不失爲天賦的，因爲一旦人們聽到這兩條原則就會立刻承認它們。但我還要再說一點，歸根到底是每個人都知道這些原則的，並且每時每刻都在運用（例如）矛盾律而並沒有清楚地考慮到它。沒有一個野蠻人，在他認爲嚴肅的事情上，不會對一個自相矛盾的騙子的行爲覺得受了冒犯的。因此，這些公則是被人們不加明確考慮地運用著的。這近似於在作省略三段論推理時那些被省略的命題是潛在地在人心中的，這些命題我們不僅在外面把它們拋在一邊，而且在思想中也把它們拋在一邊了。㉜

§5　斐　〔您所說的關於這些潛在的知識以及關於內心的省略的話使我吃驚，〕因爲說有一些眞理印在靈魂之中，而靈魂對它們又毫不察覺，這在我看來是一個眞正的矛盾。

德　〔如果您是抱著這樣的成見，那我就無怪乎您要否認天賦知識了。但我倒很奇怪您怎麼就沒有想到，我們有無數的知識是我們並不總是察覺到的，甚至當我們需要它們時也還察覺不到；這就要用記憶來保持它們，並且要用回憶來把它們重新向我們呈現出來，就像有需要時

㉜ 按此段從第二句「接著得出結論……」以下到此段之末，在E本是接在§4「德」的「但我們將認爲」之後（第207頁b第33行以下；參閱本書上冊第一卷第一章第17頁註㉖），當譯作：「但我們以後將認爲，那外來的教理僅僅只是刺激起那原在我們心中的東西。」然後接「我得出結論……」整段是代表萊布尼茲本人觀點的「德奧斐勒」的話，而本譯文所據G本作此改變，則成了代表洛克觀點的「斐拉萊特」的話，就內容看是不合的。姑記此以供進一步研究。自§5以下至§18之末兩種文本又基本一致。

常常所做的那樣，但並不永遠總是如此。那就很好地被叫做回想（Subvenire）㉝，因爲回憶是要求某種幫助的。而在這樣繁多的知識中，我們當然一定得受某種東西決定來把這一種而不是那一種知識重新呈現出來，因爲要一下子把我們所具有的知識全部想起來是不可能的。」

斐　在這一點上我相信您是對的；而這種太過一般的斷語，說我們永遠察覺到在我們靈魂中的一切眞理，是我的失誤，而我沒有給以充分的注意。但您將稍微要多費點心來回答我就要向您提出的問題。這就是：如果能夠說某種特殊的命題是天賦的，那麼以同樣的理由也就將能主張一切命題，凡是合理的以及心靈總能認爲它是合理的，就都已經印在靈魂之中了。

德　對於我作爲是和感覺的幻象相對立的純粹觀念，以及對於我作爲是和事實眞理相對立的必然眞理或理性來說，我同意您以上所說的這一點。在這種意義下，我們應該說，全部算術和全部幾何學都是天賦的和以潛在的方式在我們心中的，所以我們只要注意地考慮並順次序安排好那已在心中的東西，就能在其中發現它們，而無需乎利用任何憑經驗或憑旁人的傳統學到的眞理，如柏拉圖在一篇對話㉞中所顯示的，在這篇對話中他講到蘇格拉底對一個小孩，只是

㉝ 拉丁文，意即「回想」，或「回憶」，法語 Souvenir（回想，回憶）即來自拉丁文 subvenire，這詞原意包含有「幫助」的意思，因此，下文說「回憶要求某種幫助」。

㉞ 《美諾篇》82以下。

對他提一些問題而絲毫沒有教他什麼，就引導他達到了一些抽象玄妙的眞理。因此我們只要在自己書房裡甚至閉著眼睛就可以爲自己形成這些科學，既不必用眼睛甚至也不必和我們所需要的眞理接觸來學到什麼；雖然我們要是從來就什麼也沒有看見或接觸過，誠然是不會來審查有關的這些觀念的。因爲由於大自然的一種可讚嘆的經營結構，我們不會有什麼抽象的思想是不需要某種可感覺的東西的，即使這可感覺的東西不過是一些記號，就像字母的形狀以及聲音那樣；雖然在這樣的武斷的記號和這樣的思想之間，並無任何必然的聯繫。而如果這感覺的形跡是不必要的，那麼靈魂和身體之間的前定和諧，這我將有機會和您更充分地討論，就無從發生了。但這並不妨礙心靈是從它自身中得到必然眞理的。我們有時也可以看到，不藉任何幫助，只憑一種純粹自然的邏輯和算術，能夠走得多麼遠，就像那個瑞典的少年，如果人家告訴我記得不錯，他單靠自己用腦筋，並沒有學過通常的計算方法，甚至也不會讀不會寫，就能在頭腦裡立刻做出很大數目的運算。誠然有些很麻煩的問題，就像那種要求方根的問題，他是不能解決的。但這也並不能阻止他通過心裡某種新的轉折，也許還是能夠從心裡把那結果得出來。因此這只是證明，要察覺那在我們心中的東西，是有困難程度的不同。有一些天賦原則是很普通的和對一切人都很容易的；有一些定理，人們也是同樣立即發現的，而它們構成各門自然科學，則在一種情況下比在另外的情況下較多地爲人所理解。最後，在一種更廣的意義下——爲了有包羅更廣和更確定的概念，用這廣義是好的——凡是能從原始的天賦知識引申出來的一切眞理也都可以叫做天賦的，因爲心靈能從自己內部把它們抽引出來，雖然這常常不是一件容易的事。但如果有人要給這些話語另一種意義，我並不想就字眼來作什麼爭論。

斐　〔我已經同意您所說的，我們可以在靈魂中有那我們所並不察覺的東西，因爲我們並不總是在特定的片刻都記得我們所知道的全部東西，但它總永遠必須是我們曾經學到的，是我們以前曾經明確認識了的。因此，〕如果我們能說一樣東西是在靈魂之中的，雖然靈魂還不認識它，這只能是因爲靈魂具有認識它的能力或功能。

德　〔爲什麼這就不能還有另外一種原因呢？就比如下列的原因：靈魂能在自己之中有這樣東西而人對它並不察覺；因爲既然您所承認的，一種獲得的知識能夠由記憶隱藏在心中，爲什麼自然就不能在其中也隱藏著某種原始的知識呢？難道對於一個認識自身的實體是自然的一切東西，就一定得爲它一下就現實地全部認識嗎？像我們的靈魂這樣一種實體，難道就不能也不應該有很多種特質和性情，是它不可能立刻一下全都審查到的嗎？這是柏拉圖派的意見，認爲我們的一切認識都是回憶，並且因此靈魂隨著人的出生而帶來的和叫做天賦的那些眞理，應該是一種先前的明確認識的一些殘餘。但這種意見是毫無根據的，並且很容易認定靈魂在前世（如果有前世的話）就應該已經有天賦知識了，不管它可能多麼遙遠，全部情況就像這裡的一樣；這些知識因此應該來自另一更在先的前世，或者㉟它們畢竟是天賦的或【和靈魂】同時被創造出來的；否則就得作無窮追溯而使靈魂成爲永恆的，在這種情況下這些知識實際上也得是天賦的了，因爲它們在靈魂中從來就沒有個開始；而如果有人硬要說每一前世都從更在先的前世得到點什麼而它並沒有留給來世，我們將答覆他說：很清楚，某些顯然的眞理應該是靈魂在所有這些世代都有的，而不管採取什麼方式，在靈魂的所有各個世代的狀態都是很清楚的，必然眞理是天賦的並且是靠內在的東西來證明的，而不能是像我們建立事實眞理那樣靠經驗來建立的。爲什麼我們又一定不能在靈魂中具有一些從來沒有利用過的東西呢？有一樣東西而不加利用，和僅僅具有獲得這種東西的功能，是一回事嗎？如果是這樣，那我們就會從來只有那些討我們喜歡的東西了；與此相反，我們知道，除了功能和對象之外，在功能方面或在對象方面，或在兩者，常常須有某種稟賦，才能使功能得以作用於對象。〕

斐　如果照這樣的方式，那麼我們將可以說，有一些眞理銘刻在靈魂之中，但靈魂卻從來並沒有認識它，而且甚至也將永遠不認識它，這在我看來是很奇怪的。

德　〔我在這裡看不出有什麼荒謬的地方，雖然也不能保證確有這樣的眞理。因爲那些比我們在這一生過程中所能認識的更崇高的東西，可能當我們的靈魂在另一世的狀態中時，有朝

㉟ G本、E本都作 ou，即「或者」，而J本作 où，即「在那裡」，即指在更先的前世。

一日會發展出來。」

斐　但假定有些眞理能夠被印在理智之中而不被理智所察覺，我看不出怎麼對於它們的起源來說，它們能和那些理智只能夠認識的眞理有所不同。

德　心靈不是只能認識它們，而且還能夠在自身之中找出它們，而如果它只有單能接受知識的能力或對此是被動的能力，就像蠟塊接受印跡或空白板接受字跡的能力一樣不被決定，那麼它就不會是必然眞理的源泉，而我剛才已表明它是那樣的源泉；因爲無可爭辯的是感覺不足以使人看出眞理的必然性，而因此心靈有一種稟性（既是主動的也是被動的），來自己從自己內部把這些必然眞理抽引出來；雖然感覺也是必需的，爲的是來給心靈這樣做的機會和注意力，使它把注意力放在某些方面而不放在另外的方面。因此，先生，您看到，那些在別的方面很精明而持另外一種意見的人，對於我已經指出並爲我們的全部爭論所表明的、那種必然或永恆眞理與經驗的眞理之間的區別所產生的後果，似乎沒有作充分的思考。必然眞理的原始證明只來自理智，而別的眞理則來自經驗或感覺的觀察。我們的心靈能夠認識兩種眞理，但它是前一種眞理的源泉；而對於一個普遍的眞理，不論我們能有關於它的多少特殊經驗，如果不是靠理性認識了它的必然性，靠歸納是永遠也不會得到對它的確實保證的。

斐　但如果**在理智中**這幾個詞包含著什麼積極的東西，則它的意思就是指爲理智所察覺和理解，這難道不是眞的嗎？

德　這些詞對我們來說意思指完全另一回事。在理智中的東西只要能在其中找到就夠了，而所說的眞理的源泉或原始證明只是在理智中的；感覺可以爲這些眞理作出暗示、證實、確認，但不能證明它們萬無一失的和永久的確定性。

§11　斐　可是凡是願意稍微注意費點力對理智的運用作些思考的人，都會發現心靈毫無困難地給予某些眞理的這種同意，是依賴於人類心靈的功能的。

德　很好。但正是人類心靈對這些眞理的這種特殊關係，使得這種功能對它們的運用成爲容易的和自然的，並使人把這些眞理叫做天賦的。因此，這不是僅在於只是理解這些眞理的可能性的一種赤裸裸的功能；這是一種稟賦，一種才能，一種先已形成的東西，它決定著我們的靈魂，並使得這些眞理能夠從靈魂中被抽引出來。這正如在那些人們不管怎樣把一塊石頭或大理石雕成的形象，和那些工匠若加以利用，則大理石的紋路已經顯出或生好了可以顯出的形象之間，是有區別的。

斐　但眞理是在它們從之產生的觀念之後的，這難道不是眞的嗎？而觀念是從感覺來的。

德　那些理智的觀念，是必然眞理的源泉，並不是從感覺來的；而您也承認，有一些觀念是從心靈省察它自身時的反省得來的。此外，這一點是眞的：對眞理的明確認識是後於

（tempore vel natura[36]）對觀念的明確認識的；正如在我們明確地形成眞理與觀念之前，眞理的本性是依賴於觀念的本性的，並且那些來自感覺的觀念進入其中的眞理，至少部分地是依賴於感覺的。但來自感覺的觀念是混亂的，而依賴於它們的眞理也至少部分地是混亂的；至於理智的觀念以及依賴於它們的眞理，則是清楚的，並且兩者都不以感覺爲其起源；雖然要是沒有感覺我們也許的確永不會想到它們。

斐　但是，照您的看法，數是理智的觀念，可是人們發現其中的困難就取決於明確形成觀念；例如一個成年人知道18加19等於37，這和他知道1加2等於3是一樣顯然的；但一個小孩知道前一個命題就不像他知道第二個命題一樣快，這是由於沒有在認得這些字的同時立即形成這些觀念。

德　我可以同意您所說的明確形成眞理的困難常常取決於明確形成觀念的困難。可是我認爲在您所舉的例子中，問題是涉及運用已經形成的觀念。對於那些已經學會數到10，並且知道通過10的某種重複繼續往前數的方法的人，能夠毫無困難地懂得什麼是18、19、37；這就是1、2或3個10，加上8、9或7；但要從這裡得出18加19等於37，則比知道2加1等於3是需要更多的注意力，後者歸根到底無非是3的定義。

㊱ 拉丁文，意即：「就時間或本性來說」。

§18 斐　提供一些人們一聽到就會絕無失誤地予以承認的命題，這絕不是屬於您稱之爲理智的那些觀念或數的特權。您在物理學以及其他一切科學中都會碰到這樣的命題，甚至感覺也提供這樣的命題。例如這個命題：兩個物體不能同時在同一地點，是和下列這些公則同樣使人深信不疑的眞理，如：一物不能同時既是又不是；白不是紅；方不是圓；黃不是甜。

德　在這些命題之間是有區別的。第一個命題，宣告物體的不可入性，這是需要證明的。凡是相信眞正的和嚴格意義的密集和疏散的人，如逍遙學派和已故的迪格比爵士（Sir Kenelm Digby）[37]就事實上拒絕這種觀點；更不必說基督徒了，他們大部分都採取相反的觀點，即認爲空間方面的透入，對上帝來說是可能的。但其餘的命題是同一的或很接近於同一的，而同一的或直接的命題是不容證明的。那些把感覺看做提供了這樣的命題的人，就像那個說黃不是甜的人，無非是把一般的同一性的公則應用於特殊事例。

斐　每一命題，凡是由兩個不同的觀念構成，而其中一個是另一個的否定，如說方不是圓，黃不是甜，這種命題只要它的名詞一被理解，就一定也會和一物不能同時既是又不是這條一般公則一樣被作爲無可懷疑的而接受下來。

---

[37] 迪格比爵士（Sir Kenelm Digby,1603-1665）英國的自然哲學家，曾在法國居住，和笛卡兒及其他一些學者相友善，著有《論物體的本性》（*Treatise on the Nature of Bodies*）等。

德　這是因爲一個（即一般公則）是原則而另一個（就是一個觀念對另一個對立觀念的否定）是這原則的應用。

斐　在我看來毋寧說那一般公則是依賴於這種否定的，這否定是那公則的根據；並且說**凡是同樣的東西就不是不同的**比那排除矛盾的公則還更容易理解。而照這樣說來，就得把無數像這一類一個觀念否定另一觀念的命題都作爲天賦眞理，且不說其他一些眞理了。再加上一個命題除非構成它的觀念是天賦的就不能是天賦的，就得假定我們所有的關於顏色、聲音、滋味、形狀等等的一切觀念都是天賦的了。

德　我看不出怎麼**凡是同樣的東西就不是不同的**會是矛盾律的根源並且還更容易；因爲在我看來，提出A不是B是比說A不是非A給了自己更多的自由。而阻止A成爲B的理由，是B包含著非A。此外，**甜不是苦**這一命題，按照我們給予天賦眞理這一名詞的意義，並不是天賦的。因爲甜和苦的感覺是來自外感官。因此這是一種混雜結論（hybrida conclusion㊳），在其中把公理應用於一種感性的眞理上了。至於**方不是圓**這一命題，我們可以說它是天賦的，因爲當你考察它時，你是把矛盾律應用於理智提供給自己的東西，或把後者歸之於矛盾律所適用的

㊳ 拉丁文，意即「混雜結論」。

範圍之內，一旦你覺察到了這些天賦觀念【包含著一些不相容的概念】。㊴

德　絕不是這樣，因爲思想是一些活動，而知識或眞理，就它們是在我們心中來說，即使我們沒有想到它們，乃是一些習性或稟賦；而我們知道一些東西是我們極少想到它們的。

斐　如果心靈從來沒有想到一種眞理，又說這種眞理是在心靈之中，這是很難設想的。

德　這就好比一個人說，在人們發現大理石中的紋路以前，說大理石中有紋路是很難設想的一樣。這種反駁也有點太近乎以未決問題爲論據的詭辯㊵了。所有承認天賦眞理而並不以柏拉圖的回憶作爲其根據的人，都承認天賦眞理中有一些是人們還沒有想到過的。此外，這種推理也證明太過頭了；因爲如果眞理是思想，則我們不僅被剝奪了從未想到過的眞理，並且那曾經想到過而且現在不再實際想到的眞理也都被剝奪了；而如果眞理並不是思想，卻是一些自然的或獲得的習性和稟性，則絲毫無礙於在我們心中有一些眞理是我們從未想到過或將來也永不

㊴ 粗括弧【】內詞句係照E本增補。按G本這些天賦觀念「包含著一些不相容的概念」這一句被移到§4之末，然後從這裡起和E本一樣下接§19，（參閱本書上冊第一卷第一章第17頁註㉖）又照E本，自此以下一段（「德　絕不是這樣……」）係作爲§26第二段；而§26的第一段是：「斐　如果有天賦觀念，不是也必須得有天賦思想嗎？」然後接「德　絕不是這樣……」以下至本章之末，兩種文本一致。照上下文意看，當以E本爲是。

㊵ pétition de principe，通常用拉丁文作 petitio principii，即以正在討論中的未決問題作爲論據的論證方法。或譯作「丐辭」論證。英語爲"the begging of the question"。

會想到的。

§27　斐　如果一般公則是天賦的，它們應該在有一些人的心中顯得更鮮明，可是我們在那裡卻找不到它們的任何痕跡；這些人我是指兒童、白痴和野蠻人，因爲在一切人中，正是這些人的心靈是最少受習俗以及外來意見的印象所改變和干擾破壞的。

德　我想我們在這裡應該完全照另一種方式來推論。天賦的公則只有通過人們給予注意才會顯現出來；但這些人卻很少有這種注意力，或者是只有對完全別樣事物的注意力。他們幾乎只想到身體上的需要；而純粹和超然的思想則是以更高尚的關心爲代價，這是合理的。誠然兒童和野蠻人的心靈較少受習俗的改變，但他們的心靈也是受了給予注意的訓教而成長起來的。說最明亮的光應該在那比較不配並且受較濃密的陰雲包圍著的心靈中更好地閃耀，這是不大正當的。因此，我但願像您，斐拉萊特，以及我們那位卓越的作者這樣高明的人，不要給無知和野蠻這樣崇高的榮譽；這樣將會貶低了上帝所賜予的稟賦。有人將會說，一個人越是無知，就越是接近一塊大理石或一塊木頭的好處，大理石和木頭是絕不會犯錯誤也絕不會犯罪的。但不幸我們並不是靠無知才接近這種好處；而就我們是能夠具有知識的來說，我們是因忽視獲得知識而犯罪，並且越少受教育就越容易犯錯誤的。

第二章　沒有天賦的實踐原則

§1　斐　道德學是一門推證的科學；可是它並沒有什麼天賦的原則。甚至要產生一條道德規則，它的本性能通過像對於凡物是、則是這條公則一樣一般和一樣迅速的同意來加以決定，都將是非常困難的。

德　絕對不可能有什麼理性的眞理是和那些同一的或直接的眞理一樣顯明的。而我們雖然能夠眞正地說道德學有一些不能加以推證的原則，並且最首要和最得到實踐的原則之一就是應該追求快樂和避免痛苦，但必須加一句說這並不是純粹靠理性認識到的一條眞理，因爲它是以內心經驗或混亂的認識爲根據的；因爲我們並不知道快樂和痛苦是什麼。

斐　只是通過推理，通過言談和某種心靈的應用，我們才能確信實踐的眞理。

德　雖然是這樣，它們卻仍然同樣是天賦的。可是我剛才所引述的那條公則卻顯得是屬於另一種性質；它不是由理性所認識，而可以說是由一種本能所認識的。這是一條天賦原則，但它並不成爲自然之光的組成部分；因爲人們並不以一種明亮的方式認識它。可是這條原則一經設定，人們就能從它引出一些科學的結論；而我極其讚賞您剛才所說的，道德學是一門推證的科學。也讓我們注意看到道德學教人一些如此顯明的眞理，以致小偷、海盜、土匪也不得不在自己人之間遵守它們。

§2　斐　但匪徒們在自己人之間遵守公道規則卻並不把它們看做什麼天賦原則。

德　這有什麼要緊？難道世界上的人在乎這些理論問題嗎？

斐　他們遵守公道的公則只是把它們當作一些方便的規則，實行這些規則對於保存他們的社會是絕對必需的。

德　〔很好。一般對所有的人也不會有什麼更好的要說的了。而且這些法則也就是如此銘刻在靈魂之中，就是說，是作爲我們的保存和我們眞正的善的後果而銘刻在其中的。您以爲我們是要把那些眞理之在理智中，看做是彼此獨立的，就像審判官的法令在告示上或布告牌上那樣的嗎？這裡我且把那促使人愛人的本能放在一邊，等一會兒再來談它；因爲現在我只想說說那些由理性所認識的眞理。我也承認，有某些公道規則，要不是假定上帝存在和靈魂不死，是無法充分和完滿地證明的；而且這些規則，在人類的本能沒有推動我們的場合，也只是和別的派生出來的眞理一樣銘刻在靈魂之中的。〕可是，有這樣一些人，他們把公道的基礎放在此生的必要上和放在他們生活的需要上，而不是放在他們應該在其中取得的這樣一種快樂上，這種快樂，當以上帝爲基礎時，是最大的一種快樂；這樣一些人，是傾向於有點像那匪徒的社會了。

Sit spes fallendi, miscebunt sacra profanis.①

---

① 拉丁文，意思是：「你把神聖與褻瀆混爲一談，這是虛僞的希望。」參閱拉丁作家賀拉西（Horace）的《書信》（*Epist.*, I. 16, 54.）賀拉西原文作“miscebis”。

§3 斐　我同意您所說的自然在一切人心中放進了對幸福的渴望和對苦難的強烈厭惡。這些是眞正天賦的實踐原則，並且，按照一切實踐原則的目標，它們是對我們的一切行動有一種繼續不斷的影響。但它們是靈魂趨向於善的傾向，而不是銘刻在我們理智中的某種眞理的印象。②

德　〔我很高興，先生，看到您實際上承認了天賦眞理，如我馬上要說的。這一原則和我剛才已指出的那條促使我們趨樂避苦的原則是充分符合的。因爲幸福不是什麼別的，無非是一種持久的快樂而已。可是我們的傾向並不是向著眞正的幸福而是向著快樂，即向著現在；是理性才使我們向著將來和持久的東西。而傾向爲理智所表示出來，就過渡到了訓條或實踐的眞理；並且如果傾向是天賦的，則眞理就也是天賦的，在靈魂中的東西沒有什麼是不會在理智中表示出來的，只是如我已充分表明的那樣，並不永遠是以一種現實的清晰的考慮的方式表示出來的而已。本能也並不永遠是實踐的；其中有一些包含著理論的眞理，如各門科學和推理的內在原則，當我們不知其所以然而憑一種自然的本能運用它們時就是這樣。而在這種意義下您是

② E本和J本都作"des imperfections de quelque vérité"（「某種眞理的不完善性」），G本作"des impressions de quelque vérité"（「某種眞理的印象」），洛克原書作"impressions of truth"（「眞理的印象」），見卷一第三章§3。

無法避免地得承認天賦原則的，即使您想否認那些派生出來的眞理是天賦的也罷。但這在我對我所叫做**天賦**的是什麼意思作出解釋之後只不過是一個名稱的問題而已。如果有人只願意把這稱呼給予那些首先憑本能接受下來的眞理，我將不和他爭論這一點。〕

斐　那很好。但如果在我們靈魂之中確有某些自然銘刻著的字跡，就像這許多認識的原則那樣，則我們不能不察覺到它們在我們之中起作用，正如我們感到那兩條原則的影響那樣，它們是經常在我們之中起作用的，這就是渴望幸福和害怕苦難的原則。

德　〔有一些認識原則也是經常地在我們推理過程中有影響，就如同這些實踐原則在我們的意志中一樣；例如，每一個人都以一種**自然的**邏輯運用著那些推理的規則而並沒有清楚地察覺到它們。

§4　斐　道德的規則是需要證明的；因此它們不是天賦的，就像這一條規則，它是有關於社會的德性的源泉，這就是：**僅以己所欲於人者施於人**③。

---

③ 按這句話照原文用白話直譯應該是：「只對旁人做那你願旁人對你所做的事」，洛克《人類理解論》中譯本譯作：「以己所欲於人者施於人」（參閱商務印書館一九五九年版，第28頁），也未譯出「只」字的意義。其實原意不過是「己所不欲勿施於人」的另一面的說法，本來也可以逕譯作「己所不欲，勿施於人」，爲求儘量忠實於原文，也爲照顧下文計，姑參照《人類理解論》中譯文改譯如上。

德　您總是向我提出一種我已經駁倒了的反對意見。我同意您所說的有些道德規則不是天賦的原則，但這並不妨礙它們是天賦的眞理，因爲一種派生的眞理，當我們能把它從心靈中抽引出來時，就是天賦的。但有一些天賦眞理，是我們用兩種方式在我們之中發現的，就是靠【自然之】光和靠本能。那些我剛才指出的眞理，由我們的觀念表明了那自然之光做了些什麼。但有一些*自然之光的結論*，是一些*本能*的原則。因此，我們由本能促使我們去做人道的行爲，因爲它使我們喜歡，又由於理性而這樣做，因爲它是正義的。所以在我們之中有一些本能的眞理，它們是天賦的原則，是我們所感到和贊成的，雖然我們並沒有對於它們的證明，但當我們給予本能一種理由時卻就能得到這種證明。就像這樣，我們循著一種混亂的認識並且好像是憑本能運用著那些演繹推理的規律，而邏輯學家則表明了它們的理由，正如數學家對那在行走和跳躍時所做而並不想到的事給予理由一樣。至於說到*僅以己所欲於人者施於人*的這條規則，則不僅需要證明，而且還需要予以宣告。一個人要是自己做得了主，所欲的就會過多；那麼施於人的是否也就該過多呢？你會對我說，這條規則無非意謂著一種正當的意願。但這樣一來這條規則就遠不足以用作衡量標準，倒是它自己就需要有一個衡量標準了。這條規則的眞正意義是：當一個人要來作判斷時，得以旁人的地位作爲看問題的眞正立足點才能判斷公平。〕

§9　斐　人們做壞事時常常良心上並無悔恨；例如，當攻取城市時，士兵們無惡不作而毫無顧忌；有些文明民族也遺棄了自己的小孩，有些加勒比人④把自己的孩子閹割了以便養肥了供食用；加西拉索・德・拉・維伽（Garcilasso de laVega）⑤報導說祕魯有幾種人抓了女俘虜來做妾，讓她們生孩子養到十三歲後就吃了，而等到他們的母親不能再生孩子時也就同樣辦理。包姆加登（Martin Baumgarten）⑥的遊記中報導說，在埃及有一個伊斯蘭教修士，是被當作聖人的，eo quod non foeminarum unquam esset ac puerorum, sed tantum asellarum concubitor atque mularum。⑦

德　道德科學（超乎那些如使人趨樂避苦的本能之上）也和算術並無兩樣地是天賦的，因爲它也同樣依賴於內在的光所提供的推證。由於這些推證並不是一下跳到眼前來的，所以，如果人們不是永遠立即察覺到那些自己心中具有的東西，並且不是很快地就能讀出照聖保羅所

---

④ Caribes，指加勒比海西印度群島土著居民。

⑤ 加西拉索・德・拉・維伽（Garcilasso de laVega, 1540-1616），是祕魯印第安人「印加（Inca）帝國」的一位「公主」和一個西班牙征服者所生的兒子，著有 *Commentarios reales*（《實錄》）一書，分兩部，上部寫西班牙征服前祕魯印第安人的歷史及當地的傳統、習俗，下部也稱《祕魯通史》，主要記載西班牙對祕魯的征服。

⑥ 包姆加登（Martin Baumgarten, 1473-1535），著有《埃及、阿拉伯等地遊記》。

⑦ 拉丁文，大意爲：「他同婦女或男孩沒有交媾過，只同猴子和騾子交媾過」。

說⑧上帝刻在人們心裡的那些自然法的字跡，這並沒有什麼好大驚小怪的。可是因爲道德比算術更重要，所以上帝給了人那些本能，使人得以立即並且不必經過推理就能處理理性所要求的某些事。這就像我們走路是按照力學的規律的，但並沒有想到這些規律，又如我們吃東西，不僅因爲這對我們是必要的，而且還更多地是因爲這使我們感到愉快。但這些本能並不是以一種不可克服的方式來促使我們行動的；我們得以情感來抗拒它們，以成見來模糊它們，以相反的習慣來改變它們。可是我們最通常的情況是符合這些良心的本能，並且當更大的印象並沒有壓倒它們時也還是順從它們。人類之中最大部分和最健康部分可以爲之作證。東方人以及希臘人或羅馬人，《聖經》和《可蘭經》都和它們相符合；伊斯蘭教的治安機關慣例是要懲處包姆加登所說那種事的；而且也只有像美洲野蠻人那樣的未開化，才會贊成他們那些充滿甚至超過野獸的殘酷性的習俗。可是同樣這些野蠻人，在其他機會也很知道什麼是正義的；還有，雖然也許沒有一樣壞事不是在某些地方、某些時機被允許來幹的，但卻極少這樣的壞事不是最通常地爲人類的最大部分所譴責的。那種不是毫無道理地發生，又不是只通過推理而發生的事，應該部分地歸之於自然的本能。習俗、傳統和訓練都在其中混雜著，但自然本能則是使習俗

⑧ 參閱《新約·羅馬書》第二章第十五節及第一章第十九節。

最通常地轉向這些義務的良好一邊的原因。**自然本能**⑨也是關於上帝存在這種傳統所自來的原因。而自然給了人甚至大部分動物那種對同類的親愛溫柔的感情。甚至老虎也 parcit Cognatis masculis⑩，一位羅馬法學家的嘉言：Quia inter omnes homines natura cognationem constituit, unde hominum homini insidiari nefas esse⑪，就是從這裡來的。幾乎只有蜘蛛是例外，它們互相吞噬到了這樣的程度，以至雌的享用了雄的之後就把它吞吃掉了。這種一般的**社會本能**，在人就可以叫做**博愛**，在這種一般的本能之外，還有一些比較特殊的本能，如兩性之間的愛，父母對子女的愛，這在希臘人就叫做 στοργή⑫，還有別的一些類似的傾向，它們就造成了這種自然法，或毋寧說是法的影像，照羅馬法學家的說法是自然教給動物的。但在人類之中特別有某種對尊嚴和禮儀的關心，這就導致人們把那些使我們鄙賤的東西掩蓋起來，導致保持廉恥，厭惡亂倫，埋葬死屍，絕不吃人，也不吃活的動物。人們也被導致愛惜名譽，甚至超出需要以至

---

⑨ E本和J本都作 Le naturel...，G本作 C'est comme le naturel...（「正如自然本能……」）。

⑩ 拉丁文，意思是：「珍惜雄的配偶」。見朱維納利斯（Juvenalis）的《諷刺詩》（*Sat.*）15, 159-160。

⑪ 拉丁文，意思是：「因爲在一切人之間構成了自然的聯繫，因此就有人與人之間的爾虞我詐」。unde，E本作 inde。

⑫ 希臘文，意思是「親子之愛」，按G本作 ὀργὴν，有誤，此處從英譯本。英譯本註云據E本和J本，但E本作 “ςοργήν”，疑也有誤。

生命之上；導致會感到受良心的譴責而悔恨，感到這些 laniatus et ictus⑬，這些痛苦和煩惱，如塔西佗（Tacitus）⑭跟著柏拉圖所說的⑮；此外則對於未來和對於一種至高無上的力量的恐懼，也就很自然地隨之而來了。在這一切之中都有實在性的；但歸根到底這些印象，不論它們可能多麼自然，都只是理性的一些輔助和自然的策劃的一些徵驗。習俗、教育、傳統、理性對此都有很多貢獻；但人的本性仍不失爲參與其中。誠然，要是沒有理性，這些輔助是不足以給道德一種完全的確定性的。最後，您是否要藉口發現有些人只愛談骯髒淫猥的事物，甚至有些人的生活方式迫使他們要弄糞汙，又還有那些不丹人，他們把國王的糞便當作某種香的東西，因而否認人是自然地被導致例如要遠離卑汙的事物的呢？我想，先生，對於那些趨向正直的事情的自然本能來說，您骨子裡是同意我的意見的；雖然您也許會說，正如您對於那種趨向快樂和幸福的本能已經說過的那樣，這些印象不是天賦的眞理。但我已經回答過了，每一種感受⑯

---

⑬ 拉丁文，意思是：「宰割和刺殺」，即「肝腸寸斷和心如刀割」。

⑭ 塔西佗（Tacitus，約55-120），著名的羅馬史學家。

⑮ 參閱柏拉圖《高爾吉亞篇》，524E；塔西佗《編年史》6, 6。

⑯ 原文爲 sentiment，意義較廣泛，在本書中用得很多，英譯在這裡作 feeling（感覺，感情），在別處有時也譯作 opinion（意見），總之與相對於「理性」的 sens 或 sensation（感覺）有別，在這裡姑譯作「感受」，以示區別。

都是對一種眞理的知覺，而自然的感受則是對一種天賦眞理的知覺，但常常是混亂的，正如外感官的經驗是混亂的一樣；因此我們可以把**天賦眞理**和**自然的光**（它只包含可以清楚地認識的東西）區別開來，正如屬應該和它的種區別開來一樣，因爲**天賦眞理**既包括本能也包括**自然的光**。

§11 斐 一個人要是知道正義和不正義的自然界限而仍舊把兩者加以混淆，則只能被看作他所在社會的安定和幸福的公開敵人。可是人們每時每刻都把兩者混淆起來，因此他們是並不知道它們的。

德 〔那樣來看問題有點太理論性了。每天都會發生這樣的事：當人們把心轉向別處以便循情慾行事時，他們就把對這界限的認識對自己掩蓋起來而逆著自己的認識來行動；要不然我們就不會看到有些人要吃喝那些他們明知會致病甚至致死的東西了；他們就不會忽視自己的事務了；他們就不會做那整個民族在某些方面已經做了的事情了。未來和理性是很少和當前及感覺同樣打動人的。那位義大利人就很知道這一點，他在受刑以前要人讓他在受刑過程中不斷地能看到那絞刑架，以便能抵擋受刑的痛苦，並且人們聽到他有時說：Jo ti veda⑰；以後當他逃脫了刑罰時對這點作了解釋。除非堅定地下決心面對眞正的善和眞正的惡，以求遵循或避開它

⑰ 義大利文，意思是：「我看到你了」。

們，我們發現自己總是心不在焉，而這種情況關於這一生最重大的需要方面也會發生，正如在那些最相信天堂地獄的人關於天堂地獄方面會發生的一樣：

Cantantur hæc, laudantur hæc,
Dicuntur, audiuntur.
Scribuntur hæc, leguntur hæc,
Et lecta negliguntur.⑱〕

斐　人們所假定爲天賦的每一條原則，只能是每個人都知道是正義的和有益的。

德　〔您總是回到這樣一個假定，認爲一切天賦眞理都永遠被一切人所認識，這我已經駁斥過多次了。〕

§12　斐　但一種法則得到了公衆的允許可以違反，就證明這種法則不是天賦的；例如：愛孩子和保育孩子的法則，當古代人允許遺棄孩子時，在他們那裡就被違反了。

---

⑱ 拉丁文，意思是：「人們歌頌它們、宣揚它們、議論它們、傾聽它們、描述它們、誦讀它們，而忽視了作出選擇」。

德　即使假定了這種違反，也只能從之得出結論，說明人們沒有很好地看清自然銘刻在我們靈魂之中，但有時由於我們的放肆無度而被弄得相當模糊了的字跡；此外還不說爲了確切地看到這種義務的必然性，就必須能看到對它的推證，這是很不常見的。要是幾何學也和道德學一樣地反對我們的情慾和當前利益，我們對它的抵觸和違反也不會少多少，儘管有歐幾里得和阿基米德（Archimedes）的那些推證，我們也會當它們是些夢囈，並認爲它們充滿了謬論；而約瑟夫・斯卡利杰（Joseph Scaliger）[19]、霍布斯[20]和其他一些寫了作品反對過歐幾里得和阿基米德的人，也不會像現在這樣很少找到同道了。只是由於求名心切，這些作者才會自以爲找到了化圓爲方以及解其他難題的方法，這種心情竟會使這樣一些有巨大功績的人士也盲目到這步田地。而如果別的人有同樣的利害關係，他們也會一樣幹的。

斐　每一種義務都連帶有法律的觀念，而一種法律不能如人所假定那樣沒有一個立法者來

---

⑲ 約瑟夫・斯卡利杰（Joseph Scaliger, 1540-1609），寄居法國的義大利學者、醫生、語言學家，以博學著稱，開創了一個歷史批判的新學派，其父 Julius-Caesar S. 也是義大利醫生和學者。參閱〈序言〉第三段註（第88頁註⑧）。

⑳ 霍布斯（Thomas Hobbes, 1588-1679），英國著名唯物主義哲學家，關於他和歐幾里得相對立的幾何原理的論述，見於他的 *De corpore*（《論物體》）一書的英譯本的附錄。

頒布它，或沒有報償和不受懲罰。

德　〔可以有自然的報償和懲罰而並沒有立法者；例如：無節制就受疾病的懲罰。可是因爲它並不立刻傷害一切人，所以我承認幾乎沒有什麼戒律是人們非遵守不可的，要是沒有一位上帝來不讓任何罪惡不受到懲罰，也不讓任何善行不受到報償的話。〕

斐　那麼關於上帝以及關於來世的觀念也得是天賦的了。

德　〔在我已經解釋過的那種意義下我仍舊同意這一點。〕

斐　但這些觀念遠不是自然銘刻在一切人心中的，甚至有許多深有研究的人心中也並沒有很明白很清楚地顯出這些觀念，他們還是以精確考察事務爲業的；要說它們爲一切人所認識，就該更加遠不是這樣了。

德　這又是回到那同一個假定，以爲不被認識的就不是天賦的了，這卻是我已駁斥過多次的。天賦的東西並不立即就被清楚明白地認識到是這樣，常常需要很大的注意力和用很多照規矩的辦法才能察覺到它。有研究的學者也並不永遠總辦得到這些，一切普通人就更加辦不到了。

§13　斐　但要是人們對於天賦的東西可以不知道或可以引起疑問，那麼你跟我們談論天賦原則和自認爲使人看到它的必要性都是徒勞無益的了；它們遠不是如人所以爲的那能用來教我們眞理和事物的確定性，我們將發現自己有了這些原則也和它們並不在我們心中一樣處於不確定的狀態。

德　人們並不能對所有的天賦原則都引起疑問。對於那些同一的命題或對於矛盾律來說，先生，既然您承認了有一些無可爭議的原則，您也已經同意了這一點的，雖然您那時不承認它們是天賦的；但由此並不能得出結論，以爲凡是天賦的以及和這些天賦原則必然地相聯繫的就也立即有一種無可懷疑的顯明性。

斐　就我所知，還沒有一個人企圖給我們一份這些原則的確切目錄。

德　可是迄今難道已有人給了我們一份完全而確切的幾何公理的目錄了嗎？

§15　斐　赫爾伯特勳爵（Lord Edward Herbert of Cherbury）㉑曾願提出這些原則中的若干條，它們是：1.有一位至高無上的上帝；2.上帝是應當侍奉的；3.德性和虔敬相結合是【對上帝】最好的崇拜；4.對自己所犯的罪惡必須懺悔；5.在此生之後，必有賞罰。我同意這些是顯明的眞理，並且具有這樣的性質，只要加以很好的解釋，一個有理性的生物是不能不予以同意的。但我們的朋友說，要說這就是這麼多天賦的印象那還差得遠。而如果這五個命題是上帝親

㉑　赫爾伯特勳爵（Lord Edward Herbert of Cherbury, 1581-1648），英國人，他的 *De veritate*（《論眞理》）一書一六二四年出版於巴黎，曾對英國哲學和宗教思想有相當大影響，對解釋關於洛克《人類理智論》的爭論也有某些重要性。

手銘刻在我們靈魂之中的共同概念，那麼還有很多別的也應該放在這一類裡面。

德　我同意這一點，先生，因爲我把一切必然眞理都作爲天賦的，並且我甚至還加上本能。但我向您承認這五個命題並不是天賦原則，因爲我主張這些命題是我們能夠並且應該加以證明的。

§18　斐　那第三個命題，說德性是最爲上帝所中意的崇拜，其中德性是什麼意思是不清楚的。如果對它照人們給予它的最普通的意義來理解，我的意思就是說，把它看作依照流行於不同國度的各種不同意見所認爲值得稱讚的事，那麼這命題就遠不是顯明的，甚至不是眞的。如果是把那些合上帝的意的行爲叫做德性，那這幾乎就是 idem per idem[22]，而這命題也就沒有教我們什麼大不了的東西；因爲那將只是要說：上帝把合他的意的事看作中意的。在第四個命題中的罪惡這個概念也是同樣的情況。

德　我不記得曾提出過人們普通把德性作爲某種依賴於意見的東西；至少哲學家們是不這樣做的。誠然德性的名稱是依賴於那樣一些人的意見，他們按照他們判斷善惡和運用理性的方式而把這名稱給予各種不同的習性或行爲；但對於一般的德性概念大家都是相當一致地同意，

㉒ 拉丁文，意思就是「同語反覆」。

雖然在應用上各有不同。按照亞里斯多德㉓和其他一些人的看法，德性是一種以理性來抑制情慾的習性，或者更簡單地說就是一種遵照理性行事的習性。而這是不會不使那作爲萬物的最高和最後理由者㉔中意的，對他來說，沒有什麼是好壞不分毫無所謂的，而有理性的生物的行爲比起其他一切來更不會如此。

§20　斐　人們常說，習俗、教育以及與之交談的人們的一般意見，能夠把人們認爲天賦的那些道德原則弄模糊。但如果這種答覆是對的，那麼它就把人們自以爲從普遍同意中得出的那證明否定了。有些人的推理是可以歸結爲這樣的：凡是有健全理智的人所承認的原則是天賦的；我們以及和我們同樣看法的人是有健全理智的人；所以我們的原則是天賦的。多麼引人發笑的推理方式啊！它一直就通向不謬性㉕！

德　就我自己來說，我並不是把普遍同意用作一種主要的證明，而是用它來作一種進一步的印證（confirmation）；因爲天賦的眞理，作爲理性的**自然之光**來看，也像幾何學那樣自身帶有自己的標誌，因爲它們是被您自己也承認是無可爭議的一些直接的原則包裹在裡面的。但

㉓ 參閱亞里斯多德：《尼哥馬可倫理學》第II卷六。

㉔ 指上帝。

㉕ infallibilité，即絕對不會犯錯誤的。如天主教會聲稱教皇就具有這種「不謬性」。

我承認要把本能和其他一些自然習性，跟那些風俗習慣區別開來是比較困難的，雖然在最通常的情況下卻似乎是可能的。此外，在我看來，心靈已得到開化的民族，把運用健全理智毋寧歸之於他們自己而不歸之於野蠻人，是有些道理的，因爲他們既能幾乎像制伏禽獸一樣容易地制伏野蠻人，他們就充分顯示出自己的優越性了。而如果說他們並不總是能達到這一目的，那是因爲也還是像禽獸一樣，這些野蠻人躲在濃密的森林裡很難迫使他們出來，而要去捕獵還値不得耗費的蠟燭。心靈得到開化無疑是一種好處，而如果要站在野蠻一邊說些反對文明的話，則人們將也有權袒護禽獸而攻擊理性，並且把德普萊奧（Nicolas Boileau-Despréaux）㉖先生在他的一首諷刺詩中的機智妙語作認眞看待，在那詩裡，爲了與人爭論人對動物的特權，他問道：究竟是

熊怕過路人還是過路人怕熊？

而如果照利比亞的牧人的命令，

㉖ 德普萊奧（Nicolas Boileau-Despréaux, 1636-1711），法國詩人和文藝批評家，著有《諷刺詩》、《詩的藝術》等。

獅子就得讓出奴米地[27]的公園。等等[28]。

可是我們也得承認在若干重要之點上野蠻人超過了我們，尤其是在體力方面；而甚至在靈魂方面我們也可以說在某些方面他們的道德實踐是比我們更好的，因爲他們沒有積聚財富的貪婪和統治人的野心。甚至我們還可以說基督徒和他們的交往使他們在許多事情上變壞了。他們教會了他們酗酒（帶給他們燒酒），賭咒發誓，褻瀆神靈，以及別的一些罪惡，這些他們本來是很少知道的。我們的好處和壞處都比他們多。一個壞的歐洲人比一個野蠻人還更壞，他能文過飾非，把壞事也加以美化。可是並沒有什麼會阻止人們把自然給予這些野蠻人的好處和理性給予我們的好處結合起來。

斐　但是您將怎樣來回答我的一個朋友所提出的這個兩難問題呢？他說，我但願那些主張有天賦觀念的人能告訴我，這些原則究竟能夠還是不能夠被教育和習慣所抹去。如果它們不能

㉗ Numidie，北非古國名，在今阿爾及利亞。

㉘ 據本書英譯者考證，這幾行詩引自德普萊奥《諷刺詩》8, 62-64，而原詩通常各種版本後兩句均作：「而如果照奴比的牧人的命令，巴加的獅子得讓出利比亞」，其中「奴比」（Nubie）是非洲古國名，在埃及與衣索比亞之間；巴加（Barca）則爲迦太基一些貴族家庭的稱號。萊布尼茲可能有誤引，也可能是據其他版本。

被抹去，那麼我們就應該能在所有的人之中發現它們，並且它們應該在每一個個別的人心中清晰地呈現出來。如果它們能夠被外來的觀念所改變，那麼它們就應該越接近它們的起源時就顯得越清楚和越明亮，我的意思就是說在那些兒童和無知的人之中，對於他們，那些外來的意見造成的印象是比較少的。不論他們願意站在哪一邊，他說，他們都將清楚地看到，這種主張已爲堅定不變的事實和連續不斷的經驗所否定。

德　我很驚訝您的高明的朋友竟把**弄模糊**和**抹去**混淆起來，正如你們那一派有人把**不存在**和**不出現**混淆起來一樣。天賦的觀念和眞理是不會被抹去的，但它們在所有的人（像他們現在那樣）之中，都被他們趨於肉體需要的傾向，尤其常見的是被無端發生的壞習慣弄模糊了。這種內在之光的標誌，如果不是感官的混亂知覺轉移了我們的注意力，是會在理智中永遠明亮，並且會給意志以熱量的。這就是《聖經》也和古代及近代的哲學家們一樣常談到的那種戰鬥。

斐　這樣，那我們就發現自己和沒有這樣的光一樣處在濃厚的黑暗之中，和處在同樣巨大的不確定狀態之中了。

德　上帝不容許這樣；否則我們就將既沒有科學，也沒有法律，甚至也沒有理性了。

§21 §22　等等。斐　我希望您至少會同意那偏見的力量，它常常使人把那來自聽任兒童去接受的壞教訓，以及來自教育和交往所給予他們的壞習慣的東西，當作自然的。

德　我承認您所追隨的這位卓越的作者在這個問題上說了一些很好的東西，而如果能夠恰如其分地加以對待，是有它們的價值的；但我不相信它們是和正確理解的關於那自然的或關於天賦眞理的學說相衝突的。而我深信他不會想把他所指出的擴展得太遠；因爲我也同樣深信有很多被當作眞理的意見只是習慣和輕信的結果，也有許多意見，某些哲學家想讓人把它們當作偏見，卻是在健全理智上和在自然中有根據的。也有同樣或更多的理由來提防那樣一些人，他們由於野心，最通常地是自詡創新，而不是對老的印象提出挑戰。而在對老的和新的思想作了充分思考以後，我發現大部分已被人接受的學說是經得起健全理智的考驗的。因此，我但願明智的人們要尋求什麼來滿足自己的野心時，寧可多從事於建設和前進而不要搞後退和破壞。我祈求人們寧可像那些羅馬人來建造那些美好的公共建築，而不要像那位汪達爾王㉙，他的母親囑咐他，既然不能希望達到和這些偉大建築同等的光榮，就設法把它們破壞掉。

斐　攻擊天賦眞理的高明人士的目的，就是要防止人們在這美名之下放縱偏見和設法掩蓋自己的懶惰。

德　在這一點上我們的意見是一致的，因爲我遠不是贊成人們接受那些可疑的原則，對我

㉙ 汪達爾人（Vandales）是古代日耳曼民族的一支，這裡所說的汪達爾王是指克洛可斯（Chrocus），據說他和蘇維匯人（Sueves）及阿蘭人（Alans）一起在美茵茲附近渡過了萊茵河，聽了他母親的壞主意，在高盧和日耳曼進行了大破壞。事見伊達修斯（Idatius）的編年史第六十二章。

來說，我但願能設法甚至連歐幾里得的那些公理也要加以證明，如有些古人也曾做過的那樣。而當你要問認識和考察天賦原則的方法時，我照我以上所說的回答：除了那些不知其所以然的本能之外，應該致力於把它們還原爲一些最初原則，即通過下定義的辦法得到那些同一的或直接的公理，所謂下定義不是別的，無非是把那些觀念清楚地揭示出來。我甚至不懷疑，迄今反對天賦眞理的您的朋友們，也會贊同這個方法，這似乎是符合他們的主要目標的。

第三章　關於思辨和實踐的兩種天賦原則的其他一些考慮

§3　斐　您想要人們把眞理還原爲最初原則，而我承認，如果有任何這樣的原則，則無可爭辯地就是這樣一條：**一物不可能同時既是又不是**。可是似乎很難主張它是天賦的，因爲這就得同時深信不可能性和同一性這些觀念是天賦的。

德　贊成天賦眞理的人就是一定得主張並且深信這些觀念也是天賦的；而我承認我是同意他們的看法的。**是**、**可能**、**同**，這些觀念就是十足天賦的，以至它們進入了我們的一切思想和推理之中，而我把它們看成對我們的心靈說來是本質的東西；但我已經說過，我們並不總是給它們以特殊的注意，並且我們只是隨著時間的流逝才把它們分辨出來。我還說過，我們也可以說是「是」，「我們」這個「是」就是天賦的①；而對於「是」的認識是包裹在我們對我們自己的認識裡面的。在其他一些一般概念中也有某種相近的情況。

---

① 這兩句話原文是：“...puisque nous sommes des êtres, l'être nous est inné”。這裡的 être，本來也可譯作「存在」或「有」，這樣譯文可能通順一點。但這話是接著上文「『是』的觀念是天賦的」來說的，而這又是由上文表述「矛盾律」的「一物不可能同時既是又不是」這個命題來的，爲求上下文一致起見，故仍譯作「是」，原文本無引號，爲求表示這裡的「是」是作名詞用，姑加上個引號。本來也可把表達「矛盾律」的那個命題中的「是」也譯作「存在」，如洛克《人類理解論》中譯本就是這樣譯的，但這命題既是個形式邏輯上的基本思想律，並不是個古典哲學中所謂「本體論」上的命題，似乎以譯作「是」較妥，因爲它其實並不涉及所說對象客觀上「存在」與否。

§4 斐 如果同一性的觀念是自然的，並且因此是如此顯明和當下出現在心靈之中的，以至我們應該從在搖籃裡的時候起就認識它，我但願一個七歲的孩子或甚至一個七十歲的老人能夠告訴我，一個人，作爲一個由身體和靈魂複合成的生物，當他的身體已改變了時，究竟是否還是同一個人；還有，要是假定了靈魂輪迴，歐福伯（Euphorbe/Euphorbus）是否和畢達哥拉斯（Pythagore/Pythagoras）是同一個人。②

德 我已經充分地說明過，對我們是自然的東西，並不是我們以此從搖籃裡就認識的；並且甚至一個觀念可以是爲我們所認識的，而我們並不能立即解決由此可能形成的一切問題。這就好比有人硬說一個小孩因爲不會費心去認識正方形的對角線和它的邊是不能通約的，他就不會認識什麼是正方形和它的對角線。對於這個問題本身，我認爲用我在別處已闡明的關於單子

② 古希臘最早的唯心主義哲學家畢達哥拉斯（Pythagore 或 Pythagoras，西元前六世紀）宣揚靈魂輪迴的謬論，自稱是黑梅斯神的一個兒子的第五次降生，並從他接受一種能力，能記得自己以往各代的情況。這裡歐福伯（Euphorbe 或 Euphorbus）當是傳說中畢達哥拉斯的靈魂在另一世降生成人時的名字。可參閱〔法〕羅班：《希臘思想和科學精神的起源》，一九六五年，商務版，第92頁。

的理論③已用推證的方式予以解決了，我們以下也還將更充分地來談這個問題。

§6　斐　〔我看得很清楚，要是我藉口全體和部分這兩個觀念是相對的，是依賴於數和廣延性的觀念的，而對您提出反駁說，宣稱全體大於部分這條公理不是天賦的，我這種反駁將是徒然的，因爲您顯然將主張有這樣一些各自是天賦的觀念，並且那些數和廣延性的觀念也是天賦的。④〕

---

③ 萊布尼茲在本書中借「德奧斐勒」之口所宣揚的理論以及對洛克的反駁，都是根據他的關於「單子」的唯心主義學說。他在寫作本書的前後，在一系列論著和書信中，都曾對他的「單子論」作了各種方式的闡述，其中較重要的有原無標題的《關於形上學的談話》以及《論自然和神思的原則》、《關於自然和實體及它們之間的交通以及靈魂和身體之間的聯繫的新系統》等等，而最集中的、綱領性的著作則就是《單子論》，目前已出版的中譯文，可參閱《十六—十八世紀西歐各國哲學》，商務印書館，一九七五年版，第483-499頁〈單子論〉一文。

④ 按這最後兩句各本法文原文均爲"puisque vous soutiendrez apparemment, qu'il y a des idées innées respectives et que celles des nombres et de l'étendue sont innées aussi."而英譯文作："since you would apparently maintain that there are ideas conditionally innate, and those of number and extension are to such a degree innate."（「因爲您顯然將主張有一些觀念是有條件地天賦的，並且那些數和廣延性的觀念是在這樣的程度上天賦的。」）錄此以供參考。

德　您是對的，並且我甚至毋寧認爲廣延性的觀念是後於全體和部分的觀念的。

§7　斐　〔您對於上帝是應該受崇拜的這一眞理怎麼說呢？它是天賦的嗎？〕

德　我認爲崇拜上帝的義務是說必要時當表示尊崇上帝超過其他一切對象，而這是上帝的觀念和上帝的存在的必然後果；在我看來這就意謂著這一眞理是天賦的。

§8　斐　但無神論者似乎以他們的例子證明了上帝的觀念並不是天賦的。且不說古代人已提到過的那些人，人們不是發現有一些民族整個地既沒有任何上帝的觀念，也沒有用以表示上帝和靈魂的名稱嗎？如在蘇爾達尼亞灣、在巴西、在加勒比諸島、在巴拉圭就是這樣。

德　〔已故的法布利丘（J. L. Fabricius）⑤先生，一位著名的海得爾堡的神學家，曾爲人類作了一個申辯，以清除加給它的無神論的罪名。這是一位有很大的精確性，並且遠遠超出許多偏見的作家；不過我不想進入這種關於事實的討論。我承認是有整個民族從未想到過至高無上的實體，也未想到過靈魂是什麼的。我記得，當在我的請求和維特森（Nicolas Witsen）⑥

---

⑤ 法布利丘（J. L. Fabricius, 1632-1697），海得爾堡大學希臘文教授和哲學、神學教授，曾作《人類對無神論的責難的申辯》（*Apologia generis humani contra calumniam atheismi*）一書，發表於一六六二年。

⑥ 維特森（Nicolas Witsen，約1640-1717），荷蘭人，曾任荷蘭駐俄國大使，阿姆斯特丹市參議員、市長等，曾和萊布尼茲交往並通信。

先生的贊助下，有人想在荷蘭為我搞一本禱告文的巴朗多拉[7]語譯本時，他在願你的名成為神聖這個地方停住了，因為他無法讓巴朗多拉人懂得神聖是什麼意思。我也記得在為霍屯督人[8]準備的信條中，不得不用在當地意思是指一種溫和的風的一些語詞來解釋聖靈（這不是沒有道理的），因為我們的希臘文和拉丁文的 πνεῦμα, anima, spiritus[9]這些詞，原意也無非是指人所呼吸的空氣或風，有如一種最精細的東西，是我們用感覺認識到的；而人們是從感覺開始，以便一點一點地引導人達到那超出感覺之上的東西。可是，在達到抽象知識方面所發現的這全部困難，絲毫也不產生什麼能以否定天賦知識的東西。有一些民族根本沒有一個相當於「是」的這個詞；難道有誰懷疑他們對於「是」是什麼的知識嗎？儘管他們很少抽象地想到它。此外，我讀了我們這位卓越的作者論到上帝觀念的那段文字，（《理智論》第一卷，第三章[10] §9）

---

⑦ Barantola，按係我國西藏拉薩的舊名稱。

⑧ Hottentos，非洲南部的黑人部族。

⑨ 希臘文 πνεῦμα，或音譯作「普紐瑪」，原意就是「噓氣」，如古希臘斯多噶派就把它作為既是由火和氣造成的，又是有理性的，能思想的，是生命的原則或精神；拉丁文 anima, Spiritus 也是由氣的原意轉化為有生命的、靈魂、精氣、精神等意義。

⑩ 洛克原書（Bohn 版）為第四章，中譯本也是第四章，參閱中譯本一九五九年，商務版，第51-52頁。這裡引文的譯文未照錄洛克原書的中譯，而是照萊布尼茲所引法文譯文作了重譯。

發現它是這樣美，這樣使我喜歡，使我情不自禁地要加以引述。這就是他的原文：「人們總免不了對這樣一些事物有某種觀念，這些事物是和他們交往的人總常有機會以某種名稱向他們提到的，而如果這是這樣一種東西，它本身帶有卓越、偉大，或某種異乎尋常的性質的觀念，使人在某一點上發生興趣，並且以一種絕對的和不可抗拒的力量的觀念印在人心中，以致使人不禁產生恐懼」（我還要加一點：並且以一種至高至大的善的觀念使人不禁產生愛），「這樣一個觀念，按照一切現象來看，應該比任何其他觀念都造成更強烈的印象和傳播得更廣，如果這是一個和最單純的理性之光相一致，並且是從我們知識的每一部分自然地流出的觀念，就尤其是如此。而上帝的觀念就是這樣的觀念，因爲一種異常的智慧和力量的光輝燦爛的標誌，在一切創造的作品中都表現得如此明顯可見，以至一切願作反省的理性生物，都不能不發現這些奇妙作品的作者；而發現這樣一個存在，應該在所有聽說過一次的人靈魂中就自然地造成印象，這印象是如此巨大，並且本身帶著有如此重大的分量和如此適於在世界上傳播的思想，以致使我完全感到奇怪的是在地球上竟能找到整個民族的人都如此愚蠢，竟會沒有任何上帝的觀念。我說這在我看來就如同想像人們竟會沒有任何對於數或火的觀念一樣令人驚奇。」我但願總能允許我逐字逐句地抄錄我們這位作者的其他大量卓越的段落，這些我們不得不放過去了。這裡我只想說：這位作者，既談到和上帝觀念一致的最單純的理性之光，和談到從之自然地流出的東西，似乎和我關於天賦眞理的意見也相去不遠了；而關於這一點，就是他感到竟會有人毫無上帝的觀念，這和竟能找到有人沒有任何數與火的觀念一樣奇怪，我將指出，馬里亞納群島，是以曾扶持派往該群島的佈道團的西班牙女王的名字命名的，島上的居民，當被發現時是毫不認識火的，那位負責管理國外佈道團的法國耶穌會士郭比安（Charles le Gobien）⑪神父曾公開發表並寄送給我的一份報導中就出現過這樣的記載。〕

§16　斐　如果從一切開化的人都有上帝觀念這個事實就能得出結論，說上帝的觀念是天賦的，那麼因爲開化的人也總是有對於德性的眞正觀念，德性也就應該是天賦的了。

德　不是德性，而是德性的觀念，是天賦的，也許您想說的也只是如此。

斐　有一位上帝是確定的，也就像兩條直線相交所造成的對頂角相等是確定的一樣。大概絕不會有什麼有理性的生物，認眞地致力於考察過這兩個命題的眞理性，而不予以同意的。可是毫無疑問的是，有不少的人，沒有把思想轉向這個方面，就同樣地不知道這兩條眞理。

德　〔我承認這一點，但這絲毫也不妨礙它們是天賦的，就是說，是能夠在自己心中找到它們的。〕

⑪ 郭比安（Charles le Gobien, 1653-1708），法國都爾大學的哲學教授，曾任派到中國的佈道團的祕書和負責人，寫過並發表過很多有關在中國傳教的作品；他的《馬里亞納群島史》（*Histoire des Isles Mariannes*）一七〇〇年出版於巴黎。

§18 斐 要是具有一個對於實體的天賦觀念，將會是更有好處的；但事實是我們沒有這樣的觀念，不論天賦的還是獲得的都沒有，因爲不論是通過感覺或通過反省都沒有。

德 〔我的意見是，只要反省就足以在我們自身中發現實體的觀念，我們自身就是一些實體。而這概念是屬於最重要的概念之列的。但我們也許將在我們這談話的以後部分更充分地來談到它。〕

§20[⑫] 斐 如果有天賦觀念在心中而心靈並沒有現實地想到它們，那麼至少它們當是在記憶中，通過回憶應該能把它們從記憶中抽引出來，這就是說，當人把它們從記憶中重新喚起時，它們應該被認識到是從前在靈魂中的這樣一些知覺，否則除非回憶能夠沒有回憶也還繼續存在。因爲人們在內心覺得靠得住的這種深信，即相信這樣一種觀念是從前曾經在我們心中的，恰正是使回憶區別於其他一切思維方式的東西。

德 〔要知識、觀念或眞理是在我們心中的，並不必要我們總曾經現實地想到過它們；這只是一些自然的習性，也就是說是一些稟賦，以及主動和被動的態度，而不只是空白板。可是的確柏拉圖派的人是相信我們在我們心中重新發現的東西是我們已經現實地想到過的；而要

---

⑫ E本無此標號。G本及洛克原書 Bohn 版均有此標號。又洛克原書弗雷塞（Fraser）編的版本標爲§21，並在註中說明這一節是第二版加的。

駁斥他們，光說我們一點也不記得是不夠的，因爲的確有無數思想回到我們心中來而我們已忘了我們曾經有過的了。有時一個人自信做了一句新的詩，結果發現是很久以前在某一位古代詩人那裡逐字讀到過的。我們常常覺得異常容易設想某些事物，因爲我們以前曾想過它們而不記得了。一個小孩，眼睛變瞎了，就把他曾經看見過的光和顏色都永遠忘記了，這是可能的，就像那位著名的烏爾利克・勛柏格（Ulric Schönberg）⑬，在兩歲半時由於出天花而瞎了眼就發生了這樣的情況，他是上巴拉底納的魏德⑭地方人，一六四九年死於普魯士的柯尼斯堡，他曾在那裡教授哲學和數學而得到所有人的讚賞。也可能是那些老印象的效果遺留在這樣一個人心中而他並不記得。我相信做夢就常常像這樣重新喚起我們的一些舊有思想。斯卡利杰⑮，在用詩稱頌了斐羅納（Verone）的一些著名人物以後，一位自稱布魯諾魯斯（Brugnolus）的人，原籍巴伐利亞而已定居於斐羅納的，在夢中出現向他抱怨說把他忘記了。斯卡利杰並不記得以前曾聽到說起過他，但還是就這個夢做了挽詩稱頌了他。最後他的兒子約瑟夫・

---

⑬ 烏爾利克・勛柏格（Ulric Schönberg），生平已略見正文。

⑭ Weide au haut Palatinat，巴拉底納分上下兩部，是原德意志帝國內兩個邦的名稱，上巴拉底納就包括在以後的巴伐利亞邦內。

⑮ 見〈序言〉第三段註（第88頁註⑧）。

斯卡利杰⑯到了義大利，經過進一步特別的調查研究，才弄清以前在斐羅納有過一位著名的語法學家或有學問的批評家是叫這個名字，他對義大利文藝的重建有過貢獻。這個故事連同那挽詩可以在老斯卡利杰的詩集中找到，在他兒子的信中也曾提到。它在《斯卡利杰言行錄》⑰中也有記述，這是記錄約瑟夫·斯卡利杰的談話的集子。情況很像是這樣：斯卡利杰曾經知道過布魯諾魯斯的一些事情，但他已不再記得了，而那個夢部分地是一種以前的觀念的復活，雖然他可能並沒有那種眞正所謂的回憶，這是使我們知道我們已經有過這同樣的觀念；至少我看不出有什麼必然性迫使我們斷定，當沒有足夠的跡象使我們記起曾有過一個知覺時，就不會遺留下這個知覺的任何痕跡。〕

§24　斐　〔我必須承認，您對我們爲反對天賦眞理所提出的那些困難，答覆得是足夠自然的。也許我們的作者，對您所主張的那種意義下的天賦眞理也並不反對。因此，我只想回頭對您說一點，先生，〕我們是有某種理由怕認爲有天賦眞理的意見會被懶漢們用作藉口，使人爲自己免除了探索之勞，並給了那些學者和大師們一種方便來提出一種主張作爲【原則的】原

---

⑯ 參閱本書上冊第一卷第二章§12，「德」註（第50頁註⑲）。

⑰ *Scaligerana*，這是約瑟夫·斯卡利杰的朋友和學生記錄和他的談話的兩個集子，第一集是他的朋友維爾吐尼安（François Vertunien）用拉丁文記錄的，第二集是他的兩個學生伐桑（Vassan）的用拉丁文和法文追記的。

則，使那些原則不得被看作是有疑問的。

德　〔我已經說過，如果您的朋友們的目的，是勸人要去尋求眞理所能得到的證明，而不去區別它們是天賦的與否，這樣我們的意見是完全一致的；而認爲有天賦眞理的意見，照我所採取的那種方式，是不應該使任何人轉向而不去研究的，因爲除了去尋求本能的理由是很好的以外，我的一條大原則就是甚至對那些公理也要去探求加以證明才好，我還記得在巴黎時，已故的羅伯伐爾（Gilles Personne de Roberval）[18]先生那時已經老了，因爲他想效法阿波羅尼奧斯（Apollonius de Perge）[19]和普羅克洛（Proclus Diadochus）[20]的榜樣來對歐幾里得的那些公理作出證明而受到人的嘲笑，我還指出他這種探索的用處。至於有些人說，跟那否認原則的人是不必爭論的，他們的這條原則，除非對於那些既不會受到懷疑也不會得到證明的原則是完全不適用的。誠然，爲了避免引起醜事和混亂，對於公開的辯論和某些其他的演說，可以訂立

---

⑱ 羅伯伐爾（Gilles Personne de Roberval, 1602-1675），法國的幾何學家，曾任法蘭西皇家學院數學教授多年。

⑲ 阿波羅尼奧斯（Apollonius de Perge），西元前三世紀希臘最值得注意的幾何學家之一，特別以研究圓錐曲線問題著名，他所用的方法很近似解析幾何。

⑳ 普羅克洛（Proclus Diadochus,410-485），亞歷山大里亞的新柏拉圖派哲學家和數學家，以注釋柏拉圖的對話，特別是《蒂邁歐篇》最著名。

一些規則，以便禁止對某些已確立的眞理提出爭議。但這毋寧是治安機關的事而不是哲學的事了。」

第二卷　論觀念

第一章　通論觀念並順帶考察人的心靈是否永遠在思想

§1　斐　在考察了觀念是否天賦的問題以後，讓我們來考察觀念的本性和它們的區別。觀念是思想的對象，這難道不是眞的嗎？

德　〔我承認這一點，只要您加上一點，說這是一種內在的直接的對象，並且這對象是事物的本性或性質的表現。如果觀念是思想的形式，那麼它將是和與之相應的現實的思想同時產生和停止的；而如果它是思想的對象，那麼它就會在思想之前和之後都可能存在。外在的可感覺的對象只是間接的，因爲它們不能直接地作用於靈魂[①]。只有上帝是外在的直接對象。我們可以說靈魂本身是它自己的直接的內在對象；但這只是就它包含著觀念或相應於事物的東西這個範圍內來說的。因爲靈魂是一個小宇宙，在其中的清楚的觀念是上帝的一種表象，而那些混亂的觀念是宇宙的一種表象。〕

§2　斐　我們那些假定靈魂在開始時是一塊白板，空無一切字跡且無任何概念的先生們，要問它是怎麼接受觀念以及用什麼辦法獲得這麼豐富的大量觀念的？他們對此用一個詞來回答：來自經驗。

德　〔人們談論得這麼多的這個白板，在我看來只是一種虛構，是自然所不容許的，是

① 可參閱本書下冊第四卷第九章和第十一章。本書英譯者註中認爲，這裡所提出的直接知識和間接知識的對立，相當於康德所講的先天知識和後天知識的區別。

建立在哲學家們那些不完全的概念的基礎上的，就像虛空、原子和靜止，或者是絕對的靜止，或者是一個整體的兩個部分之間的相對的靜止，或者像那種人們所設想的沒有任何形式的原始物質那樣。不包含任何花樣變化的齊一的事物，從來就只是一些抽象，就像時間、空間，以及其他一些純數學上的東西那樣。沒有什麼物體，它的各部分是靜止的，也絕無一個實體是沒有什麼可以和其他一切相區別的。人類的靈魂不僅和別的靈魂有區別，它們自己彼此之間也是有差別的，雖然這種差別不是屬於那種所謂種差的性質。而按照我認爲我們所具有的證明，每一實體性的東西，不論它是靈魂或身體，都有它和其他每一個實體性東西的本當有的關係；而這一個和那一個之間應該永遠是以內在固有的名稱相區別的。且不說這樣談論白板的那些人，把概念都從它去掉之後，就說不上還給它留下什麼了，就像那些經院哲學家什麼也沒給他們的原始物質留下一樣。也許人家會回答我說，哲學家們提出的這個白板，是想說靈魂自然地原本只有一些赤裸裸的功能。但沒有任何現實活動的功能，一句話就是經院哲學家中所講的那種純粹的潛能，也只是一些虛構，是自然所不知道的，只是人們由抽象得來的。因爲世界上哪裡去找一種功能，只是把自己關閉在潛能之中而不作任何現實活動的呢？永遠有一種要活動的特殊稟性，並且毋寧是要這一個活動而不要另一個活動的。而除了稟性之外，還有要活動的傾向，並且每一主體都永遠同時具有無數這種傾向；而這些傾向又絕不會沒有某種效果。我承認，要使靈魂被決定作這樣或那樣的思想，以及要使它注意到在我們心中的那些觀念，經驗是必需的；

但經驗和感覺用什麼辦法才能給予觀念呢？靈魂有窗戶嗎？它們是像一些小木板嗎？是像蠟塊嗎？很顯然，凡是對靈魂這樣想法的人，骨子裡都是把靈魂作爲有形體的東西。人們將會提出哲學家們所接受的這條公理來反對我，這就是：凡是在靈魂中的，沒有不是來自感覺的。但靈魂本身和它的那些情性應該除外。*Nihil est in intellectu, quod non fuerit in sensu, excipe: nisi ipse intellectus.*②而靈魂中包含著：是、實體、一、同、原因、知覺、推理，以及大量其他概念，是感覺所不能給予的。這一點和您那位《理智論》的作者是相當一致的，有一大部分觀念他是從心靈對它自己本性的反省中去尋找的。〕

斐　〔那麼我希望您將會同意這位高明作者的觀點，即一切觀念都來自感覺或反省，也就是說，來自我們所作的對外在可感覺對象的觀察，或對我們靈魂內部活動的觀察。〕

德　〔爲了避免那種我們已停留得太久的爭論，我事先向您聲明，先生，當您說觀念來自這些原因中的這一個或那一個時，我把它理解爲它們的現實的知覺，因爲我相信我已經指明，這些觀念，就其具有某種清楚的東西這個範圍內來說爲我們所察覺之前，它們就在我們心中。〕

§9　斐　〔其次讓我們看看，什麼時候我們得說靈魂開始知覺到並且現實地想到了觀

② 拉丁文，意思就是：「凡是在理智中的，沒有不是先已在感覺中的，但理智本身除外。」

念。我很知道有一種意見是說，靈魂是永遠在思想的，並且現實的思想是和靈魂不可分的，就像現實的廣延性是和物體不可分的一樣。§10但我不能設想，靈魂永遠在思想，比物體永遠在運動有什麼更多的必然性，對觀念的知覺對於靈魂和運動對於物體的關係是一樣的。這在我看來至少是非常合理的，我倒很願意聽聽，先生，您對這一點有什麼意見。〕

德 〔您已經說了，先生，活動與靈魂的聯繫，並不多於它和物體的聯繫，靈魂的無思想狀態，和物體的絕對靜止狀態，在我看來是同等地違反自然，並且在世界上沒有實例的。一個實體，一旦有了活動，就將永遠活動，因爲一切印象都繼續留在那裡而只是和其他新的印象相混合。擊打一個物體，我們就在其中激起或毋寧說決定了無數的旋渦，就像在一種流體中一樣，因爲歸根到底一切固體都有一定程度的流動性而一切流體也都有一定程度的堅實性，而這些內部的旋渦是永遠無法使它們完全停止的。現在我們可以相信，如果物體是永不靜止的，則和它相應的靈魂也同樣永遠不會沒有知覺。〕

斐 但這也許是萬物的創造者和保持者的一種特權，他既是無限圓滿的，因此是不眠不睡的。對任何有限的存在，或至少對任何一個像人的靈魂這樣的存在，這是不適合的。

德 〔確實我們是要眠要睡而上帝是不眠不睡的。但並不因此能得出結論，當我們睡覺時就沒有任何知覺。如果我們注意考察一下，情況毋寧正好相反。〕

斐 在我們之中是有某種東西具有思想的潛能；〔但並不因此就能說我們永遠有現實的思

想活動。〕

德　〔眞正的潛能從來不只是單純的可能性。它們永遠是具有傾向和活動的。〕

斐　但這個命題：靈魂永遠在思想，並不是自明的。

德　〔我也不說它是自明的。要發現它必須要加一點注意和推理；普通人是不大察覺到它的，也正如他們不大察覺到空氣的壓力和地球是圓的一樣。〕

斐　我懷疑我昨夜是否在思想。這是一個事實問題。它得靠感性經驗來決定。

德　〔已決定了這一點就像已證明了有不可知覺的物體和不可見的運動一樣，雖然有些人當它們是荒謬可笑的。同樣也有一些很不突出的知覺，沒有足夠的區別可以使人察覺或記起它們，但它們通過某些後果就爲人所認識了。〕

斐　有某一位作者對我們提出了一種反駁意見，說我們主張因爲當我們睡眠時不感覺到靈魂的存在，靈魂就停止存在了。但這種反駁只能是由一種奇怪的成見引起的，因爲我們並不是說因爲我們在睡覺時不感覺到靈魂的存在，在人之中就沒有靈魂了，而只是說人不能在思想而又不察覺到在思想。

德　〔我沒有讀過包含著這一反駁的那本書。但人家對你們提出這樣的反駁也許並沒有錯，就是說，不能因爲人沒有察覺到在思想，就說思想因此而停止了；因爲否則照同樣的道理人家也將可以說，當我們沒有察覺到靈魂時，也就沒有靈魂了。而要駁斥這種反駁，就必須指

出，特別對於思想來說，它要被察覺到這一點是它的本質性的東西。〕

§11 斐 說一個東西能夠思想而又不感到它在思想，這是很不容易設想的。

德 這無疑是事情的癥結和使高明人士困惑的困難所在。但這裡下面說的就是擺脫這種困境的方法。必須考慮到，我們是同時想著許許多多東西的，但只注意到那些最突出的思想；而事情也不可能照別的方式進行，因爲如果我們注意到一切，那我們就得在同一時刻注意地想到我們所感到的一切以及對我們的感官造成印象的無數事物了。我說甚至還不止於此，所有我們以往的思想也都還遺留下某些東西；它們全都不可能完全抹掉的。而當我們熟睡無夢時，以及當我們由於挨了悶棍、跌跤、急病症狀或其他意外事件而陷於昏迷時，在我們之中就形成無數混亂的微小感覺，而死亡本身對於動物的靈魂也不會造成別樣的效果，這些動物的靈魂無疑遲早當重新獲得清楚的知覺的，因爲在自然中一切都是有秩序地進行的。可是我承認，在這種混亂狀態之中，靈魂是沒有快樂和痛苦的，因爲苦樂是能注意到的知覺。

§12 斐 我們現在正和他們打交道的那些人，〔也就是笛卡兒派，他們相信靈魂是永遠在思想的，〕他們把生命賦予和人不同的一切動物，卻不給它們一個從事認識和思想的靈魂；而同樣的這些笛卡兒派的人，又說靈魂能夠不與一個身體相結合而從事思想，而並不發現這說法中有任何困難，這難道不是眞的嗎？

德 〔就我自己來說，我是持另一種意見，因爲我雖然同意笛卡兒派所說的靈魂永遠在思想，但對他們的另外兩點我是不同意的。我相信禽獸是有不滅的靈魂的，而人和其他一切的靈魂是絕不會沒有某種身體的；我甚至主張唯獨上帝，作爲一種純粹的現實性③，才是完全不具形體的。」

斐　如果您曾經是抱著笛卡兒派的意見的，我將由此推論：卡斯多或包魯斯④的身體能夠一時有靈魂一時又沒有靈魂，雖然他們仍舊永遠是活的，而靈魂也能夠一時在這個身體中一時又在別的地方，這樣這兩個人的身體就可以共只有一個靈魂，它輪番在時醒時睡的這兩個人的身體之中活動；這樣這一個靈魂就可以是分明的兩個人，正如卡斯多和海克力士⑤可以是分明的兩個人那樣。

德　輪到我，我將爲您提出另一個假定，這看來會更自然些。我們永遠得承認，在經過某種中斷或某種巨大變化之後，一個人可以陷入一種一般的遺忘狀態，這難道不是眞的嗎？（據

---

③ 中世紀的經院哲學歪曲利用亞里斯多德的觀點，認爲「質料」或物質只是「潛能」，「形式」才是「現實」的，上帝作爲最高的存在，是「形式的形式」或「純形式」，因此也說他是「純粹的現實性」。萊布尼茲這裡所宣揚的就是經院哲學的這種傳統觀念。

④ Castor, Pollux，希臘神話中宙斯和莉達所生的雙生子。

⑤ G本和E本均作 Hercule 或 Hercules，但英譯本作 Pollux（包魯斯）。

說）斯萊丹（John Sleidan/Philipsohn）⑥在臨死之前把他所知道的全都忘光了。其他也還有大量這類悲慘事件的例子。假定這樣一個人又重新變年輕了並且重新學得了一切。他難道因此就成爲另一個人了嗎？所以並不是記憶使人恰正成爲同一個人。可是，幻想著一個靈魂輪番在不同的身體中活動，而在這個身體中時所發生的一切又和它在另一個身體中時毫不相關，這是那些和事物的本性相反的虛構之一，這些虛構都是從哲學家們的那些不完善的概念來的，如沒有物體的空間，沒有運動的物體之類，當我們稍微向前深入一步時，這些虛構就消失了；因爲要知道每一個靈魂都保持著以往的一切印象，而不能像剛才所說那樣把自己對半分開的。在每一個實體中未來都和過去完全聯繫著。這就是造成個體的同一性的東西。而記憶並不是必需的，甚至也並不是永遠可能的，因爲當前的印象以及和我們當前的思想合流的過去的印象都太多了，因爲我不信在人之中會有一些思想沒有某種效果，至少是混亂的效果，或沒有某種殘餘和隨後的思想混雜著的。我們可能忘記了很多東西，但我們也能在很久以後還追憶起許多東西，要是作必要的回想的話。

---

⑥ 斯萊丹（John Sleidan，原名 Philipsohn，約1506-1556），宗教改革時期的歷史家，曾編寫了一部記述宗教改革史的大部頭著作，其中包含著大量當時的文獻資料。

§13 斐 那些正熟睡了一覺而完全未做夢的人，是絕不能使他們深信他們的思想在活動的。

德 〔當人睡著時並不是沒有某種微弱的感覺的，即使無夢時也是如此。醒來的過程本身就表明這一點，而你越是容易醒過來，你對外面發生的事情就越有感覺，雖然這感覺並沒有強烈到足以把你弄醒。〕

§14 說靈魂這一刻在一個睡著的人之中在思想，而下一刻在一個醒了的人之中又不記得他的思想，這是很難設想的。

德 〔不僅這是很容易設想的，而且某種和這類似的事情甚至是當我們醒著時每天都能觀察到的；因爲我們永遠有一些對象打動著我們的眼睛或耳朵並因此也觸動了我們的靈魂，但我們卻並沒有注意到它們，因爲我們的注意力被另外一些對象吸引住了，直到那對象通過加倍增加了它的活動或通過其他原因而變得足夠強烈了，才把我們的注意力引向它；這就好比是對這一對象來說的一種特殊的睡眠，而當我們的注意力對於全部對象一起全部停止了時，這種睡眠就變成一般的睡眠了。這也就是當我們分散注意力以便削弱它時用來自己催眠的一種方法。〕

斐 我曾經從一個人那裡知道，他在年輕時曾致力於研究學問並且記憶力相當好，他在得了一次熱病以前從來沒有做過一次夢，當他和我談這件事時他的熱病才好不久，那時已是二十五或二十六歲。

德　〔有人也跟我談起過一個研究學問的人，年紀還大得多，也從來沒有做過夢。但靈魂的知覺的經常性，並不應該是單單建立在做夢的基礎上的，因爲我已經指出，靈魂甚至在熟睡時，對於在外面所發生的事怎麼也有某種知覺。〕

§15　斐　常常思想而又連一刻也沒有保持對所想的東西的記憶，這是用一種毫無用處的方式來進行思想了。

德　〔一切印象都有其效果，但並不是一切效果都永遠能被注意到的；我毋寧轉向這一邊而不轉向另一邊，這常常是由於一連串我沒有察覺到的微小印象，使得這一種運動比起另一種運動來稍微不適意一點。所有我們未經深思的行動，都是一些微知覺的一種共同作用的結果，而甚至對我們的深思熟慮有如此巨大影響的那些習慣和情感，也是從這裡來的；因爲這些習慣是一點一點養成的，而因此，要不是這些微知覺，我們是不會達到這種顯然可見的稟性的。我已經指出過，那種在道德學上否認這些效果的人，是步那些在物理學上否認感覺不到的微粒子的無教養的人的後塵；可是我看到，在那些談論自由的人之中，有些人沒有注意到這些察覺不到的印象能夠使天平傾向一邊，就想像著在道德行爲中有一種完全無差別的狀態，就像讓・布里丹（Jean Buridan）⑦的驢把兩邊的草地作對半分毫無差別那樣。關於這一點我們將更充分地談到。不過我承認，這些印象只是造成傾向而並不起必然的決定作用。〕

斐　也許人們可以說，在一個醒著並在思想著的人之中，他的身體是有點作用的，而記憶是由大腦中的痕跡保存著的，但當他睡著時，靈魂就分離獨立地由自己進行思想了。

德　我遠遠不是這樣說，因爲我相信在身體和靈魂之間永遠有一種密切的符合，又因爲我用我們不論在醒時或在睡眠中都察覺不到的一些身體上的印象，來證明靈魂自身也有同樣的這些印象。我甚至主張，在靈魂之中也有某種東西在進行，相當於身體中血液的循環和臟腑的一切內部運動，對這些我們卻是察覺不到的，正像那些住在水磨附近的人聽不到水磨發出的噪音一樣。其實，如果當睡著或醒著時在身體中有一些印象，而靈魂並不爲它們所觸及或並無任何感受，則就得給靈魂和身體的結合一些限制，好像身體的印象需要有一定的形狀和大小才能使

---

⑦讓．布里丹（Jean Buridan），生卒年不詳，是十四世紀著名的唯名論者，曾在巴黎就學於另一著名的唯名論者威廉．奧康（William of Occam,? -1347），後來多年任巴黎大學哲學教授並曾任校長。他對意志自由問題的觀點，結論是和洛克近似的。所謂「讓．布里丹的驢」是歷史上很著名的一個典故，據說是讓．布里丹提出作爲猶豫不決的一個例子，大意是說：一頭驢，又飢又渴，但被放在等距離的一桶水和一堆蕎麥中間，它不知該先吃好還是先喝好。而據萊布尼茲在這裡所說，則這驢應該是放在兩塊等距離的草地中間，而不知先吃哪一邊的好。據有人考證，在讓．布里丹自己的著作中，並沒有找到這個典故。

靈魂得以察覺到它們；這種主張是完全站不住腳的，要是靈魂是無形體的話，因爲在一個無形體的實體和物質的這樣或那樣的性狀之間，是無比例關係可言的。總之一句話，認爲在靈魂之中除了它所察覺到的之外就沒有任何知覺，這是種種錯誤的一個巨大根源。

§16　斐　我們記得的夢大部分都是荒誕不經和不相連貫的。那麼我們就該說靈魂得靠身體才有合理地進行思想的功能，否則它的任何合理的獨白都保不住。

德　〔身體是和靈魂的一切思想相呼應的，不論它們合理與否。而那些夢也和醒著的人的思想同樣在大腦中有它們的痕跡。〕

§17　斐　既然您是這樣堅信靈魂是永遠現實地在進行思想的，那麼我倒很想您能告訴我在靈魂和身體結合以前，或在它剛剛結合而還沒有通過感覺接受觀念以前，在一個小孩的靈魂中的那些觀念是什麼。

德　用我們的原則是很容易滿足您的要求的。靈魂的知覺永遠自然地和身體的構造相符合，而當在大腦中有很多混亂而很難分別的運動時，就像在那些很少經驗的人之中發生的情況那樣，靈魂的思想（按照事物的秩序）也不會更清楚些。可是靈魂是永不會沒有感覺的幫助的，因爲它永遠表現著它的身體，而這身體是永遠以無數的方式受著周圍的東西打動的，但這常常只給予一種混亂的印象。⑧

§18　斐　但這裡還有《理智論》作者提出的另一個問題。他說，我但願那些以如此自信主張人的靈魂或（這是同一回事）人永遠在思想的人，能告訴我他們是怎麼知道這一點的。

德　我不知道，要否認在靈魂中有某種我們察覺不到的事物在進行，是否還需要更大的自信；因為察覺得到的東西是由那些察覺不到的部分所合成的，沒有什麼東西是突然一下產生的，思想和運動也都一樣。最後，這也好比有人到今天還來問，我們是怎麼認識那種感覺不到的微粒子的。

§19　斐　我不記得那些告訴我們說靈魂永遠在思想的人，也說過人永遠在思想。

德　〔我想這是因為照他們的理解，這說的是分離獨立的靈魂。可是他們也很願意承認人當【靈魂與身體】結合時是永遠在思想的。就我自己來說，我既有理由主張靈魂是絕不會和一切身體分離的，我就相信我們絕對能夠說人不論現在和將來都是永遠在思想的。〕

---

⑧ 最後一句G本原文是“...frappé par les ambians d’une infinité de manières, mais qui souvent ne donnent qu’une impression confuse.”而E本和J本作“...frappé par les autres, qui l’environnent, d’une infinité de manières, mais qui souvent ne font qu’une impression confuse.”（「……永遠以無效的方式受著環繞著它的其他物體打動的，但這常常只造成一種混亂的印象。」）

斐　說物體有廣延卻沒有部分，和說一個東西在思想卻不察覺到它在思想，這兩個斷語顯得是同等地不可理解的。

德　〔請原諒，先生，我不得不告訴您，當您提出來說在靈魂中沒有什麼東西是它所不察覺的時，您是在作以未決論點作爲論據的論證，這種論證方法在我們以前的全部討論中已經是很盛行的了，或者⑨您是想用它來摧毀天賦的觀念和眞理。如果我們同意這一原則，則除了我們認爲是觸犯經驗和理性之外，我們還將毫無理由地放棄我認爲已使之足可理解的意見。但我們的對手，儘管他們那樣高明，卻對他們如此經常又如此肯定地提出的這方面的論點沒有提出證明，除此之外，我們還很容易給他們指出正好相反的情況，這就是說，我們要對我們的一切思想永遠明確地進行反省是不可能的；否則心靈得對每一反省又進行反省以至無窮，而永不能過渡到一個新的思想。例如：我察覺到某種當前的意見，我就得永遠想著我想著它，又想著我想著我想著它，這樣以至無窮。但我一定只得停止對所有這些反省進行反省，而最後得有某種思想我們就讓它過去而不去想它；否則我們就會永遠停止在同一件事情上了。〕

斐　但我們豈不是也同樣有根據來主張：只要說人可能飢餓而不察覺到它，人是永遠飢餓的嗎？

⑨ 原文各本均作"ou"（「或者」），疑是"où"（「在那裡」，即指在以前的全部討論中）之誤。

德　〔這是很有區別的；飢餓有一些特殊的因由並不是永遠存在的。可是，即使當你飢餓時你也並不每時每刻都想到它，這也還是眞的；但當你想到它時你就察覺到它；因爲這是一種很容易被注意到的情狀。在胃中永遠有一些刺激，但它們要變得足夠強烈才能引起飢餓。在一般的思想和能被注意到的思想之間也永遠應該作同樣的區別。因此，人家想拿來使我們的意見變得可笑的東西，倒可用來進一步印證它。〕

§23　斐　現在我們可以問，人在什麼時候開始在他的思想中有了觀念，而在我看來我們得回答說是從他有了某種感覺開始。

德　〔我也是抱同樣的意見；但這是由於一條有點特別的原則，因爲我認爲我們是從來不會沒有思想，也從來不會沒有感覺的。我只是在觀念⑩和思想之間作了區別；因爲我們永遠是獨立不依於感官而具有一切純粹或清楚的觀念；但思想永遠和某種感覺相呼應。〕

§25　斐　但心靈在對簡單觀念的知覺中只是被動的，這些簡單觀念是知識的原料或素材，而當它在形成複雜觀念時則是主動的。

德　〔既然照您自己所承認的，有一些簡單觀念其知覺是從反省得來的，並且心靈至少⑪

---

⑩ G本作“idées”（「觀念」）；E本和J本作“Sensations”（「感覺」）。

⑪ 「至少」（au moins）兩字照E本加，G本無。

給了自己那些反省的思想，因爲是心靈自己在反省的，又怎麼可能心靈就其對於一切簡單觀念的知覺來說只是被動的呢？心靈是否能夠拒絕這些簡單觀念，那是另一個問題，而無疑要是沒有某種原因，在適當時機使心靈從這些觀念那裡轉開，它是不可能拒絕它們的。〕

斐　〔到此爲止我們的討論顯得都是 ex professo[12]。現在我們將要來討論觀念的細節，我希望我們將會有更多的一致意見而只是在某些特殊之點有所分歧。〕

德　〔我將很高興看到高明人士採取了我認爲眞的意見，因爲他們是很適於使這些意見增加價値並使它們得以發揚光大的。〕

---

⑫ 拉丁文，是古典文獻中的一個專門用語，意思是指「以肯定的、確切的方式」，「斷然宣布的前述的方式」等等。萊布尼茲在這裡意思是說：到此爲止我們已各自提出了自己的思辨的觀點並爲它作了辯護；現在要來討論某些種類的觀念，將會比前此有較多彼此同意之點。

第二章　論簡單觀念

§1　斐　那麼我希望您將承認，先生，有簡單觀念和複雜觀念；這樣，蠟的熱和軟，以及冰的冷，就提供了簡單觀念，因爲靈魂對它們有一種齊一的概念，它是不能被區別爲不同的觀念的。

德　〔我認爲我們可以說這些感覺觀念在表面現象上是簡單的，因爲它們既是混亂的，就使心靈無法區別它們所包含的內容。這就好像遠處的東西顯得是圓的，因爲我們分辨不出它的那些棱角，雖然我們也接受了這些棱角的某種混亂的印象。例如，顯然綠是由藍和黃混合在一起而產生的；因此，我們可以認爲綠的觀念也是這兩種觀念合成的。可是綠的觀念對我們顯得也像藍的觀念或暖的觀念一樣是簡單的。因此，得認爲這些藍的觀念和暖的觀念也只是就表面現象說是簡單的。可是我願同意人們把這些觀念作爲簡單的來看待，因爲至少我們的察覺並沒有把它們分開；但應該按照人們能使它們比較更可理解的程度，用其他的經驗和用理性來對它們進行分析。①而從這裡我們也可以看出，是有一些知覺是人們所沒有察覺到的。因爲對於表面顯得是簡單的那些觀念的知覺，是由對於合成這些觀念的各部分的知覺合成的，但心靈並沒有察覺到它們，因爲這些混亂的觀念對心靈顯得是簡單的。〕

① E本J本本章到此爲止；G本有以下幾句。

第三章　論單由一種感官來的觀念

斐　現在我們可以把這些簡單觀念，按其給予我們知覺的方式來排一個隊，因爲我們知覺這些觀念，是或者(1)通過單獨一種感官，或者(2)通過不止一種感官，或者(3)通過反省，或者(4)通過感覺的一切途徑同時也通過反省。就那些通過唯一特別適合於接受這些觀念的感官進入的來說，光和色是單單通過眼睛進入的；一切種類的噪音、聲音和音調是通過耳朵進入的；各種不同的滋味是通過上齶進入的；而氣味是通過鼻子進入的。這些器官或神經把它們帶到大腦，而如果這些器官中有一些受到了擾亂，這些感覺是不會被允許通過不對路的門徑進入的。觸覺方面的性質中最重要的是冷、熱和堅實性。其他的觸覺性質或者是在於可感覺的各部分的外形配置，如光滑和粗糙，或者是在於各部分的結合，如緊密、柔軟、堅硬、鬆脆。

德　〔先生，我很同意您所說的，雖然我可以指出，按照已故的馬略特（Edme Mariotte）①先生對於視覺在有關視神經方面的缺陷的實驗，似乎毋寧是網膜而不是神經接受那種感覺的，還有，對於聽覺和味覺來說，是有一些不對路的門徑的，因爲牙齒和顱頂對於使人聽到某種聲音是有作用的，而滋味在某種方式下是由鼻子來使人感到的，因爲這些器官是聯

① 馬略特（Edme Mariotte, 1620-1684），法國的著名物理學家，完成了伽利略所提出的關於物體運動的理論，並發現了關於氣體的體積與壓強溫度的關係的定律，即波以耳—馬略特定律。他可說是法國實驗物理學的首創者。這裡所說的實驗，結果發現了視神經入口處的盲點，是在一六六八年完成的。

繫在一起的。但所有這一切，就其對於觀念的解釋來說，並不使事情在根本上有什麼改變。而關於觸覺的性質，我們可以說，光滑或粗糙以及堅硬或柔軟，只是抵抗力或堅實性的一些可變性狀。」

第四章　論堅實性①

①「堅實性」一詞，原文爲 Solidité，沿用洛克原書的 Solidity。這詞通常有「固體性」、「立體性」等多種含義，而洛克又另給予一些特殊的含義，因此較難找到一個妥當譯名。照洛克自己的解釋，它實際是指物體的「不可入性」，但又不僅是消極的意義，而有比「不可入性」更積極的意義。固然我們通常所理解的固體是有 Solidity 的，但洛克認爲如水這種流體也有和金剛石這樣硬的東西一樣多的 Solidity。中譯《人類理解論》譯作「凝性」，似也未能妥當表達原意。現姑且譯作「堅實性」，希注意其特殊含義。

§1　斐　您無疑是會同意，堅實性的觀念是由抵抗力引起的，一個物體，當另一物體實際進入它所占據的位置時，直到它離開原有位置，我們都可在它之中發現這種抵抗力。因此，當一個物體和另一個物體彼此相向運動時，那阻止這兩個物體相遇合的，我就叫做堅實性。如果有人認爲叫做不可入性還更恰當些，我也同意。但我認爲堅實性這個名詞帶有某種更積極的意義。這個觀念似乎對物體來說是最本質的東西，並且是和物體聯繫得最緊密的，而我們也只有在物質中才能找到它。

德　誠然，當另一個物體不願意把位置讓給我們的身體時，我們在觸覺中是感到了抵抗力，並且各個物體厭惡共處在同一位置，這也是眞的。但很多人懷疑這種厭惡是否不可克服的，並且最好也要考慮到，在物質中發現的這種抵抗力，是以不止一種的方式，並且由於很不相同的各種原因從物質中派生出來的。一個物體抵抗另一個物體，或者是在它得要離開它已占有的位置時發生的，或者是當它準備進入一個位置，但由於另一物體也盡力要進入因而使它未能進入那位置時發生的，在後一種情況，就可能發生這樣的事，即一個不讓另一個，它們就都停住或互相推擠著。抵抗力是在那被抵抗者的變化中使人看到的，它或者失去了力量，或者改變了方向，或者兩樣同時發生。而我們可以一般地說這種抵抗力是來自兩個物體的厭惡於共處在同一位置，這我們可以叫做不可入性。因此，當一個物體努力要進入一個位置時，它同時就努力要使另一物體從那裡出來，或阻止另一物體進入那位置去。但使一個或另一個物體或兩個物體一起做出讓步的這一類不相容性一旦被假定了之後，則除了上述那一個原因之外還有別的好多個原因使一個物體來抵抗那盡力要使它讓位的物體。這些原因或者在這物體本身之中，或者是在鄰近的物體之中。在它本身之中的有兩個，一個是被動的和永久的，另一個是主動的和變化的。第一個我照克卜勒[②]和笛卡兒稱之爲慣性，它使物質抗拒運動，並且要移動一個物體時得用力來使這慣性消失，假定既無重力也無附著力時也得如此。這樣，一個物體要推動另一個物體時就得因此而經受到這種抵抗力。另一個是主動的和變化的原因，它就在於物體本身的衝力，當一個物體由它本身的衝力把它帶到一個地方時，它是不會毫無抵抗就讓步的。當一個在抵抗著的物體不能自己讓位而不使別的物體也讓位時，同樣的這些原因也重新出現在那些鄰近的物體中。但這時就進來了一種新的考慮，這就是要考慮到固定性（fermeté），或一個物體對另一個物體的附著力（attachement）。這種附著力常常[③]使得要推動一個物體時不能不同時也推動另一個附著於它的物體，這對於那另一個物體來說就造成了一種牽引。這種附著力也使得即使當我們撇開慣性和明顯的衝力時，也還會有抵抗力；因爲如果把空間設想爲充滿一種完全流動性的物質，又如果我們在其中放進單獨一個硬的物體（假定在流體中既無慣性也無衝

---

② 克卜勒（Johannes Kepler, 1571-1630），德國著名天文學家，近代天文學的奠基人之一。

③ G本無"souvent"（「常常」）一詞，照E本、J本加。

力），它將會在其中運動而不發現任何抵抗力；但如果空間中充滿了一些小立方體，則要在這些小立方體中運動的那個硬的物體就會發現有抵抗力，這種抵抗力就來自這樣的事實，即那些小立方體，由於它們的硬，或由於它們各部分彼此之間的附著力，將會很難像所必需那樣把它們分開，以便作環形的轉動和來填補那運動著的物體離開時的位置。但如果兩個物體同時從兩端進入一根兩頭開口的管子，來同等地充滿它的容積，則在這根管子裡的物質，不管它是怎麼樣流動性的東西，將會單憑它的不可入性來進行抵抗。因此，在這裡所涉及的抵抗力中，就要考慮到物體的不可入性、慣性、衝力和附著力。的確，照我的意見來看，物體的這種附著力是來自一個物體向著另一個物體的一種更精細的運動；但因爲這是一個可以引起爭論的論點，我們不應該首先予以假定。而出於同樣的理由，我們也同樣不應該首先假定有一種原始的本質的堅實性，使物體永遠占有同等的位置，這就是說，那不相容性，或更確切地說，那種諸物體在同一位置的*不可共存性*（inconsistence），是一種完全的不可入性，既不多接受也不少接受，因爲既然有很多人主張，那*可感覺的堅實性*可能來自諸物體對共處一個位置的厭惡，但這種厭惡不是不可克服的。因爲所有通常的逍遙學派的人和許多其他人都相信，同一種物質可以充滿或較多或較少的空間，這種現象他們叫做疏散或密集，這不僅是表面現象（如在海綿裡擠出水來時那樣），而是嚴格意義的，如經院哲學對空氣所設想的那樣。我並不同意這種看法，但我也看不出人們就應該首先假定與此相反的意見，感覺沒有推理是不足以確立這種完全的不可入性的，這種不可入性我認爲在自然的秩序上是眞實的，但不是單靠感覺知道的。有人也可以主張，物體對於壓縮的抵抗力，是來自它的各部分當沒有完全自由時要自行擴散的一種努力。此外，要證明這些性質，眼睛有很大的助力，它來幫助了觸覺。而歸根到底，堅實性就其給人清楚的概念的範圍內來說，是由純粹理性來設想的，雖然感覺也爲推理能力提供了某種東西來證明它是在自然之中的。

§4 斐 我們至少都同意，一個物體的堅實性，帶有這樣的性質，就是它充滿了所占據的空間，以致絕對排斥所有其他物體〔要是它不能找到一個它以前所不在的地方④〕；至於那堅硬性〔或毋寧說堅固性（consistence），有人叫做固定性（fermeté）〕，是物質的某些部分的一種堅強結合，它們構成了具有可感覺得到的大小的一些團塊，以致整個團塊不會容易地就改變形狀。

德 〔這種堅固性，如我所已經指出的，正是那樣一種東西，它使人很難推動一個物體的一部分而不及於另一部分，以致當人推動其一部分時，就會使並未被推動並且也不落在這一動

④〔〕E本作（），其中文句G本原文作：〔s'il ne peut trouver une espace où il n'estoit pas auparavant〕，E本 où 誤作 ou。英譯作：〔if a space can be found in which there was none before〕（「要是能找到一個地方其中以前什麼也沒有」），疑有誤。

向的路線上的另一部分，卻也以一種牽引的方式被帶到朝這個方向去了；還有，如果這後一部分遇到某種障礙阻住或推動了它，它就會把前一部分也拉向後退或也阻住；而這種作用永遠是相互的。同樣情況有時也在兩個物體之間發生，這兩個物體並不彼此接觸，也並不構成一個連續的物體而自身作爲其連續的各部分；可是一個被推動時使另一個未被推動的也去了，就像感覺可以使我們認識到的那樣。對這一點，磁石⑤、電的引力，以及以前人們歸之於害怕眞空⑥的那種東西，都提供了例證。〕

斐　一般來說，硬和軟似乎是我們僅僅相關於我們身體的特殊構造而給予一些事物的名稱。

德　〔但這樣很多哲學家就不會把硬歸之於他們的原子了。硬這個概念並不依賴於感官，我們用理性是可以設想它現實地存在於自然中的可能性的，雖然我們是通過感官而進一

---

⑤ 按G本作 animant，E本原也作 animant，是指本身有生命也能使生物具有生命的一種「靈氣」，是十七世紀流行的一種概念，但E本在勘誤表中改作 aimant，J本也作 aimant，德譯本也作 der Magnet（磁石），英譯本雖照G本作 animant，但在註及補遺中也認爲以 aimant（磁石）爲是，故逕譯作「磁石」。

⑥ 「自然害怕眞空」是中世紀經院哲學家流行的一種僞科學的觀點，如他們認爲水隨著唧筒活塞流動是因爲「水的本性害怕眞空」之類。

步深信這一點。可是我寧願用**固定性**（fermeté）這個詞（如果能允許我照這個意義來用這個詞的話）而不用硬這個詞，因爲在軟的物體中也還是有某種固定性的。我甚至還尋求一個更適宜、更一般的詞，如consistence（堅固）或cohésion（凝聚力）之類。因此我以**硬**與**軟**相對立，而以**固定**與**流動**相對立，因爲蠟是軟的，但沒有被熱融化時它並不流動而是保持著它的限界的；並且在流體本身通常也有凝聚力，如我們在水滴和水銀珠子中看到的那樣。我也認爲一切物體都有一定程度的凝聚力，正如我也同樣認爲沒有一個物體沒有某種**流動性**，並且其凝聚力是不能克服的；這樣一來，照我看來伊比鳩魯的原子，它的硬性是被假定爲不可克服的，也就和笛卡兒派所說的完全流動的精細物質一樣不可能有的。但這裡既不是來爲這種意見作辯護，也不是來爲凝聚力的合理性作解釋的地方。〕

斐　物體的完全的**堅實性**似乎是用實驗證明了的。例如：在佛羅倫斯，有人把水放在一個中空的金球內，加以巨大壓力，球內的水再無處可去，就從金球的小孔中滲了出來。

德　〔對於您從這實驗所作出的推論，以及對於那水所發生的情況，是有些話要說的。空氣也和水一樣是一種物體，而它卻至少照感覺上看來（ad sensum）是可壓縮的，而那些主張一種嚴格意義的疏散和密集的人將會說，那水已經過於壓縮了以致不能再向我們的機械讓步，正如空氣已經被壓縮得很緊時也會抵抗再進一步的壓縮一樣。可是我另一方面也承認，如果我們可以看到水的體積有某種小的變化，這可以歸之於其中包含著的空氣。現在我們不來討論純粹的水本身是否就不能壓縮，如同當它沸騰時是能夠膨脹的那樣，可是我確實是同意那樣一些人的看法，他們認爲物體是完全不可入的，而疏散和密集只不過是表面現象。但這一類的實驗是不能證明這一點的，正如托里切利（Evangelista Torricelli）⑦試管或蓋利克（Otto von Guericke）⑧的機械裝置不足以證明完全的眞空一樣⑨。〕

§5　斐　如果物體是在嚴格意義下可以疏散和密集的，那它就會能夠改變體積或廣延，但它並不是這樣，而是永遠相等於同一空間，可是物體的廣延和空間的廣延又永遠是有區別的。

德　物體可以有它自身的廣延，但並不能由此推論說它永遠被決定於或相等於同一空間。可是，儘管我們在設想物體時，可能確實設想它不止是空間而還有某種東西，但也不能由此推論出有兩種廣延，即空間的廣延和物體的廣延；因爲這就好比我們同時一下設想幾件事物時，我們是想到數以外的某種東西，即 **res numeratas**⑩，可是並沒有兩種多少，一種是抽象

⑦ 托里切利（Evangelista Torricelli, 1608-1647），義大利的著名物理學家和數學家，他所發明的水銀氣壓計長期以來被稱爲「托里切利試管」。

⑧ 蓋利克（Otto von Guericke, 1602-1686），德國物理學家，曾專門致力於有關眞空的實驗，後來發明了一個空氣裝置，做了一系列有關眞空的各種不同效果的實驗。

⑨ 笛卡兒也是堅決主張不可能有眞空的，參閱其《哲學原理》第二章§16，商務印書館，一九五九年版，第42頁。

⑩ 拉丁文，意即：「被計數的東西」。

的，即數的多少，另一種是具體的，即被計數的事物的多少。同樣我們也可以說，不必設想有兩種廣延，一種是抽象的空間的廣延，一種是具體的物體的廣延；那具體的只有通過那抽象的才能成爲如此。而正如物體從空間的一處過渡到另一處，即改變它們之間的次序一樣，事物也從次序或數的一點過渡到另一點，例如：從第一變成第二，又從第二變成第三，如此等等。事實上空間和時間都不過是一種次序⑪，而在這次序中，那空的地方（對於空間來說就叫做眞空），如果有的話，只不過表示一個東西相對於其實有來說完全沒有的一種可能性。

斐　我很高興您畢竟和我一樣認爲物質不改變其體積。不過您似乎走得太遠了，竟不承認有兩種廣延，並且您竟接近笛卡兒派，他們是對空間和物質不作區別的⑫。而如果竟發現一些人沒有（關於空間以及充滿空間的堅實性）這些清楚有別的觀念而是把它們混同起來，當作一個觀念，我不知道他們怎麼能和其他人交談。他們就像一個盲人那樣，別人跟他說朱紅色，他卻以爲它像一個喇叭的聲音。

---

⑪ 參閱萊布尼茲《給德・鮑斯的信》（*Ad R. P. Des Bosses Epistolæ Tres.*）（一七一二年六月十六日），（見G本第二卷第450頁，E本第682頁b）：「空間是並存現象的次序，正如時間是接續現象的次序」，又見《給克拉克的信》，G本第七卷第345頁以下，E本第746頁以下。

⑫ 參閱笛卡兒《哲學原理》第二章，§8-§15，商務印書館，一九五八年版，第37-41頁。

德〔但我同時主張廣延和堅實性的觀念並不在於一種我不知道是什麼的東西⑬之中，正如那朱紅的顏色那樣。我和笛卡兒派的觀點相反，是把廣延和物質加以區別的。可是我還是不認爲有兩種廣延；但既然那些就廣延和堅實性的區別問題進行爭論的人們之間，在關於這個問題的若干眞理上是意見一致的，並且有某些清楚的概念，他們是能夠找到辦法來擺脫這種分歧的；這樣，對於這些觀念的那種假想的分歧就不應該被用作藉口以使爭論永遠進行下去，雖然我知道有些笛卡兒派的人，儘管在別的方面很高明，是慣於固執他們自以爲具有的觀念。但如果他們能利用我以前所提出的、我們以下還要談到的那種辨認眞假觀念的方法，他們是會離開那種站不住腳的立場的。

---

⑬ 原文爲 un je ne sais quoi，意指一種不可知的實體。

第五章　論從各種不同感官來的簡單觀念

斐　對有些觀念的知覺是從不止一種感官來的，這些觀念就是對於空間，或廣延，或形狀的觀念，對於運動和靜止的觀念。

德　〔被說成來自不止一種感官的這些觀念，如空間、形狀、運動、靜止的觀念，毋寧是來自共同感官，即心靈本身的，因爲它們是純理智的觀念，但和外界有關而且是感官使我們察覺到的；它們也是能下定義和加以推證的。〕

第六章　論從反省來的簡單觀念

斐　通過反省來的簡單觀念就是那些關於理智和關於意志的觀念，〔因爲我們是通過對自身進行反省而察覺到它們的。〕

德　〔是否所有這些觀念都是簡單觀念是值得懷疑的，因爲很顯然，例如：意志的觀念就包含著理智的觀念，而運動的觀念就包含著形狀的觀念。〕

第七章　論從感覺和反省兩者來的觀念

§1　斐　有一些簡單觀念是通過感覺的所有一切途徑同時也通過反省而使心靈察覺到的，這就是：快樂、痛苦、能力、存在、統一。

德　〔感官若沒有理性的幫助似乎是不能使我們深信可感覺事物的存在的。因此，我將認為存在的觀念①來自反省。那對於能力和統一的觀念也來自同一來源，這些觀念我覺得是和快樂與痛苦的知覺屬於完全不同的性質的。〕

① 原文爲 la considération de l'existence（「對存在的考慮」），英譯作 the idea of existence（「存在的觀念」）。

第八章　對簡單觀念的其他一些考慮

§2　斐　對於那些消極的性質的觀念，我們將說什麼呢？在我看來，靜止、黑暗和冷這些觀念，是和運動、光亮和熱的觀念同樣積極的。可是，我也提出這種缺乏作爲這些積極①觀念的原因，這是隨俗；但歸根到底將很不容易決定是否確實有任何觀念來自一種消極的原因，除非已經決定靜止是否比起運動來毋寧是一種缺乏。

德　〔我不相信我們有理由來懷疑靜止的消極性。對靜止來說，只要我們否定了物體中的運動就夠了；但對於運動來說，只否定靜止就不夠，而是還必須再加上某種東西來決定運動的程度，因爲運動實質上是有多有少的，而一切靜止都是相等的。當我們談靜止的原因時是另一回事，那當是在次級的物質②或團塊中的積極的東西。我還進一步認爲靜止的觀念本身也是消

---

① G本和E本原文均作“positives”（「積極」），但英譯作“privative”（「消極」），疑誤。

② 萊布尼茲在給許多人的書信和其他一些著作中經常談到「初級物質」和「次級物質」的區別。所謂「初級物質」是指屬於每一分離獨立的存在物的一種原始的、被動的潛能，它和那活動的原則或「隱德萊希」是不可分地結合在一起的，兩者結合就成爲一個完滿的實體即「單子」，但它本身則只是一種純粹的抽象或潛在的可能性而不是實體。它相當於混亂的觀念，或精神的一種不完滿的表現或現象，因爲照萊布尼茲的唯心主義觀點看來，物質歸根到底也是精神或在精神中有其最後根源的。所謂「次級物質」則是指許多「單子」或完全的實體結合成的一種團塊（masse），其中每一單子各有其「初級物質」和「隱德萊希」，以及各自的派生出來的力或活動能力。它本身不是一種實體，它的廣延性是由非廣延的單純實體的結合而產生的一種現象，是由我們的混亂知覺所造成的，是由單子的被動方面的不可入性、抵抗力或慣性等構成的，當單子的活動變得純粹和完滿時這種廣延性就會消失。

極的，就是說，它只在於否定。誠然那否定的行爲本身是積極的事。〕

§9 斐 事物的性質是事物所具有的在我們心中產生觀念的知覺的功能，把這些性質加以區別是好的。有第一性的性質和第二性的性質。廣延、堅實性、形狀、數目、可動性是物體原始的和不可分離的性質，我稱之爲第一性的。§10但我把物體的這樣一些功能或能力稱爲第二性的性質，它們能在我們心中產生某些感覺，或在其他物體中產生某些效果，就例如火使蠟融化時在蠟中產生了某種效果那樣。

德 〔我想我們可以說，當能力是可理解的並能被清楚地解釋的時，它當被算在第一性的性質之內；但當它只是可感覺的並給人一種混亂的觀念時，應該把它放在第二性的性質裡面。〕

§11 斐 這些第一性的性質表明物體是如何互相作用的。而物體只有通過衝擊來起作用，至少就我們所能設想的範圍內來說是這樣，因爲不可能理解物體如何能作用於它沒有接觸到的東西，這就正如不可能想像它能在它所不在的地方起作用一樣。

德 〔我也認爲物體只有通過衝擊來起作用。可是在我剛才所聽說的證明中是有某種困難的；因爲吸引並不是永遠沒有接觸的，[3]而且我們沒有任何顯然可見的衝擊也能接觸和牽引，如我在上面談到硬時所指出的那樣[4]。如果有伊比鳩魯的那種原子，那麼它們那被推動的一部分是會把另一部分拖帶著走的，並且通過使它進入運動而接觸到它卻並沒有衝擊。在連接著的事物之間的吸引這種情況下，我們不能說那把另一個拖帶著走的東西是在它所不在的地方起作用。這個理由只能用來攻擊那種遠距離的吸引，如對於某些學者所提出的所謂 **vires centripetas**[5]可能有的情況那樣。〕

§13　斐　現在，某些微粒，以某種方式打動了我們的器官，在我們之中引起了某種顏色或滋味的感覺，或是具有產生這些感覺的能力的其他第二性的性質的感覺。我們不難設想上帝能把這樣一些觀念（如熱的觀念）和那些同它們並無相似之處的運動聯繫在一起，正如我們不難設想他把痛的觀念和那刀片割開肉的運動聯繫在一起一樣，這種運動和痛是就任何方式來說都不相似的。

---

③ 此句G本和E本原文均作“car l’attraction n’est pas tousjours sans attachment”，但英譯作“for attraction sometimes occurs without contact”，（「因爲吸引有時沒有接觸也發生」），意思似乎更清楚些，錄此供參考。

④ 參閱本書上冊第二卷第四章§4「德」（第108-110頁）。

⑤ 拉丁文，意即「向心力」。

德　〔不應該想像著如顏色或痛之類的觀念是武斷的，是和它們的原因沒有關係或毫無自然的聯繫的；這樣不照秩序和毫無道理地行事可不是上帝的習慣。我毋寧說其間是有某種相似性的，這種相似不是完全的和可以說是 in terminis[6] 的，而是表現式的（expressive），或者說是一種順次序的關係，就像一個橢圓和甚至拋物線或雙曲線以某種方式相似於一個圓一樣，它們是圓在一個平面上的投影，因爲在被投影者和所作的投影之間是有某種精確而自然的關係的，其中一方的每一個點都是照一定的關係和另一方的每一個點相符合的。這一點是笛卡兒派所沒有充分考慮到的，您本來一向不習慣於跟從他們，也沒有理由要跟從他們，但這一次卻跟從了他們了。〕

§15　斐　我告訴您對我來說情況顯得是怎樣，這現象就是：物體的第一性的性質的觀念和這些性質是相似的，但第二性的性質在我們心中產生的觀念則和這些性質就任何方式來說都不相似。

德　〔我剛才已經指明怎麼對於第二性的性質來說也和第一性的性質一樣有相似性或有精確的關係的。結果和它的原因相應，這是很合理的；並且既然我們不論對於（例如）藍的感覺或是產生這種感覺的運動都並無清楚的認識，又怎麼能肯定情況准保相反呢？痛和針的運動

⑥ 拉丁文，意即「最終」、「歸根結蒂」。

誠然是不相似的，但它很可以相似於這針在我們身體中引起的運動，並在靈魂中表象這種運動，正如我毫不懷疑它是這樣做的。也正是因爲這一點我們說痛是在我們身體之中而不是在針之中。但我們說光是在火中，因爲在火之中是有那些運動，它們離開了火是不能清楚地感覺到的，但它們的混合或結合則變成可感覺的，並爲我們以光的觀念來作了表象。

§21　斐　但如果對象和感覺之間的關係是自然的，那怎麼可能如我們事實上所注意到的那樣，同樣的水對一隻手顯得是熱的而對另一隻手顯得是冷的呢？這也表明熱不是在水中，正如痛不是在針中一樣。

德　〔這至多只能證明熱不是一種完全絕對地使人感覺到的可感性質或能力，而是相對於相應的器官的；因爲手本身固有的一種運動能和它混在一起而改變了它的現象。光對於構造不好的眼睛也還是顯不出來的，而當眼睛本身充滿了一種大的光時，對一種較小的光也就感覺不到了。甚至那些第一性的性質（照您所用的名稱），例如：統一性和數，也可能顯得不是像它們所當顯出那樣的；因爲如像笛卡兒先生曾經說過的，用手指以特定的方式按住一隻眼球時就會顯得一個東西變成兩個，而反光鏡或玻璃剖成許多小面也會使其映象一個變多個。所以不能因此就說，那不是永遠顯得同樣的就不是對象的一種性質，以及它的影像就和它不相似。至於說到那熱，當我們的手很熱時，水的溫熱就感覺不到，而毋寧把手上的熱倒減弱了，並因此水對我們就顯得是冷的了；正如把波羅的海的鹽水和葡萄牙海⑦的水相混合就會減少其特有的含鹽量，雖然前者本身也是含鹽的。因此，在某種方式下我們可以說，熱是屬於那一盆水的，雖然它對於某一個人可能顯得是冷的，正如蜜是被稱爲絕對地甜的，而銀子是白的，雖然對於有些病人來說，一個顯得是苦的，另一個顯得是黃的，因爲這些稱呼都是根據最通常的情況來定的；但這仍然是眞的，即當器官和媒介是照其正當方式構成時，內部的運動以及在靈魂中表象這些活動的觀念，是和那些引起顏色、痛等等的對象的運動相似的，或者說，這在這裡是同一回事，是以一種充分精確的關係表現了這些運動的，雖然這種關係並不清楚地爲我們顯示出來；因爲我們不能把這許多微小的印象分解開來，不論是在我們靈魂中的，在我們身體中的，或在我們之外的東西中的都是一樣。

§24　斐　我們考慮太陽那些使蠟變白和變軟，或使泥土變硬的性質時，只把它們看成簡單的一些能力，而毫不想到在太陽裡有什麼東西和這白、軟或硬相似；但熱和光則通常被看做太陽的實在的性質。可是，仔細地考慮起來，光和熱這些性質，也是在我之中的一些知覺，而不是在太陽之中的，和當它使蠟變白和融化時在蠟中產生的變化其方式並不兩樣。

德　〔有人把這種學說推得很遠，甚至想使我們相信，如果有人能觸到太陽，他也將不

⑦ 大西洋在葡萄牙沿岸那一部分的舊名，今已廢棄不用。

會發現在那裡有什麼熱。在一面反光鏡或曬熱的玻璃透鏡的焦點上使人可以感到的那模擬的太陽，就可以使這些人恍然大悟。但對於那使蠟變熱和使蠟融化的能力之間的比較，我敢說，如果那融化或變白了的蠟也有感覺，它將也會感覺到某種跟太陽曬熱我們時我們所感覺到的相近似的東西，並且要是它也能說話，它也將說太陽是熱的，並不因爲它的白相似於太陽，因爲否則當人的臉皮在太陽下暴曬時，它的棕色也會是相似於它了，而是因爲在蠟之中有一些運動，是和太陽中引起這些運動的運動相關的。它的白可能來自其他的原因，但它在從太陽接受這白時所已具有的那些運動並不是這樣。〕

第九章　論知覺

§1　斐　現在讓我們來談特別屬於反省的觀念。知覺是充滿著我們的觀念的靈魂的第一種功能。它也是我們通過反省所接受的最初和最簡單的觀念。思想常常是指心靈當其主動並以一定程度自覺的注意力考慮一件事物時對它本身的觀念的一種操作；而在所謂知覺中，心靈通常是純粹被動的，對它實際察覺的東西就不能不察覺。

德　〔我們也許可以加上一點說禽獸也有知覺，但沒有必要說它們也有思想，就是說也有反省或可以是反省的對象的東西。我們自己也有那些我們在當前狀態下察覺不到的微知覺。誠然，如果我們不是因爲被這些微知覺之多分了心而轉了向，或者如果它們不是被較大的知覺抹去或毋寧說弄模糊了，我們是很能夠察覺到它們並對它們作反省的。〕

§4　斐　我承認，當心靈極度忙於思考某些對象時，它對於某些物體在聽覺器官上造成的印象就怎麼也察覺不到，儘管那印象足夠強烈，如果靈魂對它不作任何認知的話，也不發生任何知覺。

德　〔我毋寧更喜歡對知覺（perception）和察覺（s'appercevoir）加以區別①。例如：我

①可參閱萊布尼茲的《基於理性的自然和神恩的原則》（*Principes de la nature et de la grâce fondés en raison*）一文§4：「最好是在知覺和察覺之間作一區別：知覺是單子表象外界事物的內部狀態；察覺則是對這種內部狀態的意識或反省的認識，它不是賦予一切靈魂的，也不是永遠賦予同一個靈魂的。」該文也是萊布尼茲對自己的哲學體系的一個簡要的概述，全文見G本第六卷第598-606頁，E本第714-718頁。按「察覺」或譯作「統覺」，但在用作動詞時似乎不通，故在本書中一律譯爲「察覺」，既作名詞，也作動詞用。

們察覺到的光或顏色的知覺是由我們察覺不到的一些微知覺構成的，又如一種噪音，我們對它是有知覺的，但是沒有注意，只要再稍爲增加一點就變得是可察覺的了。因爲如果在加這一點以前的東西對靈魂什麼也沒有造成，那麼加這一點也造不成什麼，而這整個也同樣不能造成什麼了。我在上面本卷第二章②第11、12、15等各節已經接觸到過這一點。〕

§8 斐 在這裡指出這樣一點是適宜的，這就是：來自感覺的那些觀念，常常不知不覺地爲成年人的心靈的判斷所改變。一個同一顏色的圓球的觀念代表著一個具有不同明暗的平面的圓。但因爲我們已習慣於區別物體的種種影像和區別光線的反射隨著物體表面形狀而形成的種種變化，我們就用這影像的原因本身來代替了那向我們顯現的東西，而把判斷和視覺的現象混同起來了。

德 沒有比這更正確的了，並且正是這一點使得繪畫能有辦法人爲地造成一種極廣闊的遠景來欺騙我們。當物體的外沿是平的時，我們要表現它就可以不用明暗陰影而只用輪廓，就簡單地像中國畫那樣的畫法，不過比他們的更合比例些。在畫紀念章之類的圖樣方面也有這樣的習慣，以便畫圖者儘量能少脫離那種古物的精確的輪廓線條。但我們只畫輪廓而不求助於明暗陰影，就不能把一個圓的內部和以這圓爲界的一個球面的內部精確地區別開來，這圓和這球面

---

② 當爲「第一章」之誤。

的內部就既無被區別的點，也無作區別的輪廓線條，雖然兩者卻是有應該表明的巨大區別的。就是因爲這樣，笛薩格（Gaspard Desargues）③先生才提出了一些關於濃淡明暗的力量的條規。因此，當一幅畫騙了我們時，我們的判斷中是有雙重的錯誤；因爲第一，我們是以原因代替了結果，以爲直接看到了那作爲影像的原因的東西，在這一點上我們有點像一隻對鏡吠影的狗。因爲眞正說來我們只看到影像，而且我們僅只是感受到光線。並且，既然光線的放射需要時間（不管它是多麼短暫），則那對象在這間隙中就可能已毀滅，而當光線到達我們的眼睛時這對象已不再存在，而已不再存在的東西是不能成爲當下顯現於視覺的對象的。其次，我們以一種原因代替了另一種原因，把那僅只是從一幅平面的畫來的東西認爲是從一個物體派生出來的，這樣就進一步自己騙了自己，以致在這種情況下，在我們的判斷中是同時既有一種轉喻又有一種隱喻；因爲即使是修辭學上的比喻辭藻本身要是使我們強以爲眞時也就變成了詭辯。這種或是眞的或是假裝的因果混淆，在其他方面也常常進入我們的判斷。就是像這樣，我們感覺

③ 笛薩格（Gaspard Desargues, 1593-1662），法國的幾何學家和工程師，和笛卡兒、伽森狄、帕斯卡爾等都曾交往，寫過有關幾何學在藝術上的應用等方面的作品，討論了有關透視等方面的問題，其作品已散佚，笛卡兒在給梅塞納（Mersenne）的信中曾提到他的這一著作並給予很高評價，見 Cousin 編《笛卡兒全集》第六卷第250-256頁。

到了我們的身體或觸及身體的東西，並且用一種直接的物理上的影響移動我們的手臂。這我們就斷定是構成了靈魂和身體的交感，而眞正說來，我們其實只是感覺到了並且以那樣的方式改變了在我們心中的東西。④

斐　在這個時機，我要向您提出一個問題，這是有學問的莫利紐茲（William Molyneux）⑤先生傳給著名的洛克先生的，莫利紐茲先生曾非常有益地運用他卓越的天才來推進科學。以下差不多就是他自己的原話：假定有一個生來盲目的人，現在已經成年，並學會了用觸覺可以區別出用同樣金屬製成的差不多大小的一個圓球和一個立方體，以致當他摸到一個或另一個時能夠說出哪一個是立方體，哪一個是圓球。再假定那立方體和圓球都放在桌子上，而那盲人已變得能看見了。現在要問：如果他只是看到這兩個東西而沒有觸摸到它們，他能否加以辨別而說出哪一個是立方體，哪一個是圓球。我請您，先生，告訴我您對這個問題是怎樣看法。

---

④ 按照萊布尼茲的觀點，身體和靈魂是不能互相影響的，它們之間的「結合」或「會合一致」是「由於一切實體之間的前定的和諧」，可參閱《單子論》§78、§81等處，特別是《關於實體的本性和它們的交通兼及靈魂和身體之間的聯繫的新系統》一文。見G本第四卷第477頁以下，E本第124頁以下。

⑤ 莫利紐茲（William Molyneux, 1656-1698），是英國的一位數學家，他曾在都柏林仿照倫敦的皇家學會建立了一個哲學會。這裡所引的他給洛克在一封信中所提出的問題，除洛克在《人類理智論》中所引述者外，貝克萊在《視覺新論》§132也曾加引用。原信見《洛克全集》，倫敦一八二四年第十二版，第九卷第34頁以下。

德　得給我時間來仔細思考一下這個問題，這問題在我看來是很奇怪的；但既然您逼我要馬上回答，我只好冒失地在我們兩人之間說說，我認爲，假定那盲人知道他所看到的兩個東西的形狀是立方體和圓球，他是能夠加以辨別，並且不用手摸就說出哪個是圓球哪個是立方體的。

斐　我怕您得放在那對莫利紐茲先生答錯了的一堆人中間去了。因爲他在包含著這個問題的那封信中說到，當他藉談論洛克先生的《理智論》的機會把這問題向各個不同的心靈敏銳的人提出時，他發現幾乎沒有一個立即就能給出他認爲正確的答案，雖然聽了他說明理由以後他們都深信自己錯了。這位敏銳機智的作者的答案是否定的；因爲（他又說）雖然這位盲人憑經驗已經知道圓球和立方體是以怎樣的方式刺激他的觸覺，他卻還不知道以這樣那樣的方式刺激他的觸覺的，應該以怎樣的方式刺激他的眼睛，也不知道那立方體的突起的角，那使他的手感到不平的，在他眼裡應該顯出是怎樣在那立方體上顯現出來的。《理智論》的作者宣布他也完全同意他的意見。

德　也許莫利紐茲先生和《理智論》作者的意見跟我的意見也並不是像最初看來那樣相差很遠的。他們的意見的那些理由，顯然是包含在前者的信中的，他曾成功地用它們來說服人們承認自己的錯誤，而在後者那裡，爲了讓讀者的心靈作更多的鍛鍊起見，把這些理由故意刪掉了。如果您願意權衡一下我的答案，先生，您將發現我是在其中提出了一個條件的，這條件也可以看做是包含在那問題之中的，這就是：這裡所涉及的僅僅是辨別，而那盲人是知道他要來辨別的那兩個有形狀的物體是在那裡的，並且他所看到的每一個現象因此就是那立方體或那圓球的現象。在這種情況下，我覺得那已不再是盲人的盲人，用理性的原則，結合著觸覺以前提供給他的感性知識，毫無疑問是能夠把它們加以辨別的。因爲我並不是說，在當時他被那種嶄新的情況弄得眼花繚亂也弄糊塗了，此外或者也很不習慣於通過推理得出結論的情況下，他事實上並且馬上可能會怎麼幹。我的意見的根據是：在圓球中是沒有從球本身邊上突出的點的，全部是一樣平而沒有角的，至於在立方體則有八個突出的點和所有其他的不同。如果沒有這種方法來辨別形狀，一個盲人就不能靠觸覺來學習幾何學的初步知識。可是我們看到那些生來就盲目的人是能夠學習幾何學的，並且甚至永遠總有一種自然幾何學的某些初步知識，而最常見的情況是人們單只靠視覺來學習幾何學而不用觸覺，就像一個風癱者或其他幾乎全無觸覺的人所可能甚至應該做的那樣。而這兩個幾何學家，盲人幾何學家和風癱的幾何學家，應是互相遇合和彼此一致，甚至歸到同樣的觀念上來的，雖然他們並無任何共同的影像。這也進一步表明如何必須區別**影像**（images）和**精確的觀念**（idées exactes），後者是在於由定義形成的。確實，好好考察一下一個天生盲人的觀念來了解他對形狀所作的描述，將是一件很令人好奇也非常有教益的事情。因爲他能夠達到這一點，並且他甚至能夠懂得光學理論，只要這光學理論是依靠清楚的和數學的觀念的，雖然他不可能達到設想那有**混亂的光亮**（clair-confus）的東西，就是說，光和各種顏色的影像。就是因爲這樣，有一個天生盲人，聽了光學的課以後，也似乎很能理解，而當有人問他認爲光是怎麼樣的時，他回答說他想像著這該是某種和糖一樣令人適意的東西。考察一下天生聾啞的人對那些不具形狀的東西可能有的觀念也很重要，這些東西我們通常是用言語來描述，而那聾啞人應該是以完全不同的方式來描述的，雖然它可能也和我們的描述等値，就像中國文字的寫法也和我們的字母的寫法有等値的效果，雖然它和我們的字母的差別簡直大得無限，並且可能顯得像是一個聾子發明出來的。我叨惠於一位偉大的王公，知道在巴黎有一個生來聾啞的人，後來終於達到能夠運用聽覺了，現在已經學會了法國語言（因爲這是不久前由法國宮廷裡的人傳他去說的），而且能夠說到有關他在先前狀態中所具有的概念，以及當聽覺開始起作用時他的觀念的改變等方面的許多奇奇怪怪的事。這些生來聾啞的人能夠達到比人們所想的更遠的地步。在奧爾登堡⑥，在前伯爵在位時期，有這樣一位生來聾啞的人，已經成了一位很好的畫家，並且也表現得非常通情達理。有一位很有學問的人，就民族出身說是不列塔尼人⑦，曾告訴我說，在離南特⑧十法里的布蘭維爾（Blainville）地方，是

⑥ Oldenbourg，德國北部一個邦。

⑦ Breton，法國西北部不列塔尼（Bretagne）半島的人。

⑧ Nantes，法國西北部一城市。

屬於羅昂公爵（Duc de Rohan）的領地，那裡在一六九〇年前後有過一個窮人，他住在城外靠近城堡的一所茅屋裡，是生來就聾啞的，人們常雇用他送信和送其他東西到城裡去，並能照著慣常雇用他的人們指示他的某些記號找到要去的房子。最後這窮人又變瞎了，他仍不放棄做些服役的工作，照著人家用觸覺指示他的把信送到城裡指定的地方去。他茅屋裡有一塊板，一頭伸到門邊，一頭伸到他放腳的地方，要是有人進他屋裡來，這板一動，他就知道了。人們沒有留心去獲得對這樣人的思想方式的確切知識，是極大的疏忽。如果他已不再活著了，或許也還有當地的什麼人能告訴我們一些關於他的情況，使我們知道人家是怎麼樣指示他，讓他去做他要做的事情。但還是回頭來談那位天生盲人，開始看得見時，看到而沒有摸到一個圓球和立方體，對它們是怎樣判斷的，我的回答是，如我剛才所說他是能夠對它們作出辨別的，要是有人告訴他，他對它們所具有的知覺或現象中這一個或那一個是屬於立方體或屬於球形的；但如果不是這樣先教過他，我承認他不會貿然立即就想到，在他眼底造成的，並且可能是來自桌上一幅平面的圖畫的這些畫面，是代表著兩個物體，直到觸覺使他相信了這一點才罷，或者是直到這樣一步：依靠按照光學對這些光線進行推理的力量，他由那些光亮和陰影懂得了有一樣東西阻住了這些光線，而那一定正是他在觸覺中還遺留著的東西；這結果到這樣一個時候就會最後達到，就是：他看到這圓球和這立方體轉動了，並且隨著這轉動而改變著陰影和現象，或者甚至是這樣的時候：這兩個物體仍舊不動，而照亮它們的光改變了位置，或者是他的眼睛改變了地位。因爲這差不多就是我們從遠處來對一幅表現一個物體的圖畫或透視圖和這物體本身加以辨別時所用的方法。

§11　斐　〔讓我們回頭來談一般的知覺。〕它是使動物有別於低等生物的東西。

德　〔我傾向於認爲植物也有某種知覺和欲望，因爲在植物和動物之間存在著很大的類似；而如果像普通所假定的那樣有一種植物靈魂，那麼它一定得是有知覺的。可是我仍舊把在植物和動物體內所發生的一切歸之於機械作用，只是它們的最初形成除外。因此，我還是同意那被稱爲有感覺的植物的運動是出於機械作用，並且我不贊成問題在涉及解釋植物和動物的現象的細節時求助於靈魂。〕

§14　斐　我自己的確不禁要認爲像牡蠣、淡菜一類的動物是有某種微弱的知覺的；因爲鮮明敏銳的感覺只會不便於這樣一種動物，它永遠只能停留在一個地方，碰巧把它放在哪裡就是哪裡，在那裡又受著水的澆灌，不論是冷水或熱水，清水或鹽水，來什麼就是什麼。

德　很好，而且我認爲對植物差不多同樣也可以這樣說，但說到人的情況，則他的知覺是伴隨著反省的潛能的，當有機會時就會過渡到現實的活動。但當他被弄到這樣一種狀態，即好像是在昏睡病中，幾乎沒有什麼感覺了時，反省和察覺就都停止了，也不想到普遍眞理了。可是那些天賦的和獲得的功能和稟賦，以及甚至他在這種狀態中所接受的印象，卻並不因此而停止，也沒有被抹掉，雖然他把它們忘記了；甚至有一天會輪到它們來貢獻某種值得注意的效果，因爲在自然中沒有什麼東西是徒然無用的，一切混亂狀態都要自行發展，那些達到愚鈍狀態的動物，有一天也當回到更高級的知覺，而既然單純的實體是永遠繼續存在的，我們不應該根據若干年的情況來對永恆的情況作出判斷。

第十章　論保持力

§1 §2 斐　心靈的另一種功能，用了它，比起用簡單的知覺來，就向對於事物的知識更前進了一步，這就是我叫做保持力（rétention）的功能，它把通過感覺或通過反省接受來的知識保留下來。保持力以兩種方式起作用：一是現實地保留當前的觀念，這我叫做思考（contemplation）；一是保持把這些觀念重新引回心靈之前來的能力，這就是所謂記憶（mémoire）。

德　〔我們也保持和思考天賦的知識，並且常常並不能分清天賦的和獲得的知識。也有一種對影像的知覺，這些影像或者是已經存在了一段時間的，或者是在我們心中新造成的。〕

§2　斐　但在我們方面，我們相信，這些影像或觀念，一旦不被現實地察覺到，就不再是什麼了；並且說有些觀念保存在記憶中，這意思歸根到底無非是說心靈在許多場合有一種能力，能把它曾經有過的知覺重新喚醒，並伴隨著一種感覺，能使它同時深信它以前已經有過這同類的知覺。

德　〔如果觀念只是思想的形式或方式，那它們是會隨著思想的停止而停止其存在的；但您自己也已承認，先生，它們是思想的內在對象，而在這種方式下它們是能夠繼續存在的。並且我很驚奇您竟能永遠自己滿足於這種赤裸裸的能力或功能，這些在經院哲學家們那裡講時您顯然是將予以排斥的。應該更清楚一點地說明，這種功能是在於什麼，以及它是怎樣起作用的，而這樣就會使人認識到，有一些稟賦，是過去印象的殘餘，現在靈魂中也在身體中留存著，但除非等到記憶有機會發現它們，人們對它們並不察覺。而如果過去的思想，一旦人們不再想到它們就什麼也沒有留下來，那就將不可能解釋怎麼人們又能保留對它們的記憶；而為此目的求助於這赤裸裸的功能，這就絲毫沒有說出了什麼可理解的東西。」

第十一章　論分辨觀念的功能

§1　斐　被當作天賦眞理的有些命題的顯明性和確定性，依賴於辨別觀念的功能。

德　〔我承認要思考這些天賦眞理和把它們分清是需要分辨能力的；但它們並不因此就不再是天賦的。〕

§2　斐　而心靈的敏銳（vivacité）在於迅速地喚起觀念；但判斷則在於明白地表現它們和精確地辨別它們。

德　〔也許這兩者都是想像力的敏銳，而判斷則在於按照理性來考察命題。〕

斐　〔我並不反對這種機智①和判斷的區別。而有時有種判斷就沒有太多用這種機智。例如：用有關眞理和正確推理的嚴格規則去考察某些機智的思想，這在某種意義下就是對這種機智思想的侮辱。〕

德　〔這一點提得很好。機智的思想至少看起來也得有某種理性上的基礎，但不要過於仔細地去挑剔它，就像看一幅畫時不要離得太近一樣。在我看來，布烏爾（Dominique

---

① 原文爲 esprit，照上下文意這裡當作「機智」、「機靈」，也即「敏銳」之意，英譯本也譯作 mind（心靈），似不妥，因洛克原書作"wit"。

Bouhours）[2]神父就是在這方面，在他的《機智作品中正確思想的方式》中不止一次地出現了敗筆，如他就輕視盧坎（Lucain）[3]的這樣一句俏皮話：

Victrix causa diis placuit, sed victa Catoni.[4]〕

§4 斐 心靈對它的觀念的另一種作用是比較，它拿一個觀念和另一個觀念就其範圍、程度、時間、地點或某種其他情況方面來作比較；在關係這個名稱之下所包含的那大量觀念就是靠這種作用。

德 〔照我的意見，關係是比比較更為一般的。因為關係或者是比較的，或者是協同的，第一種是關於相合或不相合的（我取這些名詞的較狹的意義），包括相似、相等、不相

---

② 布烏爾（Dominique Bouhours, 1628-1702），法國的語言學家和文學家，耶穌會神父。他的著作書名原為 *Manière de bien penser dans les ouvrages d'esprit*，G本作 *Art de penser dans les ouvrages d'esprit*，現照E本所引原書名譯。

③ 盧坎（Lucain, 39-65），拉丁詩人，史詩《法薩爾》（*Pharsale*）的作者。「法薩爾」本凱撒打敗龐貝的地方的名稱，該詩即詠敘凱撒與龐貝間的鬥爭。

④ 《法薩爾》I.128.意謂：「神喜歡勝利者而加圖喜歡失敗者。」

等，等等。第二種包括某種**連結**，如原因和結果，全體和部分、處境和次序等等。〕

§6　斐　將簡單觀念加以組合，以造成複雜觀念，是我們心靈的又一種作用。**把觀念加以擴大**的功能也可以歸於這種作用，這就是把同一種類的觀念合在一起，如以若干個單位爲一打。

德　〔這一個無疑和另一個一樣是組合；但相同觀念的組合比不同觀念的組合較爲簡單。〕

§7　斐　一條狗會給小狐狸哺乳，和它們玩耍並且像對自己的小狗一樣喜歡它們，要是能夠使小狐狸吃狗奶達到必要的時間以使它的乳汁能夠遍布它們全身的話。還有，那些一胎下了很多仔畜的動物，似乎對仔畜的**數目**是絲毫不知道的。

德　〔動物的愛是起於一種隨著**習慣**而增加的快感。至於說到**確切**的多少，是連人本身也只有藉助於某種技巧才能知道事物的數目，如用一些數的名稱以便計數，或者是用一些辦法把東西安排成一定的形狀，使人在缺少了什麼東西時用不著點數立刻就能知道。〕

§10　斐　動物也沒有形成抽象思想。

德　〔我也是這樣看法。它們顯然也認識白色，並且注意到白色在白堊中和在白雪中一樣；但這還不是抽象，因爲抽象要求考慮到那共同的、和個別相分離的東西，並因此有對普遍眞理的認識進入其中，這是沒有賦予禽獸的。指出這一點也很好，就是：那些會說話的鳥獸並不是用語言來表達一般觀念，而人被剝奪了運用語言文字的能力卻仍舊能造出別的一般的記號。而我非常高興您在這裡和別處能這樣很好地指出人性的好處。〕

§11 斐 如果禽獸也有某些觀念，而不是像有些人所主張那樣的純粹機器，我們就不能否認它們在某種程度上也具有理性，而就我來說，我覺得它們顯然也能推理，正如它們能感覺一樣。但它們只是按照感覺爲它們表象的對那些特殊觀念進行推理。

德 〔禽獸是藉助於它們以前所感到的聯繫而從一種想像過渡到另一種想像的，例如：當主人拿起棍子時，狗就怕挨打了。而在很多場合，兒童和別的成年人也一樣，他們在一個思想到另一個思想的過渡中，也並沒有什麼別的進行方法。在一種極廣的意義下我們也可以把這叫做推論和推理。但我寧願遵循一般人所接受的習慣用法，把這些詞只用之於人，並把它們限制在對知覺的聯繫的某種理由的認識上，對這種理由的認識，僅僅靠感覺是不能提供的；它們的效果僅僅是使人自然而然地期待下一次能有人們以前所已注意到的這同一種聯繫，儘管那些理由也許已不再是同樣的了；這就常常使那些僅受感覺支配的人受騙。〕

§13 斐 那些白痴是在理智功能中缺乏敏銳性、活躍性和運動的，由此可看到他們是被剝奪了運用理性的能力。那些瘋子似乎正好是在另一極端，因爲我覺得瘋子並不是喪失了推理的功能，而是把某些他們當作眞理的觀念胡亂結合起來了，這就和那些根據一些假的原則作正確推理的人一樣欺騙了自己。這樣你會看到一個瘋子，想像著自己是國王，就根據一種正確的推論要人照國王的尊嚴所當受的那樣來伺候他、尊崇他、服從他。

德　〔**白痴**並不運用理性，他們和有些**蠢人**不同，蠢人是有良好判斷的，但只是沒有敏捷的概念，他們之受人輕視和叫人不舒服，就像一個人想和一些達官貴人玩紙牌⑤，太長久和太經常地想著自己該扮演個怎樣的角色似的。我記得有一位很精明的人，由於吃了某種藥而喪失了記憶力，就陷入了這樣的狀態，但他的判斷能力還是始終顯現出來的。一個完全瘋了的人是幾乎在一切時機都缺乏判斷力的。可是他想像力的敏銳也可以使他很討人喜歡。但有一些特殊的瘋子，在他們生活的某一重要之點上形成一種錯誤的假定，而就根據這個來作正確的推理，就像您所很好地指出的那樣。就有這樣的一個人，在某一宮廷裡是很出名的，他自信是命定要來糾正新教的事情和使法國納入理性的，而因此上帝曾使許多最偉大的人物通過他的身體以使他變得高貴；他看到可娶的公主都想和她們結婚，然後使她們成爲神聖的，以便有一個神聖的子孫世系好來統治這世界，他把一切戰爭的不幸歸因於世人沒有恭聽他的勸告。在和某些君主談話時，他採取一切必要措施以便不降低他的尊嚴。最後當人們和他討論講理時他能很好地維護自己，以致我不止一次地懷疑他的瘋癲是不是假裝的，因爲看不出什麼害瘋病的樣子。但那些更知道他底細的人向我保證說他的瘋癲完全是眞的。〕

⑤ 原文爲 hombre，是十七、十八世紀時流行的一種西班牙紙牌遊戲。

第十二章　論複雜觀念

斐　理智很有點像一間一片漆黑的小房間，只有幾個小孔能讓一些外部的和可見的影像從外進入，像這樣，要是來畫在這暗室中的這些影像能夠停留在那裡並且照次序在其中安排好，以致人們在適當時機能發現它們，那麼在這小房間和人的理智之間就會有一種很大的相似性。

德　〔要使這種相似性更大些，就應該假定這暗室中有一幅幕布來接受這些影像，這幕布不是一色平平直直的，而是有各色各樣的許多折皺，這就代表著各種天賦知識；還有，這幕布或薄膜既是綳緊的，就有一種彈性或活動的力量，並且甚至對於已有的折皺也和對新來的影像所造成的印象一樣都有一種相應的作用或反作用。而這種作用就在於某種顫動或振動，就像當人撥動一根綳緊的琴弦以使它發出一種樂音時所看到的那樣。因爲我們並不只是在大腦中接受這些影像或痕跡，而是當我們考察那些複雜觀念時還自己造成新的影像。因此，那代表我們大腦的幕布應該是能動的和有彈性的。這一比喻相當好地說明了在大腦中所發生的情況；至於靈魂，則是一種單純的實體或單子，它並無廣延而表象著有廣延的團塊的同樣這些變化多端的情狀，並且有對它們的知覺。①〕

① 這是根據萊布尼茲所提出的所謂「前定和諧」的原則。可參閱其《新系統》§14、§15；見G本卷4，第484-485頁；E本第127-128頁；又參閱本書下冊第四卷第十章§7、§9中「德奧斐勒」的話；以及《單子論》§78、§79、§81等處。

§3　斐　複雜觀念或者是關於樣式②的，或者是關於實體的，或者是關於關係的。

德　〔把我們思想的對象這樣區分成實體、樣式和關係，我很滿意。我認爲性質（les qualités）只是實體的一些樣態（modifications），而理智在其中加上了關係。它所導致的後果超出人們所想的。〕

斐　樣式或者是簡單的（如「一打」、「二十」，它們是同類的簡單觀念即一些單位的複合），或者是混合的（如「美」），進入其中的是不同類的簡單觀念。

德　〔也許一打或二十只是一些關係並且只是通過與理智相聯繫而構成的。那些單位是分離的，而理智把它們合在一起，不管它們是多麼分散的。可是，關係雖然來自理智，卻不是沒有根據和沒有實在性的。因爲首先理智是事物的根源；而且甚至一切事物的實在性，除了那些單純的實體，歸根到底只在於單純實體對現象的知覺。對那些混合的樣式來說常常也是一樣，就是說毋寧應該把它們歸之於關係。〕

---

② 「樣式」原文爲 modes，參閱笛卡兒《哲學原理》第一章§56，中譯本第22頁；斯賓諾莎《倫理學》第一部分，定義五，中譯本第3頁。按笛卡兒《哲學原理》中譯本及洛克《理智論》中譯本 modes 均譯作「情狀」，斯賓諾莎《倫理學》中譯本則譯作「樣式」，有時也譯作「樣態」，現在將 modes 一律譯作「樣式」，而把 modifications 譯作「樣態」。

§6　斐　實體的觀念是一些簡單觀念的某種組合，這些簡單觀念被假定是代表一些自身繼續存在的、特殊的、分明的事物的，在這些觀念中，人們永遠把那實體的模糊概念看做是第一和主要的，這種實體是人們所假定的，卻並不知道它本身究竟是什麼。

德　〔實體的觀念並不是像您所想那樣模糊，人們能夠知道它應該是什麼，以及它在其他事物中認識自己的是什麼。甚至對具體事物的認識永遠是先於對抽象事物的認識的；人們對熱的東西比熱本身更知道些。〕

§7　斐　對於實體也有兩類觀念；一類是對單個實體的觀念，如一個人、一隻羊的觀念；另一類是對集合在一起的多個實體的觀念，如一軍人和一群羊的觀念；這些集合體也形成一個單一的觀念。

德　〔這種集合物的觀念的統一性是很眞實的；但歸根到底必須承認這種集合體的統一性只是一種聯合或關係，它的基礎是在那每一個分離獨立的單個實體中所能找到的東西中的。因此，這些集合成的東西，除了心理上的之外並無其他完成的統一性；所以它們的實質（Entité）在某種方式下也只是心理的或只是現象，就像天上的虹似的。〕

第十三章　論簡單樣式，並首先論空間的樣式

§3 斐 空間，就其相關於分隔開兩個物體的長度來看，就叫做距離；相關於其長、寬、高來看，可以叫做容積。

德 〔更清楚點說，兩個位置固定的東西（不論它們是點還是有廣延的東西）的距離，是我們可以從這個東西到那個東西畫出的一條盡可能最短的線的長度。這距離可以絕對地來考慮，或者在一個包含著這相距的兩個東西的一定的形中來考慮。例如：直線絕對地是兩個點之間的距離。但這兩個點要是在同一個球面上，這兩點在球面上的距離就是我們從這一點到那一點所畫的最小圓弧的長度。最好也要注意到，距離不僅僅是就物體之間而言，它也是就面、線、點之間而言的。我們可以說，容積，或毋寧說兩個物體之間，或兩個別的有廣延的東西之間，或一個有廣延的東西和一個點之間的間隔，是從這一個東西的各點和另一個東西的各點之間所能畫出的所有最短的線構成的空間。這間隔是立體的；除非兩個固定位置的東西是在同一個面上，並且這兩個固定東西的各點之間的最短線也當落在這個面上或當在這面上明示出來。〕

§4 斐 除了那在自然中的之外，人們也在自己心中確立了某些確定長度的觀念，如一吋或一呎。

德 〔他們做不到這一點。因爲要有一個精確地確定的長度的觀念是不可能的。用心靈既不能說出也不能理解什麼是一吋或一呎。只有藉助於被假定爲不變的實在的量具才能保持這些名稱的意義，憑藉這些量具就永遠能重新找到這些長度。就是這樣，英國的數學家格里夫斯（John Greaves）[①]先生曾想到埃及的金字塔——它們已經持續了很久的時間，而且顯然還將會再持續一段時間——來保存我們的量度，把畫在一座金字塔上的那些一定長度的比例[②]傳給後世。的確，不久以後，人們發現了鐘擺，用來永久保持度量（mensuris rerum ad posteros transmittendis[③]），如惠更斯[④]、慕東（Gabriel Mouton）[⑤]、前波蘭造幣總辦布拉底尼（Buratini）[⑥]諸位先生所曾證明[⑦]的那樣，其辦法是表明我們的長度和鐘擺的長度的比

---

① 格里夫斯（John Greaves, 1602-1652），牛津大學天文學教授（1643-1648），曾發表過《關於埃及金字塔的談話》（*Pyramidographia, or a Discourse on the Pyramids in Egypt*），一六四六年。

② G本及E本均作 propositions（「命題」），英譯本也作 propositions，但註明J本作 proportions（「比例」），德譯本也作 Verhältnisse（「比例」）。

③ 拉丁文，意思是：「將事物的度量傳之後世」。

④ 惠更斯（Christian Huygens, 1629-1695），荷蘭的著名物理學家、數學家和天文學家，特別以首先創立光的波動說聞名。由於在天文觀察上精確度量時間的需要，他發明了鐘擺。

⑤ 慕東（Gabriel Mouton, 1618-1694），法國的數學家和天文學家。

⑥ 布拉底尼（Buratini），生卒年不詳，據英譯本補註考證，是威尼斯人，很精明能幹，曾任波蘭國王的「造幣總辦」（maître de monnoye），又有人曾在他那裡看到一個「飛行機器」的模型。

⑦ E本及J本作“ont pretendû montrer”，即「曾自以爲證明」，G本作“ont monstré”（「曾證明」）。

例，鐘擺擺動一次精確地表明例如一秒，即恆星轉動一周⑧或一個天文日的86400⑨分之一；而布拉底尼先生曾寫過一篇專門討論這問題的論文，我曾看過他的手稿。但這種鐘擺的度量仍舊有這樣一種不完善之處，即它須限於一定的國度，因爲鐘擺擺動要標明相同的時間在赤道線上就需要較短。此外，還必須假定基本的實在度量保持不變，就是說假定一天或地球繞自己的軸轉動一周的時間是不變的，甚至還要考慮到引力的原因，就不說別的一些有關情況了。〕

§5　斐　來考察邊緣如何終止於一些構成清楚的角的直線，或終止於看不到任何角的一些弧線，我們就形成了形的觀念。

德　〔一個面的形是由一根線或幾根線限定的；但一個體的形卻可以是沒有確定的線限定的，例如：一個圓球形就是這樣。單獨一根直線或一個平面不能包圍任何空間，也不能造成任何形。但單獨一根線可以包圍一個面的形，例如：圓和橢圓，正如單獨一個曲面也可以包圍一個立體的形，就像圓球和橙形體。可是不僅幾根直線或幾個平面，而且還有幾根曲線或幾個曲面，當它們不是一個和另一個相切時，也都能湊在一起而甚至彼此形成許多角。要照幾何學家們的習慣給形下一個概括的定義是不容易的。要說這是一個被限定的有廣延的東西吧，這就

⑧ 按當係指從地球上看來的恆星的轉動，實際即地球轉一周。

⑨ E本及J本作864000，顯然是多加了一個零。

太概括了，因爲例如一根直線，儘管兩端是被限定的，卻不是一個形，甚至兩根直線也構不成形。要說這是被一個有廣延的東西所限定的有廣延的東西吧，這又不夠概括，因爲一個完整的球面是一個形，但卻並不是被任何有廣延的東西所限定的。我們還可以說，形是一個被限定的有廣延的東西，其中有無數從一個點到另一個點的通路。這個定義包括了前一定義所沒有包括的那種沒有限定的線而被限定的面，又排除了線，因爲在一條線中從一點到另一點只有一條或特定數目的幾條通路。但更好是說形是被限定的有廣延的東西，它能受分割爲有廣延的各部分，或毋寧說是有寬度（largeur）的，這個名詞是迄今尚未加定義的。〕

§6 斐 至少一切形都無非是空間的簡單樣式。

德 〔照您的觀點，簡單樣式是重複著同一觀念的，但在形中並不是永遠重複同樣的觀念。曲線和直線以及各種曲線之間都是很不相同的。因此，我不知道簡單樣式的定義怎麼能在這裡適用。〕

§7 斐 〔不必把我們的定義看得太嚴格。但是讓我們從形過渡到位置吧。〕當我們看到棋盤上的棋子都在我們安放好的格子上時，雖然棋盤也許已移動了，我們仍說這些棋子是在同樣的位置上。如果棋盤是繼續留在船艙的同一部位，雖然船已經開動了，我們也說棋盤是在同一位置上。又假定船保持著離鄰近國度的某一部分土地同樣的距離，雖然地球也許已經轉了圈，我們也說船是在同一個位置上。

德〔**位置**，或者是**特殊的**，這是相對於一定的物體來看；或者是**普遍的**，這是相對於全體來看，並且對於這全體來說，是把相對於任何一個物體的一切可能的變化都計算進去的。並且如果宇宙中沒有任何固定的東西，每一件東西的位置仍舊可以用推理來決定的⑩，只要有辦法把一切變化都記錄下來，或者有一個生物的記憶力足以把一切變化都記得，就像有人說的阿拉伯人靠記憶在馬背上下棋那樣。可是那種我們不能理解的事情，在事物的眞相中卻仍然是被決定了的。〕

§15　斐　如果有人問我**空間**是什麼，我願說當他能告訴我**廣延**是什麼時我就告訴他空間是什麼。

德〔我但願我也同樣能說熱病或任何別的疾病是什麼，正如我能確切相信空間是什麼已得到說明一樣。廣延是有廣延的東西的抽象。而有廣延的東西是一個連續體，它的各部分是並存的，或同時存在的。〕

---

⑩ 英譯本譯註引本書德譯本譯者夏爾許米特（Schaarschmidt）的話說，萊布尼茲這裡的說法後來已通過高斯的《天體運動理論》（*Theoria motus corporum coelestium*）而得證實和完成。高斯這一作品一八〇九年發表於漢堡，「給了天文觀察的眞正方法以有力的推動」。高斯（Karl Friedrich Gauss, 1775-1855）是德國的著名數學家。

§17 斐　如果有人問我沒有物體的空間是實體還是偶性，我將毫不遲疑地回答說對此我一無所知。

德　〔我只怕您要說我自高自大了，我倒想來決定，先生，您自己承認您不知道的東西。但其實是可以斷定，您實際對此知道的比您所說或所認爲的要多。有些人相信上帝是事物的位置[11]。如果我沒有弄錯的話，萊修斯（Léonard Lessius）[12]和蓋利克[13]就是持這種意見，

---

⑪ 這種觀點出現很早。古希臘有一本出處不能確定的詩集叫做《奧斐卡》（*Orphica*），其中就有這樣的句子，「一切已存在的和將存在的，都在宙斯胸中一起形成」。（見赫爾曼・第爾斯所編《殘篇》vi, 457）又（v, 17-20）：「一是統治的存在，一切在他之中運動，火、水、土、氣，日和夜，理性，第一原則和歡樂的愛——所有這些都在宙斯偉大的胸中。」如此等等。笛卡兒派的唯心主義哲學家，馬勒伯朗士也有這種觀點，參閱他的《眞理的尋求》（*De la Recherche de la vérité*.III.11, 6.）：「因此我們贊成這樣的觀點，上帝是可理解的世界或心靈的位置，正如物質世界是物體的位置一樣……我們和聖保羅一樣相信他不遠離我們之中任何一個人，我們是在他之中生活著，運動著和有我們的存在。」

⑫ 萊修斯（Léonard Lessius, 1554-1623），法蘭德斯（今比利時和法國西北部一地區）的耶穌會士，曾任盧汶等大學的哲學和神學教授，因反對聖多瑪斯・阿奎那關於神恩的學說曾被譴責爲異端。他也熟悉法學、醫學和歷史等。

⑬ 參閱本書上冊第二卷第四章§4註（第111頁註⑧）。

但那樣一來，位置就包含著某種更多的東西，而不止是我們歸之於那被剝奪了一切能動性的空間的東西了；而照這種方式它就不比時間更是一種實體，而如果它有部分，它就不能是上帝。它是一種關係，一種秩序，不僅是在現存事物之間的，而且也是在可能存在的東西之間的【關係或秩序】。但它的眞理性和實在性，像一切永恆眞理一樣，是以上帝爲根據的。〕

斐　〔我和您的觀點也相差不遠，而且您知道聖保羅的那段話，他說我們是在上帝之中存在、生活和運動著的⑭。這樣，按照考慮事物的不同方式，我們可以說空間是上帝，也可以說空間只是一種秩序或關係。〕

德　〔那麼最好的說法將是說，空間是一種秩序，而上帝是它的根源。〕

§18　斐　〔可是要知道空間是否一種實體，就必須知道實體一般的本性是在於什麼。但這一點上是有困難的。如果上帝、有限精神和物體都共同分享同一的實體本性，那豈不是由此該得出結論說，它們的區別只在於作爲這一實體的不同樣態嗎？〕

德　〔如果能作出這樣的推論，那麼，上帝、有限精神和物體、既然共同分享同一的存在本性，就也該得出結論說，它們的區別只在於作爲這一存在的不同樣態了。〕

§19　斐　那些首先想著把偶性看做一種實在的存在物（Etres réels）的人，需要有某種東

⑭ 參閱《使徒行傳》，第十七章二十八節：「我們生活、動作、存留，都在乎他。」

西好讓這些偶性附著於它，就不得不發明實體這個詞，好用來支撐這些偶性。

德　〔那麼，先生，您是認爲偶性能夠在實體之外繼續存在嗎？還是想說它們不是實在的存在物呢？看來您似乎是在毫無道理地製造一些困難，而我在上面已經指出過，實體或具體的東西是比偶性或抽象的東西更好設想的。〕

斐　實體和偶性這些詞在我看來是在哲學上很少用處的。

德　〔我承認我是抱另一種觀點，而我認爲對實體的考慮是哲學上最重要和最富於成果之點之一。〕⑮

§21　斐　〔我們現在只是在問空間是否實體時順便談到實體。但這裡只要說它不是物體對我們來說就夠了。〕也沒有人敢把有限的物體作爲空間。

德　〔笛卡兒和他那一派的人卻曾說過物質是沒有界限的，他們把世界作爲無定的，以

---

⑮ 這裡是表現萊布尼茲和洛克的哲學尖銳對立的處所之一。洛克認爲「實體」只是思想主觀創造出來用以「支撐」偶性的，在哲學上並無用處；萊布尼茲則認爲「實體」是實際存在的，是一切現象的前提，並在《單子論》、《新系統》、《自然和神恩的原則》等等一系列著作中闡述了他關於實體的觀點。但他所理解的實體是精神性的，因此他的觀點是一種客觀唯心主義。而洛克雖然基本上是個唯物主義者，但他關於實體的觀點卻包含著不可知論和主觀唯心主義的因素，是很不澈底的。

致我們不可能設想它的盡頭⑯。而他們把無限（infini）這個詞改為無定（indéfini）也不無道理；因為世界上從來沒有一個無限的全體，雖然永遠有一些全體比其他一些全體更大，這樣以至無窮。宇宙本身也不能被當作一個全體，正如我在別處已指出的那樣⑰。

斐　那些把物質和廣延當作同一樣東西的人，主張一個凹形的中空的物體，其內部各邊是彼此接觸的。但兩個物體之間的空間足以阻止它們互相接觸。

德　〔我同意您的意見，因為我雖然不承認虛空，卻把物質和廣延區別開，並且我承認如果在一個圓球中有虛空，那空地方的兩極不會因此互相接觸。但我認為這是那神聖的圓滿性所不容許的情況。〕

§23　斐　可是，似乎運動就證明了有虛空。當一個被分割開的物體的最小部分和一顆芥子那麼大時，要能讓這物體的各部分有地方來自由運動，就得有和一顆芥子大小相等的空的空間。當物質的各部分再小一萬萬倍時，情況也是一樣。

德　〔的確，要是世界是充滿了堅硬的微粒，它們既不能屈縮讓位又不能分割，就像人們

---

⑯　參閱笛卡兒：《哲學原理》第二章，§21，商務印書館，一九五八年版，第44頁。

⑰　參閱本書上冊第二卷第十七章§1。關於宇宙嚴格說來不是一個全體的論證，見萊布尼茲一七〇六年三月十一日《給德·鮑斯的信》，見G本第二卷第304頁以下，E本第435-436頁。

所描述的原子那樣，那麼運動就是不可能的。但實際上並沒有根本的堅硬性；相反地流動性倒是根本的，而物體是可以隨著需要分割開的，因爲沒有什麼能阻止它的被分割。這就把那從運動得出虛空的論證的全部力量都剝奪了。」

第十四章　論綿延及其簡單樣式

§10 斐 和廣延相應的是綿延。綿延的一部分，我們在其中覺察不到觀念的接續的，就叫做一剎那。

德 對一剎那的這一定義，我想應該是理解爲通俗的概念，正如通常人對於點的概念一樣。因爲嚴格說來，點和剎那並不是時間或空間的部分，而它們本身也是沒有部分的。它們只不過是一些頂端。

§16 斐 不是運動，而是經常的一連串觀念的接續，給了我們綿延的觀念。

德 〔一連串知覺的接續，在我們心中喚醒了綿延的觀念，但並不是它造成了這觀念。我們的知覺從來不會有那樣經常和有規律的接續足以和時間的接續相應的，時間是一種齊一和單純的連續體，就像一條直線一樣。知覺的變化給了我們機會來想到時間，而人們是用齊一的變化來衡量時間的；但即使當在自然中沒有任何齊一的東西時，時間仍舊是可以被決定的①，正如當沒有任何固定的或不動的物體時位置也仍舊可以被決定②一樣。這是因爲認識了非齊一運

---

① 這裡的原文是 ne laisseroit pas d'être déterminé，而英譯本作 could not be determined（「不能被決定」），當係誤譯。因爲如本書前一章§7「德」所說，萊布尼茲顯然認爲「如果宇宙中沒有任何固定的東西，每一件東西的位置仍舊可以用推理來決定的」。

② 同前註說明。

動的規律，我們總能把它們拿來和可理解的齊一運動相參照，而用這辦法就能預見到一些不同的運動結合在一起將會發生什麼。在這意義之下，時間是運動的量度，這就是說，齊一的運動是非齊一運動的量度。〕

§21　斐　我們不能確定地知道兩部分的綿延是相等的；〔必須承認觀察只能達到近似。〕人們在精密的研究之後發現太陽的周日運轉實際上是不相等的，而我們不知道它的周年運轉是否也是不相等的。

德　鐘擺已使我們能看清從中午到另一個中午每日是不相等的：**Solem dicere falsum audet**③。的確人們已經知道這一點，而這種不相等是有規律的。至於周年的運轉，它補償了太陽日的不相等，它在時間的進程中是可能有變化的。地球繞軸的自轉，那人們通常歸之於第一推動力④的，迄今為止是我們最好的量度，而鐘擺則用來為我們把它分割開。可是這同樣的地球每日的運轉在時間的進程中也可能有變化的：而如果有什麼金字塔能足夠持久，或者我們重建了新的金字塔，在那上面記下鐘擺的長度，現在當地球轉一周時鐘擺擺動的已知次數，人

---

③ 拉丁文，意思是：「敢說太陽不正確」。

④ 亞里斯多德認為神或上帝本身不動而是宇宙一切運動的第一因，即所謂「不動的推動者」或「第一推動力」。參閱其《形上學》卷V, 6-10.1071以下，又《物理學》VIII, 6, 258^b10。

們將會能夠覺察出地球運轉的這種變化。我們把這種運轉和其他的如木星的衛星的運轉來作比較，也會能知道這種變化，因爲如果這方面或其他方面有變化，並不顯得是兩者永遠會成比例的。

斐　如果我們能把過去的一日保存下來以便和未來的日子作比較，就像我們保存空間的量度那樣，我們對時間的量度就會更準確些。

德　〔但代替這一點，我們換成來保存和觀察那些在一個差不多相等的時間內運動的物體。我們同樣也不能說，一種空間的量度、如人們保存的一根木制的或金屬的尺，就完全保持原樣。〕

§22　斐　而既然所有的人都顯然以天體的運動來度量時間，卻不讓人以運動的量度來爲**時間**下定義，這是很奇怪的。

德　〔我剛才已說過（§16）這一點應該怎樣來理解。的確，亞里斯多德說過⑤，**時間是運動的數**而不是它的量度。事實上可以說綿延是靠週期性的相等運動的數來認識的，在這種運動中，當一個結束時另一個就開始了，例如：靠地球或其他星球的這許多運轉來認識。〕

---

⑤《物理學》IV.11.219^{b}1, 219^{b}8。

§24　斐　可是人們預測這些運轉，並且說亞伯拉罕生於儒略曆紀元⑥二七一二年，這說的就像人們從世界開始時算起一樣不可理解，儘管人們假定儒略曆紀元在有那以太陽的任何運動來標記的日、夜和年份以前幾百年已經開始了也一樣。

德　〔人們所能設想的這種時間方面的虛空表明，正如空間方面的虛空一樣，時間和空間都及於可能的東西，正如及於實存的東西一樣。此外，在一切紀年方法中，從世界開始時起來算年份的這種方法是最不適宜的，即使不觸及其他的理由，單是因爲在七十人譯本⑦和希伯來原文之間有很大差異這一點就足以說明了。〕

§26　斐　雖然我們不能理解就全部所及範圍來看的綿延的開始，卻可以設想運動的開始。同樣地我們可以給物體以界限，但對於空間來說卻不能這樣。

德　〔這是因爲如我剛才所說的，時間和空間表明了在存在物的假定之外的可能性。時間和空間屬於永恆眞理的性質，永恆眞理是對可能的和實存的同等看待的。〕

---

⑥ 儒略曆是在一五八二年改革成現今通用的格里高利曆以前西方所通用的曆法。儒略曆紀元是斯卡利杰發明的，現在的西元元年相當於儒略曆紀元四七一四年。

⑦ 是指《舊約聖經》和「僞經」的希臘文譯本，據說是約於西元前二七〇年由七十人各自分別從希伯來文原本譯成的。這裡所以提出這一點，是因爲所謂從世界開始時算起的紀年法都是以《聖經．創世紀》等爲根據的。

§27　斐　事實上時間的觀念和永恆的觀念是出於同一來源，因爲我們可以在心中把綿延的某種長度一個一個加起來，我們喜歡加多長就加多長。

德　〔但要從這裡得出永恆的概念，還必須想到這樣再多地加下去的同樣理由永遠繼續存在。是這種理性的考慮在可能的進程中達到這種無限或無定的概念。因此，單單感覺是不足以促使這些概念形成的。歸根到底我們可以說，絕對的觀念在事物的本性中是先於我們所加上的界限的觀念。但我們只有從那有界限的並打動我們感官的東西開始才會注意到那絕對的觀念。⑧〕

⑧ 參閱本書上冊第二卷第十七章§3、§16。

第十五章　合論綿延與擴張①

① 「擴張」原文為“expansion”，洛克主張把「廣延」（extension）一詞專用於物體所占的空間上，而以 expansion 一詞概括地用於有物體和無物體的空間上，「空間是擴張的，物體是廣延的」。見《理智論》第二卷第十三章§27，中譯本第148頁。洛克原書中譯本 extension 譯作「廣袤」，而 expansion 譯作「擴延」。

§4　斐　人們承認時間的無限綿延要比承認空間的無限擴張更容易，因此，我們設想在上帝中有無限綿延，而把廣延只歸之於有限的物質，並把宇宙之外的空間叫做想像的。但是（§2）當所羅門講到上帝時說：天和天上的天尚且不足你居住的②，他似乎是有另外的想法；而就我自己來說，我認爲一個人設想自己的思想能擴大到上帝所存在的地方以外，是對自己理智的能力估計過高了。

德　〔如果上帝是廣延的，它就會有部分。但綿延只把這些部分給予他的作品。可是關於空間方面得把廣大性歸之於他，這也把部分和秩序給了上帝的直接作品。他既是可能性也是現實性的源泉，對前者是由於他的本質，對後者是由於他的意志。因此，空間和時間一樣都只是從他得到自己的實在性，而他只要覺得好，就可以充滿虛空。就是因爲這樣，他在這方面是無所不在的。〕

§11　斐　我們不知道精神和空間有什麼樣的關係，也不知道它們怎樣分有空間。但我們知道它們是分有綿延的。

德　〔一切有限的精神都永遠和某種有機的身體相結合，並且他們是通過與自己的身體相聯繫而表象其他物體的。這樣它們和空間的關係就和身體與空間的關係一樣明顯。此外，在離

② 《列王紀》上第八章第二十七節；《歷代志》下第六章第十八節。

開這個問題以前，我將在您所提出的時間與空間的比較之外再加上一個這樣的比較，這就是：如果有一種空間方面的虛空（例如：一個中空的圓球那樣），我們是能夠決定它的大小的；但如果在時間方面有一種虛空，就是說有一種沒有變化的綿延，則將是不可能決定它的長短的。因此，我們可以駁斥有人所說的，中間有虛空的兩個物體是互相接觸的；因爲一個中空的圓球的兩極是不會互相接觸的，幾何學禁止這一點；但我們不能駁斥有人這樣的說法，就是：兩個世界，一個在另一個之後，它們在綿延方面是彼此接觸的，以致一個結束時另一個就必然開始而不能有間隙。我說這是不能駁斥的，因爲這個間隙是無法決定的。如果空間也只是一條線，並且如果物體是不動的，就也不可能來決定兩個物體之間的虛空的長度。〕

第十六章　論　數

§4 斐 在數方面的觀念，是比在廣延方面的觀念既更精確又更恰當地彼此區別開的，在廣延方面，我們不能和在數方面一樣容易地來觀察大小的每一相等和每一超過量，這是因爲在空間方面，我們不能在思想上達到某種確定的最小，在此之外不能再前進的，如同在數方面的單位那樣。

德 〔這應該理解爲是就整數來說。因爲否則就數的廣闊範圍來說，包括「不盡根數」、「破數」、「超越數」①，以及一切可以在兩個整數之間取得的數，它相當於一條線，在其中也和在一個連續體中一樣很難說有什麼極小的。還有數是眾多的單位這個定義，也只有對整數才適用。在廣延方面的觀念精確區別也並不在於大小；因爲要清楚地認識大小就得求助於整數或其他靠用整數知道的【度量】，因此，要對大小有一清楚的認識就得從連續量又再來藉助於分離量。因此，那些廣延的樣態，當我們不用數時，就只能用形來加以區別②，這裡取

---

① 「不盡根數」、「破數」、「超越數」原文爲 le sourd, le rompu, le transcendent，據英譯本補註引雅內（Janet）在《萊布尼茲哲學著作集》中關於此段的註說：「這些是經院中的數學語言的用語，現在已很少用。le sourd 就是無理數，例如：$\sqrt{2}$; le rompu 就是分數，如：½；le transcendent 是指不能用有限次數的算術演算來計算的數，例如 log3。這三者都是包括在兩個整數之間的。」

② G本原文爲 ne peuvent estre distinguées par la Figure，英譯作："can not be distinguished by figure"（「不能用形來加以區別」），但E本作"ne peuvent être distinguées que par la Figure"，譯文從E本。

形這個詞的極概括的意義，指一切使兩個有廣延之物彼此不相似的東西。〕

§5 通過把單位的觀念加以重複以及把它和另一單位結合起來，我們就造成一個集合觀念，稱之爲二。而不論是誰，只要能夠這樣做，並且永遠能在他給了一個特殊名稱的最後一個集合觀念上再加一個，當他有了一串名稱並有足夠強的記憶力來記得它時，他就能計數。

德 〔單用這樣的方式是進行不遠的。因爲如果每加一個新的單位就得記住一個全新的名稱，那記憶力就會負擔太重了。所以，這些名稱得有某種秩序和某種重複，照著一定的進程重新起頭。〕

斐 數的不同樣式不能有其他區別，而只有較多或較少的區別；〔就是因爲這樣，它們和廣延的樣式一樣是簡單樣式。〕

德 〔對於時間和對於直線可以這樣說，但對於形就不能、對於數更不能這樣說，它們不僅大小不同，而且是不相似的。一個偶數可以分成相等的兩個數，但一個奇數就不能。三和六是三角數，四和九是平方數，八是立方數，如此等等。這一點對數來說比對形還更適用，因爲兩個不相等的形還可以彼此完全相似，但兩個數就絕不能。但我並不奇怪人們在這一點上常常弄錯，因爲通常人們對於什麼是相似或不相似並沒有清楚的觀念。因此，先生，您看到，您對於簡單樣態或複雜樣態的觀念或應用是大大需要改正的。〕

§6 斐 〔您指出最好給各種數目以各自的名稱以便記住，這是很對的。〕因此，我想在計數時這樣做是方便的，就是：爲簡短起見，不說百萬個百萬，而說比林（Billion），不說百萬個百萬個百萬或百萬個比林而說特利林（Trillion），照此類推直到農尼林（Nonillion）③，因爲在數的應用上大抵不需要走得更遠了。

德　這些名稱是相當好的。令 $x = 10$，則百萬就是 x^6，一個比林就是 x^{12}，一個特利林就是 x^{18}，如此類推，而一個農尼林就是 x^{54}。

---

③ 按洛克在原書中（見中譯本第176頁）提出的這一套較大數目的名稱和現在英國及歐洲一些國家通用的一致，但和美國及法國的則不一致，洛克的辦法是以百萬爲基礎，每乘以百萬即每加六個0就加一新名稱，順次爲 Million, Billion, Trillion, Quartrillion, Quintrillion, Sextillion, Septillion, Octillion, Nonillion。（其字頭即源於拉丁文的1，2，3，4，5，6，7，8，9。）Billion 即百萬乘百萬，Trillion 即三個百萬相乘，……Nonillion 即九個百萬相乘。

第十七章　論無限性

§1　斐　最重要的概念之中，有一個就是有限和無限的概念，這兩者被看作是量的樣式。

德　〔正確地說來，的確是有無限多的事物，就是說，在人們所能指出的之外，永遠總還有更多的東西。但並沒有無限的數，也沒有無限的線或其他無限的量，要是這些被看做眞正的全體的話；因爲這是容易證明的。經院哲學家們，當他們承認有一種他們所說的未定的無限而不是肯定的無限①時，就是想要或不得不說明以上這個意思。嚴格來說，眞正的無限只存在於絕對之中，它是先於一切組合而不是由各部分的相加構成的。②

斐　當我們把我們的無限觀念應用在最高存在上時，我們原本是對於他的綿延和他的遍在來說的，而在更多的比喻的意義下用於他的能力，他的智慧，他的善以及其他的屬性。

德　〔不是更多地比喻的意義，而是較少直接的意義下【這樣用的】，因爲其他那些屬性，是通過和那些有關於部分的考慮進入其中的屬性的關聯而使人認識它們的巨大意義的。〕

---

① 「未定的無限」原文爲 infini syncatégorematique，是指一種沒有完全地下定義的無限性，即能夠或需要進一步下定義的無限性，但只是就其不能實在被確定來說是無限的，也就是所謂「不定的無限」（infinitumindefinitum）。「肯定的無限」原文爲 infini catégorematique。「無限」在數學上一般譯作「無窮」，但這裡所涉及的不全是數學上的問題，故仍譯作「無限」。

② 參閱本書上冊第二卷第十三章 §21。

§2 斐 我想這一點是確立了的：心靈把有限和無限看作是廣延③和綿延的樣態。

德 〔我並沒有發現已經確立了這一點：凡是有大小和多少的地方，就會產生關於有限和無限的考慮。而眞正的無限並不是一種**樣態**，它是絕對；相反地，一旦加之以樣態，就是加了限制，或使之成爲一個有限的東西了。〕

§3 斐 我們曾認爲，因爲心靈把它的空間觀念通過新的增加而無限制地擴大的能力，永遠是同樣的，一種無限的空間的觀念就是從這裡引申出來的。

德 〔最好還要加上一點：這是因爲人們看到同樣的比例④永遠繼續存在。讓我們取一條直線加以延長，使之兩倍於第一條。現在這第二條直線既然和第一條是完全相似的，顯然它本身也可以加倍而得到第三條，它和以前的線也仍舊是相似的；而同樣的比例⑤既然永遠存在，這進程就永遠不可能停止；這樣這直線就可以延長到無限；所以對無限的考慮是來自相似性或相同的比例⑥，而它的根源是和普遍和必然的眞理的根源同樣的。這就使我們看到，那使這一

---

③ 洛克的原文是「擴張」（expansion）。

④ 「比例」原文爲 raison，通常意義爲「理由」、「道理」等，也可作「比例」解，英譯作“ratio”（「比例」），姑且從之譯作「比例」，但照通常意義譯作「理由」，在這裡似也可通，甚至更好一點。

⑤ 同前註。

⑥ 同註④。

觀念的設想成爲完全的東西，何以是在我們自身之中，而不能來自感覺經驗，正如必然眞理不能靠歸納也不能靠感覺來證明一樣。絕對的觀念，像存在的觀念一樣，是內在於我們之中的。這些絕對的東西不是什麼別的，無非是上帝的屬性，而我們可以說它們是觀念的源泉，正如上帝本身是存在的原則一樣。關於空間方面的絕對的觀念，無非是上帝的廣大無垠的觀念，別的那些觀念也是一樣。但人們要想像一種絕對空間，它是由各部分構成的一個無限的全體，這是自己騙了自己。沒有這樣的東西。這是一個蘊涵著矛盾的概念，而這種無限的全體，和它們的對立物無窮小一樣，只是幾何學家們的演算中所用的東西，就像代數學中的那種虛根一樣。）

§6　斐　（我們知道還有一種大小，並不以此理解爲部分之外的部分。）如果我在我所具有的最白的白這樣一個最完全的觀念之外，再加上一個同等的或較次的白的觀念（因爲我不能加上一個比我所具有的更白的觀念，那是我假定爲實際所設想的最白的），這並不以任何方式增加或擴大了我的觀念；就是因爲這樣，我們把白的各種不同的觀念叫做程度。

德　（我不很理解這一推理的力量，因爲並沒有什麼東西能阻止人去接受一種比實際所想的更白的白的知覺。爲什麼我們有理由認爲白是不能無限地增加的，其眞正的原因是因爲白不是一種原始的性質；感官只給了我們對於它的混亂的認識；而當我們對它有一種清楚的認識時，我們將看到它是從結構來的，是受視覺器官的結構的限制的。但對於原始的或可以清楚地認識的性質來說，我們看到有時是有辦法進到無限的，不僅是在外延的方面，或者如果您喜歡的話可以說擴散（diffusion），或者如經院哲學所說的 partes extra partes[⑦]方面，如在時間和場所方面是這樣，而且在內包或程度方面，例如：對於速度，也是這樣。〕

§8 斐 我們並沒有無限空間的觀念，並且沒有比一個現實的無限數的觀念更顯然荒謬的了。

德 〔我也是同樣的看法。但這並不是因爲我們不能有無限的觀念，而是因爲無限不能是一個眞正的全體。〕

§16 斐 出於同樣的理由，我們因此也不能有一種無限的綿延或永恆性的積極觀念，正如對於廣大無垠一樣。

德 〔我認爲我們對於這兩者都有一個積極的觀念，並且這個觀念是眞的，只要我們不把它設想爲一個無限的全體，而是設想爲絕對，或沒有限制的屬性，它在永恆性方面來說是在上帝存在的必然性中的，不是依賴於部分，也不是通過時間的相加形成這種概念。我們從這裡還看到，正如我已經說過的，無限這個概念的根源，是和必然眞理的概念來自同一源泉的。〕

---

⑦ 拉丁文，意即：「部分之外的部分」。

第十八章　論其他簡單樣式

斐　此外還有很多由簡單觀念形成的簡單樣式。這些就是（§2）運動的樣式，如滑動、滾動；聲音的樣式（§3），是由音符和曲調來摹狀的；正如顏色是由程度來摹狀的那樣；就不說滋味和氣味了（§6），這些永遠[①]是沒有量度也沒有清楚的名稱的，如在複雜的樣式方面一樣（§7），因爲這些是靠習慣來規範的，我們在討論語詞時將再來比較充分地談到它們。

德　〔大部分的樣式都不是足夠簡單而是能夠算在複雜樣式之中的，例如：爲了說明什麼是滑動和滾動，除了運動之外就還要考慮到表面的抵抗力。〕

① 原文爲"toujours"，洛克原書作"ordinarily"（「通常」）。

第十九章　論思想的諸樣式

§1 斐　〔讓我們從來自感官的樣式過渡到反省給我們的樣式吧。感覺可以說是觀念通過感官進入理智中的現實入口。當同樣的觀念重新來到心靈中，而並沒有最初使這觀念產生的外界對象作用於我們的感官時，這種心靈的活動叫做記憶（reminiscence）；如果心靈盡力要重新喚起這個觀念，並且在經過某種努力之後終於找到了它並且使它呈現在眼前，這就是回想（recueillement）①。如果心靈很長時間注意地凝視著它，這就是默想（contemplation）；當觀念在我們心中漂浮，而理智並未加任何注意時，這就叫做遐想（rêverie）。當心靈反省自行呈現的觀念，並且可以說把它們登記在記憶中時，這是注意（attention）；當心靈以很大的專心固定於一個觀念，考慮它的一切方面，並且雖有其他觀念來打擾也不轉向時，這就叫做研究（étude）或潛心（contention d'esprit）。睡眠而沒有做什麼夢，是所有這些事情的停止；做夢則是有這些觀念在心中，而當時外感官都已關閉，以致絲毫沒有以通常那種鮮明生動的方式接受外界對象的印象。這，我說，是具有這些觀念，而它們並不是由任何外界對象或任何已知的機緣提示給我們的，也不是以任何方式由理智作了選擇或決定的。至於我們所謂出神（extase），是否睜著眼睛做夢，我就讓旁人去判斷吧。〕

---

① 按「回想」在洛克原文爲 recollection，法文譯作 recueillement，但 recueillement 在法文中如下文（第二段）所說通常是有「專心」、「一心」等意義，現在只能照洛克原意一律譯成「回想」。

德　〔對這些概念來作一番清理是很好的，我也將對此來盡力提供一些幫助。那麼我要說，當人察覺到一個外界對象時，這是感覺，記憶（reminiscence）是感覺的重複而並沒有對象重新回來的；但當人知道曾經有過這對象時，這是回憶（souvenir）。人們通常對想（recuillement）是了解為和您所說不同的另一種意義，這就是人們擺脫了各種事務以便專心來作沉思的一種狀態。但既然我不知道有什麼詞能適合您的概念，先生，我們可以就照您的用法來用它。對那些我們和其他對象加以別擇並特別偏重的對象，給以注意。注意在心中繼續下去，而不管外界對象繼續與否，甚至也不管這對象在心中發現與否，這是考慮（consideration）；考慮延伸到了與行動無關的認識，就是默想（contemplation）。注意的目的是學習（就是獲得知識以求保持它），這就是研究。為了形成某種計畫來作考慮，這就是沉思（méditer）；但遐想（rêver）似乎不是什麼別的，只是隨心所欲而毫無目標的【胡思亂想】，就是因為如此，遐想可能導致瘋狂：忘了自己，忘了 dic cur hic[②]，接近於做夢和怪誕，在西班牙築起了城堡。我們能把做夢和感覺區別開，只是因為它是不和感覺相聯繫的，這好像是另外一個世界。睡眠是感覺的停止，而在這種方式下，出神是一種很深的睡眠，很難使他醒過來，這來自一種內部的暫時的原因，加上這種原因是為了排除這種沉睡，它是由於某種

② 拉丁文，意即：「為什麼在這裡」；全句意即：「忘乎所以」。

麻醉藥所致，或者是由於對功能的某種持久的損害，如在昏睡病中的情況。出神有時伴隨著幻覺（visions）；但也有並不出神的幻覺，而這幻覺似乎不是什麼別的，無非是一種夢境，它被當作了感覺，好像我們得到了對象的眞相似的。而當這種幻覺是神聖的時，它們是實際包含著眞理的，例如：當它們包含著某種特殊的預言而後來被事實所證實時就可以知道這一點。〕

§4　斐　從心靈有專注或鬆懈的各種不同程度，就可以推論出思想是靈魂的一種活動而不是它的本質。

德　〔無疑地思想是一種活動而不是本質；但這是一種本質的活動，而一切實體都是有這樣的本質的活動。我在上面已經指出過，我們永遠有無數的微知覺而我們並不察覺到它們。我們是永遠不會沒有知覺的，但我們必然是常常沒有察覺的，這就是在沒有清楚的知覺的時候。就是由於沒有考慮這重要之點，才使得一種鬆弛的、既不高尚也不堅實的哲學，在這麼許多優秀的人心中流行，以致使我們一直到現在都對靈魂中最美好的東西幾乎一無所知。而那種教人說靈魂按其本性是有死亡的錯誤理論，爲什麼看起來又這樣像是對的，其原因也在這裡。〕

第二十章　論快樂和痛苦的樣式

§1　斐　由於身體的感覺，也和心靈的思想一樣，或者是無差別的，或者是伴隨著快樂或痛苦的，我們對於這些觀念，也和對其他一切簡單觀念一樣是不能描述的，對於人們用來指這些觀念的語詞，也不能下任何定義。

德　〔我認爲沒有一種知覺對我們來說是完全無差別的，但只要它們的效果是引不起注意的，我們也就足可以這樣來稱它們了，因爲快樂和痛苦似乎是在於一種能引起注意的幫助或阻礙。我承認這個定義根本不是名義上的定義，並承認我們是不能給它一個這種名義上的定義的。〕

§2　斐　善是適於在我們之中產生和增加快樂，或減少和縮短一些痛苦的東西。惡是適於在我們之中產生或增加痛苦，或減少一些快樂的東西。

德　〔我也是同樣的意見。善分爲有德的、適意的和有用的；但歸根到底我認爲，它必須是或者它本身就是適意的，或者能用於別的東西，那東西能給我們一種適意的感覺的，這就是說，善是適意的或有用的，而有德的本身就在於心靈的一種快樂。〕

§4 §5　斐　從快樂和痛苦產生各種情感。我們對那能產生快樂的東西有愛，而一種現在或不在的原因所能產生的悲傷或痛苦的思想，就是恨。但對於那些能夠有幸福或不幸的生物的恨或愛，常常是我們由於考慮到他們的存在或他們所享受的幸福而感到在我們之中產生的一種不安①或愉快。

德　〔當我在我的*Codex juris gentium diplomaticus*②的〈序言〉中說明正義的原則時，也已對愛下過一個和這差不多的定義，就是說，愛是傾向於從所愛對象的圓滿、善或幸福中得到快樂。而爲了這個，人們除了在所愛者的善或快樂中所找到的快樂本身之外，並不考慮也不要求其他的快樂；但在這個意義下，眞正說來，我們是不愛那不能有快樂或幸福的東西的，並且我們是享用這類性質的東西而並不因此就愛它們的，如果不是出於一種擬人法，好像我們自己想像著它們自身也享有它們的圓滿性的話。因此，當我們感到一幅畫的完美而得到快樂，因而說愛這幅美的畫時，這並不眞正是愛。但擴大名詞的意義是允許的，而名詞的用法是變化多端的。哲學家們和神學家們甚至區別兩種愛，一種他們叫做自得的愛（l'amour de conquiscence），這不是什麼別的，無非是對那種能給我們快樂的東西的欲望或感情，而我們

---

① 按「不安」E本原文爲plaisir（「快樂」），G本原文爲deplaisir（「不快」），但照洛克原書爲uneasiness（「不安」），英譯本也作uneasiness，照上文看，既是「恨」與「愛」並提，這裡似也以作「不安」爲較妥，E本當有誤。

② 拉丁文書名，意即《外交國際公法法典》，是一本公法、條約等的集子，萊布尼茲爲該書所作〈序言〉的摘錄，載E本第118-120頁，題爲*De notionibus juris et justitiae*（《論法律和正義的概念》）。

是不關心它是否接受我們的愛的，另一種是仁慈的愛（l'amour de bienveillance），這是對那種以其快樂或幸福也給了我們某種快樂或幸福者的感情。第一種愛使我們著眼於我們自己的快樂，而第二種則是著眼於他人的快樂，但這他人的快樂正是造成或毋寧說構成我們的快樂的，因爲如果它不是以某種方式返回我們身上，我們是不會對它感興趣的，因爲不管怎麼說，要脫離好處本身是不可能的。而這樣就可看到應該怎樣來理解那不計利害的愛或不圖利的害，以便對它的高尚有很好的概念而同時又不落於怪誕。〕

§6　斐　一個人由於一件東西的不在——如果它在是會給他快樂的——而在自身中感到的不安（inquiétude）（英語 uneasiness），就叫做欲望（désir）。這不安是促使人勤奮和積極活動的主要的，且不說是唯一的刺激物；因爲向人提出的某種善，如果這善不在也並不隨之產生任何不快或任何痛苦，而被剝奪了這種善的人也能夠滿意並且不占有它也感到舒服，他是不會想到要對它有欲望，更不會作出努力以求去享受它的。他對於這一類的善只感到一種純粹的心願③，這名詞是用來指那種最低程度的欲望的，它最接近於靈魂對於一種對它完全無所謂的東西所處的狀態，這時一種東西的不在所引起的不快是如此不足道，以致只引起很微弱的願望

③ 原文是 velleité，這是從經院哲學名詞 velleitas 借來的一個詞，意思是「不堅決的意志」或「不完全的意志」，既雖有意但還不足以促使人去行動的一種心理狀態。

而不會使人去想辦法得到它。欲望還會被人所具有的這樣一種意見所熄滅或減緩，這種意見就是認爲那所願望的善，是不可能比照靈魂的不安由於這種考慮而被平息或減弱的程度而被得到的。〔此外，我對您所說的關於不安的話，我在那位著名的英國作者那裡找到了，他的意見是我常常向您轉述的。對英語裡 uneasiness 這個詞的意義，我感到有點困難。但那位法文翻譯者④，他的盡責完成這任務的精明能力是不會引起懷疑的，他在該頁（第二十章§6）底下註腳中指出，作者的這個英文語詞，是指一個人的這樣一種狀態，他感到不舒服，靈魂中缺少安適（aise）和平靜，它在這方面是純粹被動的，這詞得譯作 inquiétude（「不安」），它並不確切地表現同樣的觀念，但是最接近於它的。愼重指出這一點（他又說），對於下一章〈論能力〉是尤其必需的，在那一章中作者對這一類的不安討論得很多，因爲如果對這個詞不附以剛才所指出的觀念，就不可能確切地理解那一章中所討論的那些問題，而這些在全書中是最重要也是最細緻的問題。〕

德　〔這位譯者是對的，而讀了他這位卓越的作者的書使我看到，對於不安的這一考慮，是這位作者特別表現出他那敏銳和深刻的精神的一個主要之點。這就是爲什麼我給予它某種注意的原因，而在仔細考慮了這事之後，我幾乎覺得 inquiétude（「不安」）這個詞，如果

④ 指洛克《人類理智論》的法文翻譯者柯斯特（Pierre Coste）。

沒有充分表達作者的意思，在我看來倒是充分適合事情的本性的，而【英語的】uneasiness 這個詞，如果是表示一種不快（déplaisir），憂愁（chagrin），不舒服（incommodité），一句話，一種實際的痛苦，則是並不適合其本性的。因爲我寧願說，在欲望本身之中，毋寧是有一種安排好準備受痛苦的狀態，而不是痛苦本身。的確，這種知覺和那在痛苦中所有的知覺，有時只是較多和較少的區別，但正是這程度，是痛苦的本質；因爲這是一種能注意到的知覺。我們由食慾和飢餓的區別也看到這一點，因爲當胃的刺激變得太強烈時它就不舒服，所以這裡又得用我們那關於太小而察覺不到的知覺的學說，因爲當我們有食慾和欲望時，在我們之中所進行的東西如果足夠粗大，就會使我們感到痛苦。就是因爲這樣，那創造了我們的存在的無限智慧的造物主，爲了我們好而這樣做，他安排好使我常常處於不知道的狀態並在混亂知覺中，以便能憑本能更迅速地行動，並使我們不會被大量對象的太過清楚的感覺弄得不舒服，這些對象是完全不會再回到我們這裡來的，並且它們的本性是不能進行下去以達到其目的的。我們吞下了多少蟲子而並沒有察覺到它們，我們看到有多少人由於嗅覺太靈敏而感到不舒服，而如果我們的視覺十分敏銳又將會看到多少討厭的對象呢？也是出於這種巧妙安排，自然給了我們一些欲望的刺激，就像是一些痛苦的原料或要素，或者可以說是一些半痛苦，或者（要是您想用誇張說法以便更強烈地表達您的意思的話）就是一些察覺不到的小痛苦，以便使我們享受惡的好處而不接受它的不舒服；因爲否則這些知覺要是太清楚，我們將永遠期待著善而陷於悲慘境地，反之對於這些半痛苦的這種繼續不斷的勝利，那我們在追求欲望並以某種方式滿足了這種欲念或這種心癢狀態時所感到的，給了我們大量的半快樂，它的繼續和積聚（正如一個往下落並達到猛烈下降的重物的衝擊力的繼續那樣）最後就變成一種完全的和眞正的快樂。而歸根到底要是沒有這些半痛苦也就不會有快樂，並且我們也就無法察覺到有某種東西，作爲阻止我們處於安適狀態的障礙，同時幫助我們和使我們感到解除了痛苦。也是在這一點上，人們認識到了快樂和痛苦是有一種親和力的，柏拉圖的《斐多篇》[5]中的蘇格拉底，當他腳癢時就曾指出這一點。考慮到這些小的幫助或小的解救以及察覺不到的擺脫固定傾向的解脫狀態，它們最後是達到一種能注意到的快樂，——這種考慮也能用來給我們某種對我們所具有並當有的對快樂和痛苦的混亂觀念的較清楚的認識；正如對熱和光的感覺是大量微小運動的結果，這些運動是表現著對象的運動的，照我在以上所說過的那樣（第九章§13）[6]，並且它們和對象的運動的區別只是表面上的，以及是因爲我們沒有察覺到這種分析；反之今天有許多人認爲我們對可感覺性質的觀念是和運動[7]及在對象中所發生者在種類上（toto genere）有區別的，並且是某種原

---

[5] 《斐多篇》（*le Phédon*）60.B.

[6] 原文如此，但上文第九章並無§13，疑爲§4之誤。

[7] G本和E本原文均爲"mouvemens"（「運動」），英譯作"notions"，（「概念」）疑爲"notions"之誤。

始的和不可解釋的東西，甚至是任意武斷的，好像上帝使靈魂感覺到他覺得好的東西而不是在物體中所發生的東西，這是和對我們觀念的眞正分析相去很遠的。但還是回頭來談**不安**，這就是說，那種微小的、知覺不到的激動，它使我們永遠像懸在空中，那是一種混亂的決定，以致我們常常不知道自己缺少什麼，反之在**傾向**或**情感**中我們至少知道我們要什麼，雖然那些混亂知覺也進入它們的活動方式中，並且同樣這些情感也引起不安或那種心癢狀態。這些衝動就像許多小彈簧，它們盡力要自己放鬆，並使我們的機器運轉起來。而我在上面已指出過，就是因爲這樣，我們是永遠不會無差別的，即使當顯得最像是無差別的時候，例如：當到了三岔路口是轉向右還是向左這種情形也是如此。因爲我們採取哪一方，是出於這些感覺不到的決定，混合著對象的活動和身體內部的活動，它使我們覺得這樣辦比那樣辦要安適些。在德語裡把鐘擺叫做 Unruhe，意思就是**不安**。我們可以說我們的身體也是這樣的，它永不會完全安適；因爲當它這樣時，在器官中、內臟中、血脈中的一點微小變化，立刻就會改變了平衡而使它們作出某種微小的努力以求重新回到盡可能最好的狀態；這就產生了一種經常的鬥爭，它就造成了我們這座鐘的不安，所以這稱呼是很合我的心意的。〕

§6　斐　**愉快**（joie）是當靈魂考慮到占有一種當前的或將來而靠得住的善時它所感到的一種快樂；而當一種善是在我們的權力範圍之內，以致我們只要願意就可以享用它時，我們就是**占有**了這種善。

德　〔各種語言缺乏足夠適當的詞來區別那些接近的概念。也許拉丁文中 Gaudium 這個詞比 Laetitia 這個詞更接近愉快的這一定義，那 Laetitia 也是譯作 joie（愉快）的；但這樣一來，在我看來它就是指這樣一種狀態，在這種狀態中，快樂在我們之中占優勢，因爲在最深切的悲哀和最揪心的憂愁中人也能夠得到某種快樂，就像喝酒或聽音樂那樣，只是不快是占優勢；而同樣在最尖銳的痛苦中心靈也可以是愉快的，在那些殉道者就有這種情形。〕

§8　斐　悲哀（Tristesse）是靈魂想著一種本來可以享受更長時間而卻失去了的善，或當它受當前現實的惡折磨時的一種不安。

德　〔不僅是當前的、現實的，而且還有對將來的一種惡的恐懼也能使人悲哀，所以我認爲我剛才所給的對愉快和悲哀的定義，比較更適合習慣用法。至於說到不安，在痛苦中，並因此也在悲哀中，是有某種比不安更多的東西的；而不安甚至也在愉快中，因爲它使人覺醒，使人活躍，充滿希望以求更向前進。愉快也能由於情緒過於激烈而致死，而這樣在它之中也就有比不安更多的東西。〕

§9　斐　希望是靈魂想著它也許當能享受一種適於給它快樂的東西時的滿足，（§10）而恐懼是當靈魂想著一種未來的、可能發生的惡時的一種不安。

德　〔如果不安意謂著一種不快，我承認它是永遠伴隨著恐懼的；但把它作爲推動著我們的那種感覺不到的刺激，我們也能把它應用在希望上。斯多噶派把情感也作爲思想

（opinion）。這樣希望在他們就是對於一種未來的善的思想，而恐懼就是對於一種未來的惡的思想。但我寧願說這些情感既不是滿足，也不是不快，也不是思想，而是一些傾向，或毋寧說是傾向的一些樣態，它們是從思想或感覺來的，並且是有快樂或不快伴隨著的。〕

§11　斐：失望是一個人想著一種善不能得到時的思想，它有時能引起愁苦，有時則使人平靜。

德　〔失望作爲情感是一種很強烈的傾向，發現自己被完全阻住了，這會引起劇烈的鬥爭和重大的不快。但當失望是伴隨著平靜和無痛苦狀態時，它毋寧是一種思想而不是情感。〕

§12　斐：憤怒是我們在受到某種傷害後所感到的這種不安或煩亂，它伴隨著一種要復仇的當前的欲望。

德　〔憤怒似乎是某種更簡單、更一般的東西，因爲禽獸在沒有受到什麼傷害時也會動怒。在憤怒中有一種想要消除那惡的強烈的努力。復仇的欲望是當一個人熱血已經冷卻並且毋寧是有仇恨而不是憤怒時還能繼續存在的。〕

§13　斐：妒忌是靈魂的這樣一種不安（不快），它起於這樣的考慮，即考慮到我們想有的一種善，卻爲另一個人所占有，而在我們看來他是不應該比我們優先占有它的。

德　〔要是照這個概念，妒忌就會永遠是一種值得稱讚的情感了，並且永遠是基於正義的，至少照我們的意見是這樣。但我不知道人們是否常常對那種公認的功勳也心懷妒忌，要是他們能做主的話就會毫不遲疑地糟蹋它。他們甚至對於別人有了一種他們自己並不在乎的善也心懷妒忌。他們只要看到別人的善被奪去就滿意了，並不想到別人被剝奪了他們自己能得到什麼好處，甚至也不可能希望得到好處。因爲有些善就像是畫在壁上的壁畫，你可以摧毀它，卻是拿不掉它的。〕

§17　斐　大部分的情感在許多人的身體上造成印象，並在其中引起各種變化；但這些變化並不永遠是可以感覺到的。例如：**羞恥**，這是當人正考慮到已做了什麼失禮的事或可能使人家看輕自己的事時所感到的靈魂的不安，它並不總是伴隨著臉紅。

德　〔如果人們能尋求更密切地去觀察伴隨著情感的外部運動，這些將會是很難掩蓋的。至於說到羞恥，值得考慮一下有些謙遜的人，有時當他們僅僅看到旁人的一件失禮的行爲時也會感到那種和羞恥相似的運動。〕

第二十一章　論能力兼論自由

§1 斐　〔心靈觀察到一件事物怎麼停止了存在和原先沒有的另一件事物怎麼進入了存在，並得出結論認為將來也會有同樣的情況由同樣的原動者產生，它就來考慮在一件事物中具有它的一個簡單觀念被改變的可能性，以及在另一件事物中有產生這變化的可能性；心靈就是通過這樣的方式形成了能力的概念。〕

德　〔如果能力（puissance）相當於拉丁文的 potentia①一詞，它是和 acte②一詞相對立的，而從能力到活動（acte）的過渡就是變化。當亞里斯多德說運動就是在潛能（puissance）③中的東西的活動（acte），或者可以說實現（actuation），他對運動這個詞就是這樣理解的④。因此，可以說能力一般就是變化的可能性。而這種可能性的變化或實現，在一個主體中是主動的而在另一個是被動的，因此，能力也有兩種：一種是被動的，另一種是主動的。主動的能力可以叫做功能（faculté），而被動的能力也許可以叫做容受力（capacité）或接受

---

① 拉丁文的 potentia，以及與之相應的法文 puissance，英文 power，有「能力」的意義，同時又有「潛在」的意義，故有些場合當譯作「潛能」，而 acte 一詞則有「活動」、「動作」、「主動」等意義，同時又有「實現」、「現實性」等意義。

② 同前註。

③ 參閱亞里斯多德《物理學》III. I, 201^{a}10；《形上學》K.9.1065^{b}16。

④ 同前註。

力（réceptivité）。的確，主動的能力有時是在一種更完全的意義下來看的，這時它除了簡單的功能之外還有傾向（tendance）；而我在我的關於動力論（dynamiques）的考慮中⑤就是用這個意義的。力（Force）這個詞可能特殊地適用於它；而力或者是隱德萊希（Entéléchie），或者是努力（Effort）；因爲隱德萊希（雖然亞里斯多德把它看作如此概括的意義，以致它還包括一切現實活動和一切努力）在我看來毋寧適合於原始的能動的力（Forces agissantes primitives），而那努力則適合於派生的（dérivatives）力。甚至還有一種更特殊的，並且更賦有實在性的被動能力；這就是那在物質中的被動能力，在其中不僅有可動性，即容受或接受運動的能力，而且還有抵抗力，它包括不可入性和慣性。那些隱德萊希，就是說那些原始的或實體性的傾向，當它們伴隨著知覺時，就是靈魂。〕

§3　斐　能力的觀念表現著某種相關的事物。但我們所有的不論哪種觀念，哪一個不是包含著某種關係的呢？我們對於廣延、綿延、數的概念，不是都本身包含著一種各部分之間的祕密關係嗎？同樣這回事在形狀和運動中還更加顯然可見地使人注意到。那些可感性質，除了是

⑤ 參閱其 De primae philosophiae emendatione, etc.（〈關於哲學的首次改進等等〉），發表於 *Acta Eruditorum*（《學報》），一六九四年，第110頁以下，載G本第四卷，第468-470頁；E本第121-122頁；又 *Specimen dynamicum*（《動力學文範》），見 Gerhardt 編《萊布尼茲數學著作集》第六卷第234頁以下。

各種物體和我們的知覺相關聯的能力之外又是什麼呢？而它們本身不是依賴於各部分的大小、形狀、結構和運動嗎？這就在各部分之間放進了一種關係。所以我們對於能力的觀念，在我看來很可以放在其他簡單觀念之列。

德　〔歸根到底剛才所列舉的那些觀念是複合的。那些可感性質的觀念之被列在簡單觀念之中只是由於我們的無知，而別的一些我們清楚認識的觀念之被列在其中只是由於一種寬容，這種寬容應該最好是不要有的。這差不多有點像對於那些通常的公理的情形，這些公理是可以而且值得放在定理一起加以證明的，而人們卻讓它們被當作公理，好像是原始眞理似的。這種寬容，遠比我們所想的更有害。誠然我們不是永遠處於讓它過去的狀態。〕

§4　斐　如果我們細心考慮，物體並不通過感官向我們提供一個主動能力的觀念，和我們通過對我們心靈活動所作的反省而得到的主動能力觀念一樣明白和一樣清楚。我認爲只有兩類活動是我們具有觀念的，即思想和運動。關於思想，物體並不給我們對它的任何觀念，我們只是通過反省才有思想這個觀念。從物體我們也得不到任何開始運動的觀念。

德　〔這些考慮是非常好的。雖然這裡思想一詞是作爲非常概括地來理解的，以致包括一切知覺，但我不想在語詞用法上來爭論。〕

斐　當物體是自身在運動時，這運動在這物體是一種主動活動而不是被動。但當彈子在球杆衝擊下滾動時，這就不是彈子的主動活動而只是一種簡單的被動。

德　〔對這一點是有些話要說的，因爲物體若不是本身已有運動，則按照我們在其中觀察到的規律它是不會由衝擊接受運動的。不過現在且把這個問題放過去。〕

斐　當那彈子推動了在它前進路上的另一顆彈子並使它運動時，情形也是一樣的，它只是把它接受來的運動傳遞給另一顆彈子，並以此失去了同樣多的運動。

德　〔我看到，這個錯誤的意見，是笛卡兒派使之流行起來的，就是說物體好像在它給別的物體以運動時自己就失去同樣多的運動，這個意見今天已爲實驗和理性所摧毀，甚至那位著名的《眞理的尋求》的作者⑥，也已放棄了這個意見，他發表了一篇小論文來明白表示取消自己的這個觀點，但這意見卻仍舊還在給予機會讓一些高明人士犯錯誤，在這樣敗壞的一個基礎上來構築推理的大廈。〕

斐　運動的傳遞只給我們一個關於物體中運動的主動能力的非常模糊的觀念，而我們並沒有看到什麼別的，無非是物體傳遞著運動而並沒有以任何方式產生運動。

德　〔我不知道人們在這裡是否以爲運動是從一個主體過渡到另一個主體，並且是同一個

---

⑥ 指馬勒伯朗士。這裡所提的「小論文」，題爲《論運動的傳遞》（*Traité de la communication du mouvement*），可在其全集德譯本第三卷中找到。

運動（idem numero）⑦被傳遞著。我知道有些人，是不顧整個經院哲學的看法，而達到了這步田地的，其中除旁人外就有耶穌會士卡薩蒂神父（Paolo Casati）⑧。但我懷疑這會是您的意見或您的高明朋友們的意見，他們通常是離這類幻想很遠的。可是如果不是同一個運動被傳遞，那就得承認有一新的運動在接受的物體中產生；這樣，那給予運動的物體就是主動的，雖然它同時由於失去了力又是受動（pâtir）的。因爲雖然物體並不是眞的失去了它所給出的一樣多的運動，卻永遠眞的是它失去了運動，並且失去了它所給出的一樣多的力，正如我在別處解釋過的，所以永遠必須承認在它之中有力或主動能力。我把能力理解爲如我在前面說明過一下的更爲高貴的意義，在那裡傾向是和功能相結合的。可是我永遠同意您所說的，我們對於主動能力的最明白的觀念是來自心靈。它也只在和心靈有所類似的東西之中，即在隱德萊希中，因爲物質眞正說來只表現出被動的能力。〕

§5　斐　我們發現在我們自身之中有一種能力，來開始或不開始、繼續或終結我們靈魂的多種活動和我們身體的多種運動，而這簡單地只是由於我們心靈的一種思想或一種選擇，它決定和可以說命令這樣一個特殊的活動要做或不要做。這種能力我們就叫做**意志**（Volonté）。

---

⑦ 拉丁文，意思是：「同一號」，這裡就是指「同一個運動」。

⑧ 卡薩蒂神父（Paolo Casati, 1617-1707），義大利耶穌會神父，曾在羅馬教授數學和神學。

這種能力的實際運用就叫做意欲（Volition）；跟隨著靈魂的這樣一種命令的活動的停止或產生叫做隨意的（Volontaire），而沒有靈魂的這樣一種指揮所完成的一切活動則叫做不隨意的（involontaire）。

德　〔我發現這一切都很好，很正確。可是爲了說得更確當一點和再向前推進一點起見，我要說，意欲是趨向人們覺得好的和遠離人們覺得壞的東西的努力或傾向（conatus⑨），所以這種傾向是人們對它們的察覺的直接結果；而這一定義的繹理就是這一著名的格言：意志與能力相結合則行動隨之，因爲一切傾向當不受阻礙時就會有行動跟隨。因此，不僅我們心靈的內部的隨意活動是跟隨著這種conatus⑩，而且還有外部的，就是我們身體的隨意運動，由於靈魂和身體的結合——我在別處已說明其理由——也是這樣的。此外，還有從那些我們沒有察覺的、感覺不到的知覺來的努力，我寧願稱之爲欲望（appétitions）而不叫做意欲（Volitions），（雖然也有一些欲望是可以察覺的），因爲我們只把那些能夠察覺的，並且當其遵循善惡的考慮時能夠爲我們加以反省的活動，叫做隨意的活動。〕

---

⑨ 拉丁文，意即：「傾向」，這詞也有「努力」、「企圖」等意思。

⑩ 同前註。

斐　察覺的能力我們叫做理解力（entendement）⑪，它包括對觀念的知覺，對記號的意義的知覺，以及最後，對我們某些觀念之間的適合或不適合的知覺。

德　〔我們察覺我們之內和之外的許多東西而對它們並不理解，而當我們用反省的能力對它們有清楚的觀念並從之引出必然眞理時，我們就理解它們了。就是因爲這樣，禽獸至少在這個意義下是沒有理解力的，雖然它們也有一種功能來察覺那些比較能引起注意和比較突出的印象，就像一頭野豬那樣，它對那向它吼叫的人也能察覺並且直接向那人衝去，對那個人它以前也只有一種赤裸裸的而又是混亂的知覺，就和落到它眼前並以其光線打動了它的水晶體的一切其他對象一樣。因此，照我看來理解力相當於拉丁文中叫做 intellectus（理智）的東西，而這種功能的運用就叫做 intellection（理智作用），是一種和反省的功能相結合的清楚的知覺，這是禽獸所沒有的。一切和這種功能相結合的知覺是一種思想，這是我和理解力一樣不歸之於禽獸的，所以我們可以說，當思想是清楚的時，就有了理智作用。此外，對記號的意義的知覺在這裡不值得和對所意指的觀念的知覺區別開來。〕

§6　斐　人們通常說理解力和意志是靈魂的兩種功能（facultés），這名詞是足夠適當

---

⑪ entendement 一詞，英語爲 understanding，本書一般譯作「理智」，是跟從一些出版物已用的譯名，但不易與 intellect 等詞在譯名上相區別。此處爲照應下文，改譯作「理解力」。

的，如果我們像使用一切語詞所應當的那樣來使用它，留心使語詞不要在人的思想中造成任何混亂，如在這裡關於靈魂我懷疑就有這種情況。當人家告訴我們說，意志是靈魂的這種高級的功能，它支配和命令著一切，它是自由的或者不是自由的，它決定著較低級的那些功能，它遵從**理解力的啓示**（dictamen）；（雖然這些說法都是可以在一種明白而清楚的意義下理解的）；我卻恐怕它們已在很多人心中造成一種混亂的觀念，以爲有這許多**原動者**（agens），在我們心中分別地活動著。

德　這是一個經院哲學家們長期爭論不休的問題，即靈魂和它的各種功能，以及一種功能和其他的功能之間，是否有實在的區分。唯實論者說是，而唯名論者說否。而同一個問題在關於許多其他**抽象的東西**方面也引起了爭論，這些東西應該是遵照同樣的命運的。但我並不認爲在這裡有必要來對這個問題作出決定和陷到這荊棘叢中去，雖然我記得伊比斯哥比烏斯（Simon Episcopius）⑫曾認爲這問題是如此重要，以至他相信如果靈魂的功能是一些實在的東西，則就不可能主張人的自由。可是，即使它們是各別的**實在的東西**，也除非是亂說過頭話

⑫ 伊比斯哥比烏斯（Simon Episcopius, 1583-1643），這裡所談到的作品是指他的"*De libere arbitrio*"（《論意志自由》），特別是其中第二章，見其"*Opera Theologica*"（《神學作品集》）第一卷第198頁，倫敦及鹿特丹，一六六五至一六七八年版，兩卷集。

才能把它們當作實在的原動者。並不是功能或性質在活動，而是實體用了功能來活動。

§8　斐　當一個人有能力按照他自己心靈的偏好或選擇來從事思想或不思想，運動或不運動時，在這個範圍內他是自由的。

德　〔自由這個名詞是很含糊的。有法權上的自由和事實上的自由。照法權上的自由來說，一個奴隸是毫無自由的，一個臣民也是不完全自由的，但一個窮人則是和一個富人一樣自由的。事實上的自由或者在於如一個人所應當的那樣去意願的能力，或者在於做一個人想做的事的能力。您所說的是做事的自由，而它是有程度的不同和各色各樣的。一般地說來，有更多手段的人，就有更多自由來做他想做的事；但人們特殊地把自由理解爲對於習慣上在我們權力範圍內的事物的使用，尤其是對我們身體的自由使用。這樣，那監禁和疾病，它們阻止我們使身體和四肢做我們所願意，並且通常情況下是能夠做的運動，這就妨礙了我們的自由；這樣，一個囚犯就是毫無自由的，而一個風癱病人也不能自由使用他的四肢。意志的自由又可以從兩種不同的意義來看。一種意義是當我們把它和心靈的不完善或心靈的受役使相對立時所說的，那是一種強制或束縛，但是內部的，如那種來自情感的強制或束縛那樣。另一種意義是當我們把自由和必然相對立時所說的。在第一種意義下，斯多噶派說只有哲人是自由的；而事實上當一個人心靈爲巨大的情感所占據時就是毫無自由的，因爲那時人就不能像應當的那樣來意願，就是說不能通過所必需的深思熟慮。就是因爲這樣，只有上帝是完全自由的，而被創造的心靈只有在他們超越情感的範圍內才有一定程度的自由。而這種自由眞正說來是相關於我們的理智的。但和必然相對立的心靈的自由，是相關於赤裸裸的意志，作爲與理智區別開的意志來說的。這就是所謂的意志自由（franc-arbitre），而它就在於：人們意欲理智呈現於意志之前的最強而有力的理由或印象，也不阻止意志的活動成爲偶然的，而不給它一種絕對的和可以說是形上學的必然性。而正是在這種意義下，我習慣於說，理智能夠按照占優勢的知覺和理由來決定意志，其決定的方式是：即使它是確定無誤的，它也只是使意志傾向於什麼而不是必然地逼使它怎樣。⑬〕

§9　斐　考慮一下這樣一點也很好，就是還沒有誰想到把一個球當作一個自由的原動者，不論它是因爲球拍的擊打而在運動中還是在靜止中。這是因爲我們並不設想一個球在思想或有任何意欲，使它寧願運動而不靜止。

德　〔如果無阻礙地活動的就是自由的，那麼一個球一旦在一個水平面上運動就會是一個自由的原動者。但亞里斯多德已經很好地指出過，要叫某些活動是自由的，我們要求它們不僅

---

⑬ 參閱萊布尼茲：《神正論》（*Essais de Théodicée, etc.*）第一部分§51、§52；G本第六卷第130-131頁，E本第517頁。

是自動的（spontanées），而且是經過深思熟慮的（délibérées）。⑭〕

斐　就是因爲這樣，我們是在一種必然事物的觀念下來看待球的運動或靜止的。

德　〔必然這個稱呼也和自由一樣需要愼重。這樣一個有條件的眞理，即：假定球是在一個平整的水平面上不受阻礙地運動，它就將繼續同樣的運動，可以看作在某種方式下是必然的，雖然歸根到底這一結論就不完全是幾何學的，它可以說只是推定的，並且是基於上帝的智慧，他是不會毫無理由地改變他的影響的，而這種理由人們假定當前並沒有發現。但這樣一個絕對的命題，即：這個球現在在這個平面上運動，只是一個偶然的眞理，而在這個意義下，球是一個偶然的而非自由的原動者。〕

§10　斐　假定有一個人，當他沉睡時被送到一個房間裡，那裡有一個人是他非常期望看到和跟他談話的，人們把房門給他鎖上了；這個人醒過來了，發現自己和那個人在一起而非常喜歡，就這樣很高興地留在那房間裡。我不認爲有人會想到懷疑這個人不是自願⑮留在那地方

---

⑭ 參閱亞里斯多德：《尼哥馬可倫理學》，第 III 卷，1111以下、1113^b。

⑮ 原文爲 volontaire，意思就是「出於意志的」，上文譯作「隨意的」，但在漢語中「隨意的」又有「任意」、「隨心所欲」等意味，在此處易滋誤解，故改譯作「自願」。以下此詞當隨上下文意或譯「隨意的」或譯「自願的」。其對立的詞 involontaire 也准此或譯「不隨意的」或譯「非自願的」。

的。可是他並沒有自由如果想出去就可以出去。因此，自由不是屬於意欲的一個觀念。

德 〔我發現這個例子選擇得很好，可以用來表明，在一種意義下，一個活動或一種狀態可以是自願的而非自由的。可是當哲學家和神學家們就意志自由問題進行爭論時，他們心目中是有完全另外的意義。〕

§11 斐 當風癱病阻礙四肢服從心靈的決定時，是缺乏自由的，雖然就風癱病人本身來說，當他寧願坐著而不想挪動地方時，坐著不動可能是一件自願的事。因此，自願不是和必然相對立，而是和不自願相對立的。

德 〔這種表達的準確性可能非常合我的意，但習慣用法離這是很遠的；而那些把自由和必然相對立的人，他們的意思所說的不是指外在的活動，而是意志的活動本身。〕

§12 斐 一個醒著的人是沒有自由來思想或不思想的，正如他沒有自由來阻止或不阻止他的身體接觸任何其他物體一樣。但要使他的思想從一個觀念轉到另一個觀念，卻常常是能由他支配的。而在那種情況下，他對於他的觀念，是和對於他所據的身體一樣有自由的，他可以從一個觀念轉到另一個觀念，就像他在做幻想時那樣。可是有一些觀念，也像身體上的某些運動一樣，是牢牢地固定在心靈之中，以致在某些情況下，是不論你作了多少努力都無法免除的。一個在受酷刑折磨的人就沒有自由來免除痛苦的觀念，而有時一種強烈的情感攪動我們的心靈，也就像最狂暴的颶風攪動我們的身體一樣。

德　（在觀念之中是有秩序和聯繫的，也正如在運動中一樣，因爲二者是完全符合的，儘管在運動方面的決定是無意識的，而在思想的東西方面則是自由的或能作選擇的，善與惡只是使那思想的東西有某種傾向而並不是強迫它怎樣。因爲靈魂在表象著物體的同時仍保持其自身的圓滿性，而靈魂雖然在不隨意的⑯活動中依賴於身體（取其好的意義），它仍是獨立不依的，而是使身體在其他方面依賴於它自身。但這種依賴只是形上學的，並且是在於上帝在支配著另一方的同時對這一方所給予的注意，或者按照每一方的原始圓滿性的程度而對這一方和另一方給予的注意；反之，那物理上的依賴性則在於一方對它所依賴的另一方所接受的直接影響。此外，還有一些不隨意的思想來到我們心中，一部分是從外面來自打動我們感官的那些對象，一部分是從內部由於先前的知覺遺留下來的印象（常常是感覺不到的），它們在繼續起作用，並且和新來的印象混合在一起。在這方面我們是被動的，而甚至當我們醒著時，各種影像（在這名稱之下我不僅指那些形狀的表象，而且也包括聲音和其他可感性質的表象）也來到我們心中，就像在夢中一樣，都是不召自來的。德語中把這些叫做 **fliegende Gedanken**，就像是說飛的思想，它是我們無能爲力的，而其中有時有很多荒唐的東西，使那些好人得謹愼小心，而給宗教懷疑論者和良心的指導者們提供了鍛鍊的材料。這就像那幻燈似的，隨著某種東西在

---

⑯ G本和E本原文均爲“involontaires”（「不隨意的」），英譯作“voluntary”（「隨意的」），誤。

裡面轉動，就在壁上顯出各種形象。但我們的心靈察覺到某種影像回來了，可以叫道：停住，並且可以說抓住了它。還有，我們的心靈，當它覺得好時，也進入某些思想進程，這些又把它引到別的思想進程。但這只有在內部或外部的印象不占支配地位時才如此。的確，在這方面，人們隨著他們的脾氣和對他們的控制能力的鍛鍊不同，是有很大不同的，所以有人能支配這些印象而有人就把它們放過了。〕

§13　斐　凡是不具備任何思想的地方，就是必然性發生作用的地方。而當這種必然性見之於一個能做意欲的原動者，並且某種活動的開始或繼續是違反他的心靈的偏好時，我稱之爲強制（法語 contrainte，英語 compulsion）；當一種活動的阻止或停止是違反這原動者的意欲時，讓我把它叫做拘束（法語 cohibition，英語 restraint）。至於那些絕對地既無思想也無意欲的原動者，就是在一切方面都是必然的原動者。

德　〔我覺得，正確地來說，雖然意欲是偶然的，必然性卻不應該是和意欲相對立，而是應該和偶然性相對立，正如我在§9已指出過的那樣，並且必然性也不應該和決定相混淆，因爲在思想中也和在運動中一樣有聯繫或決定的（被決定和強制性地被推動或被迫使是完全兩回事）。而如果說我們並不是永遠注意到那決定了我們或我們藉以作出決定的理由，那是因爲我們正如不能分清自然使之在身體中起作用的一切機器一樣，也同樣很少能察覺我們心靈及其思想的全部作用，這些思想在最常見的情況下都是感覺不到並且混亂的。因此，如果把必然性理解爲人的確切決定，以至對於在人的內部和外部所發生的一切情況的一種完全的知識能使一個圓滿的心靈作出預見，那麼一切思想既和它們所表象的一切運動一樣是被決定的，則一切自由的活動就一定是必然的。但必須把必然的和雖受決定但是偶然的區別開；而不僅偶然的眞理不是必然的，而且它們的聯繫也不是永遠有絕對的必然性的，因爲必須承認，在必然的事情的後果和偶然的事情的後果之間，其決定的方式是有區別的。幾何學的和形上學的後果是必然的，但物理學的和道德的後果則只是傾向而並不必然；而物理的東西甚至關於上帝方面來說也有某種道德的和隨意的東西，因爲運動的規律並無別的必然性，無非是必求其最好的。而上帝是自由地作選擇的，雖然他是被決定了要選擇最好的；而物體本身既不作選擇（上帝爲它們作了選擇），習慣上要把它們叫做必然的原動者，我也並不反對，只要不把必然的和被決定的混淆起來，並且不要以爲自由的東西是以一種不受決定的方式活動的就行，這一錯誤，曾在某些人心中流行，並且毀壞了那些最重要的眞理，甚至包括這一根本的公理：沒有什麼是毫無理由地發生的，要是沒有這一條，則不論是上帝的存在，或是其他一些偉大的眞理都會無法很好地證明了。至於說到強制，最好把它分爲兩類。一類是物理上的，如不管一個人願意不願意把他送進監獄，或者把他從懸崖上扔下去；另一類是道德上的，例如：一種更大的惡的強制，而這種活動儘管是在某種方式下受強迫的⑰，仍舊是自願的。人們也可以受對於一種更大的善的考慮所強制，如當人們向一個人提議給他一種太大的好處去誘惑他時就是這樣，雖然人們習慣上不把這叫做強制。〕

§14　斐　現在讓我們來看一看，是否能把一個如此長期以來擾亂人心的問題作個了結，這個問題在我看來是非常不合道理的，因爲它是不可理解的，這問題就是：**人的意志是否自由**。

德　〔對於人們爲了一些沒有想好的問題而擾攘不休來折磨自己的這種奇怪方式大聲疾呼，是很有道理的。他們是尋求他們所知道的，而不知道他們所尋求的是什麼。〕

斐　自由只是一種能力，它單只是屬於原動者而不能是意志的一種屬性或樣態，意志本身也無非是一種能力而不是什麼別的。

德　〔按照語詞的正確用法，先生，您是對的。可是人們對於已被一般接受的用法也可以要求作某種變通的。這樣，人們習慣上就把能力歸之於熱或其他性質，這就是歸之於具有這種性質的物體；同樣地，這裡所包含的意思也就是要問人在意欲時是否自由的。〕

§15　斐　**自由**是一個人所具有的照他的意志來做或不做某種活動的能力。

---

⑰ G本作："et cette action, quoyque forcée en quelque façon"（譯文准此），E本及J本作"Car l'action, qu'elle fait faire"（「因爲它使人去做的這種活動」）。

德　如果人們把自由僅僅理解爲這樣，那麼當他們問意志或主宰是否自由時，他們的問題就會是眞正荒謬的了。但我們馬上就會看到他們問的是什麼，並且我甚至已經接觸到過這一點了。的確，不過是根據另一條原則，他們（至少有很多人）在這裡仍舊是問的荒謬的和不可能的問題，他們是想要一種絕對地想像的和行不通的平衡的自由，這種自由即使他們有可能具有也是對他們毫無用處的，這就是說，他們是要有自由來違反一切能來自理智的印象而從事意欲，這將把眞正的自由和理性一起加以毀滅，而使我們降低到禽獸之下的地位。

§17　斐　有人會說，說話的能力指揮唱歌的能力，而唱歌[18]的能力服從或不服從說話的能力，他的這種表達方式，和有人如人們所習慣於說的那樣，說意志指揮理智，而理智服從或不服從意志，這種表達方式是同樣正確同樣可理解的。§18可是這種說法已經流行，並且如果我沒有弄錯的話已經引起很多混亂，雖然思想的能力對於選擇的能力所起的作用，並不比唱歌的能力對跳舞的能力所起的作用更大。§19我承認，一種這樣或那樣的思想，可以給人提供機緣，使他來運用他所具有的選擇能力，而心靈的選擇可以是他實際想著這樣或那樣事物的原因，正如實際唱某種曲調可以是跳某種舞的機緣一樣。

德　〔這裡除了提供機緣之外還有點更多的東西，因爲這裡有某種依賴；因爲人們只能

---

⑱ G本作"parler"（「說話」），顯係誤植或原稿筆誤，E本J本均作"chanter"（「唱歌」），現從之。

意欲他看到是好的東西，而隨著理智功能的改進，意志的選擇就更好，正如另一方面，隨著人的意志堅強，他就能依照他的選擇來決定思想，而不是受那些不隨意的知覺所決定和被拖著走。〕

斐　能力是一種關係而不是原動者。

德　〔如果說那些本質的功能只是一些關係而並沒有在本質上增加什麼，那麼那些偶然的或能起變化的性質和功能則是另一回事，而對於後者我們可以說它們在施行其職能時常常是互相依賴的。〕

§21　斐　在我看來，問題不應該是意志是否自由，這樣說法是很不恰當的，而應該是：人是否自由。確定了這一點，則我說，只要一個人能夠由他的心靈指揮或選擇而寧願讓一種活動存在而不是這種活動不存在以及相反，也就是說，他能夠照他的心意而使它存在或使它不存在，在這個範圍內他是自由的。而我們幾乎不能說，怎麼可能設想一個存在物比他能做他想做的還更自由；所以，人就其相關於依賴著他本身具有的這種能力的活動來說，似乎是和自由所可能使他自由者一樣自由的，如果我敢於這樣來表達自己的意思的話。

德　〔當人們討論意志自由或自由主宰（**franc arbitre**）問題時，他們所問的不是人是否能做他想做的，而是他的意志本身是否有足夠的獨立性。人們不是問他的四肢是否自由或是否有活動餘地而無人掣肘，而是問他的心靈是否自由，以及這種心靈的自由是在於什麼。在這方

面，一個心智是可以比另一個心智更自由的，而最高的心智將具有一種完全的自由，爲被創造的生物所不能有的。〕

§22　斐　天然地好窮究的人們又喜歡盡可能地使自己的心靈擺脫有罪的思想，儘管這是靠使自己陷於一種比命定的必然性更壞的境地才達到也罷，他們對這一點卻不滿意。除非自由的範圍擴展得更遠，他們是不高興的，而這一點在他們看來是一個極好的證據，證明人除非同樣還有意欲的自由，正如他有做他意欲做的事的自由一樣，就根本不是完全自由的。§23 對此我認爲，當一種活動一旦被提到人的心靈面前時，對於意欲這種在他能力範圍之內的活動這一特殊活動來說，人不會是自由的。其理由是顯然可見的，因爲活動是依賴於他的意志的，這種活動就必須存在或者不存在，這是有十足必然性的，而它的存在或者它的不存在不能確切地遵照他的意志的決定和選擇，因此，他就不能避免來意欲這種活動的存在或不存在。

德　〔我將認爲他可以把他的選擇擱置起來，而這種情況是很常見的，尤其是當其他思想來打斷了深思熟慮時是這樣；因此，雖然人所思慮的活動也許必須存在或不存在，但並不能由此得出結論說他就得必然地決定它的存在或不存在；因爲不存在的情況是不作決定也能發生的。這就像古代的最高法庭法官那樣，他們發現一個人的案件太難判斷，就事實上把這個人釋放了，把他送到遠遠的邊境，然後用一百年的時間來思考這問題。〕

斐　要是以這樣的方式使人自由，我是說，使意欲的活動依賴於他的意志，那就得有在先的另外一個意志或意欲的功能來決定這意志的活動，然後又得另有一個意志來決定那一個，這樣以至無窮；因爲無論你停止在哪裡，那最後一個意志的活動總不會是自由的。

德　〔當有人說得好像我們是意欲著意欲時，的確這說的不恰當。我們不是意欲著意欲，而是意欲著做事，而如果說我們意欲著意欲，那就會是我們意欲著意欲著意欲，這樣以至無窮；可是也不必諱言我們也常常通過某些意欲的活動而間接地促成其他一些意欲的活動，並且一個人雖然不能意欲他所意欲的，正如他甚至也不能判斷他所意欲的一樣，但他卻能事先這樣來幹，使得有朝一日他來判斷或意欲那他在今日會願能意欲或判斷的。人們迷戀於有利於某一黨的人物，演說和各種考慮，而對那些來自對立的一黨的則就不予注意，而通過這種巧妙辦法以及其他千百種人們往往並無一定計畫也未加思考就用的辦法，人們成功地欺騙了自己或至少改變了自己，並隨著其所遭遇或者變好或者變壞。〕

§25　斐　那麼，既然很清楚，人並沒有**自由來意欲著意欲與否**，在這以後要問的第一件事就是：**人是否有自由來意欲兩者之中他所喜歡的，例如運動或靜止**？但這個問題本身就是這樣明顯地荒謬的，足夠使任何一個願作思考的人深信，自由在任何情況下都與意志無關。因爲問一個人是否有自由來意欲那他所喜歡的，如運動或靜止，說話或沉默，這就是問，一個人是否能意欲他所意欲的，或喜歡他所喜歡的，這樣一個問題，照我看來是不需要回答的。

德　〔儘管這樣，的確人們在這裡發現有一個困難，是值得予以解決的。他們說，在一切都認識和一切都考慮了之後，他們還是能夠來意欲不僅那使他們最喜歡的，而且還有那完全相反的，僅僅爲了這樣來表明他們的自由。但必須考慮到，雖然這種任性或固執，或至少是阻止他們遵照其他理由的這種理由，也進入秤量的範圍，而使得那本來他們所不喜歡的東西成爲討他們喜歡的，選擇總永遠是受知覺決定的。因此，人不是意欲他所意欲的，而是意欲他所喜歡的，雖然意志能夠間接地並且好像是從遠處有助於使某種東西成爲討人喜歡的或不討人喜歡的，如我已指出過那樣。而由於人們很少能分清所有這些各自有別的考慮，就無怪乎人們對這問題心裡弄得一片混亂，這個問題是有很多隱藏著的細微曲折之處的。〕

§29　斐　當人們問是什麼決定了意志時，眞正的答案是說：是心靈決定了它。如果這答案不能使人滿意，則顯然這問題的意思是歸結爲這樣：是什麼推動了心靈在每一特殊的場合來決定它所具有的指揮其功能趨向運動或趨向靜止的一般能力，來做這樣一個特殊的運動或這一特殊的靜止。對此我回答說，那使我們停留在同樣的狀態或繼續同樣的活動的，單只是我們在其中所發現的當前的滿意。反之，那引起變化的動因，則永遠是某種不安。

德　〔這種不安，如我在前一章所已指出的，並不永遠是一種不快；正如我們所發現的那種安寧，也不永遠是一種滿意或一種快樂一樣。這常常是一種感覺不到的知覺，是我們所不能區別也不能分辨的，它使我們毋寧傾向這一邊而不向著那一邊，我們對此也說不出理由。〕

§30　斐　意志和欲望不應該被混淆起來：一個人欲望擺脫痛苦，但了解到免除這種痛苦可能使一種危險的體液轉移到某一更加致命的部分，他的意志就不會被決定來做任何能使這種痛苦消除的活動。

德　〔這種欲望，相對於一種完全的意志來說，是一種**心願**（velleïté）⑲；例如：要是沒有什麼更大的惡要怕的，要是人們會得到他所意欲得到的，或者要是人們過了這一步也許會有希望得到更大的善，那麼人們是會意欲的。可是我們可以說人是以一定程度的意志意欲擺脫痛風的。但這種意志並不永遠盡到最後的努力。這種意志，當它包含著某種不圓滿性或無能狀態時，就叫做**心願**。〕

§31　斐　可是考慮到這一點是好的，就是：那決定意志去活動的，並不如通常所假定那樣是最大的善，而毋寧是某種實際的不安，通常是那種最緊迫的不安。我們可以把它叫做欲望，它其實是一種心靈的不安，是由缺少某種不在的善所引起的，只是那種想解除痛苦的欲望除外。一切不在的善，並不產生一種和它所具有或我們認為它具有的優點的程度成比例的痛苦，反之，一切痛苦則引起和它本身同等程度的欲望；因為善的不在並不永遠是像痛苦的當下現在那樣的一種惡。就是因為這樣，我們能夠考慮和面對一種不在的善而並無痛苦；但哪裡有了欲望，隨之就會有同等程度的不安。§32有誰沒有在欲望方面感到如先哲關於希望所說的，「所盼

⑲ 參閱本書上冊第二卷第二十章§6及其註（第217頁註③）。

望的遲延未得，令人心憂」（《箴言》第十三章第十二節）呢？拉結喊道：「你給我孩子，不然我就死了。」（《創世紀》第三十章第一節）。§34當人完全滿足於他所處的狀態，或當他絕對地擺脫了一切不安時，則他除了想繼續保持在這種狀態之外還能剩下什麼別的意志呢？因此，那創造了我們的存在的賢明造物主，在人之中放進了飢、渴這些不適和其他一些自然的欲望，使之激起和決定他們的意志以求他們本身得以保存和他們的種族得以繼續繁衍。聖保羅說（《哥林多前書》第七章第九節），「與其慾火攻心，倒不如嫁娶爲妙。」這一點是非常眞實的，所以當下的一點小小的慾火的感覺，也比遠遠看到的更大的快樂的吸引力對我們有更大的能力。§35的確，這是一條穩固地確立了的格言，就是說，是善和最大的善決定著意志，所以毫不奇怪我以前也曾認爲它是無可懷疑的。可是在作了仔細研究之後，我覺得不得不得出結論：善和最大的善，雖然被判斷和承認爲如此，也並不決定意志；除非是在以一種和這善的優點成比例的方式來欲望著這善的同時，這欲望使我們對被剝奪這種善感到不安。讓我們假定一個人深信德性的用處，直至看到它對於有意在這世上做一番大事業或希望在來世能得幸福的人是必需的；可是除非到了這個人對正義感到如飢似渴的地步，他的意志就永不會被決定來採取任何行動，以使他去追求這卓越的善，而半路插進來的某種其他的不安就會把他的意志拉到別的事情上去。另一方面，讓我們假定一個人酷愛喝酒，考慮到像他這樣生活下去，他正在毀了他的健康，浪費了他的財產，他將被世人看不起，招致疾病纏身，最後還將陷於一貧如洗，再也沒有什麼來滿足他如此著迷的喝酒這種情慾；可是，當他不和他的酒肉朋友在一起時所感到的不安一回來，到了他習慣於上酒館的時候就又把他拖到酒館去了，儘管這時他眼前明明看到了他的健康和財產的喪失，也許甚至還有來世的幸福的喪失，這種幸福他不能看作是本身不值得考慮的一種善，因爲他承認它比喝酒的快樂或比一群酒肉朋友的無聊閒談要優越得多。因此，並不是由於沒有著眼於最高的善才使他堅持這種放蕩行徑；因爲他是看到並且承認它的優越性的，直至在那歷次喝酒的間隙的時間，他也下決心要致力於追求這最高的善，但當被剝奪了他已慣於享受的快樂這種不安一來折磨他時，他所承認比喝酒更優越的這種善，對他的心靈就再也無能爲力了，而正是這種實際的不安，決定了他的意志來採取他所已習慣的行動，並以此使更強烈的印象又一次在最初的機會占支配地位，儘管在同一時間，他也暗地裡可以說自己給自己許願，再也不做這樣的事了，並且自己想像著，這是最後一次違反自己的最大利益行事了。這樣，他就發現自己一次又一次地不時歸結到要說：

Video meliora proboque,

Deteriora sequor。[20]

我看到較好的途徑，我贊成它，而我卻採取較壞的途徑。這句話，人們承認它是眞的，並且只能說太爲經常的經驗所證實了，這話照上述的途徑就很容易理解，並且我們也許也不能再採取其他的意義了。

德〔在這些考慮中是有某種美好和堅實的東西，但我不願人們認爲因此就得放棄這些古老的格言，即意志追求最大的善，或它逃避它所感到的最大的惡。人們不大致力於眞正的善，其根源多半來自這樣的情形，即在那些感官不大起作用的場合或問題上，我們的思想大部分可以說是無聲的[21]（我用拉丁文稱它們爲 Cogitationes caecas[22]），這就是說，是空無知覺和感情的，是在於赤裸裸地應用字母符號，就像那些演算代數題的人的情況那樣，他們不考慮用那

---

⑳ 拉丁文，大意已見正文。語出拉丁詩人奧維德（Ovide，西元前43至西元16年）的神話詩集《變形》（*Metamorphoses*），第七卷，21。

㉑ 原文爲 sourdes，英譯作 surd，此詞在法文中最普通的意義就是「聾的」，也有「微弱」、「曖昧」等意義，在語音學上無聲的音，即聲帶不振動的音也叫 sourd，即 surd，數學上則指不盡根數或無理數，見本卷第十六章 §4。參閱本段接近末尾處。

㉒ 意即：「盲目的思想」。

此幾何圖形和語詞時常也和用算術或代數的字母符號一樣能得出通常同樣的結果。人們常常只是在言語上來推理，心中幾乎並沒有對象本身。而這樣的知識是不會觸動人的；必須有某種活生生的東西來打動我們。可是人們最通常就是這樣來想到上帝、德性和幸福的；他們談論著，作著推理，而並沒有明確的觀念。並不是他們不能有明確的觀念，因爲這些觀念是在他們心靈之中的。但他們不想費力來把分析向前推進。有時他們也有對於一種不在的善或惡的觀念，但非常微弱。因此，無怪乎它們很少能觸動人。所以，如果我們寧願要那較壞的，那是因爲我們感到了其中所包含的好處，而既沒有感到其中的壞處，也沒有感到相反的方面的好處。我們假定和相信，或者毋寧是僅僅轉述別人的信念，或至多是我們以往推理的記憶中的信念，相信最大的善是在較好的方面，或者最大的惡是在另一方面。但當我們不對它們加以正面注視時，我們的思想和推理，和感覺相反，只是一種鸚鵡學舌[23]，它絲毫不提供給心靈什麼當下現在的東西；而如果我們不採取措施加以醫治，那就會陷於虛浮，如我在上面（第一卷第二章§11）已經指出的那樣，而最美的道德訓條以及最好的審慎規則只有在這樣一個靈魂中才會發生作用，這靈魂對這些訓條規則是敏感的（或者是直接地，或者由於不可能永遠是直接的，至少是間接地

[23] 原文爲 psittacisme，來自希臘文 psittakos 即鸚鵡，Littré 法文詞典在解釋這個詞時，也是引萊布尼茲的這一段和§37的一段話，舉例說明它就是「人們像鸚鵡一樣思想或說話的一種心靈狀態」。

【敏感的】，如我馬上就將指出的那樣），而對於和這些相反的則不再是敏感的。西塞羅在有個地方㉔說得好，如果我們的眼睛能看到德性的美，我們就會熱烈地愛它；但情況既不是這樣，也沒有什麼和這相當的事，那就無怪乎在靈肉的鬥爭中，靈的一方面時常吃敗仗，因爲沒有感到它的好處。這種鬥爭不是別的，無非是不同傾向的對立，這些傾向是從混亂的和清楚的思想產生的。混亂的思想常常是使人明白感覺到的；但我們的清楚思想通常只是潛在地是明白的；它們能夠是明白的，要是我們願致力於深入了解語詞或符號的意義的話，但既由於忽視或由於時間短促而沒有這樣做，我們就以赤裸裸的言語或至少是太微弱的影像來與生動的感覺相對立。我認識一個人，在教會和國家方面都是有地位的，由於痼疾使他決意節食；但他承認，當人們拿了肉食送給別人而從他房前經過時，那肉的香味曾使他難以抵擋。這無疑是一種可恥的弱點，但人們就正是被造成這樣的。可是，如果心靈好好利用它的好處，它也能取得偉大勝利的。這必須從教育開始，這種教育要安排得使眞正的善也盡可能和眞正的惡一樣成爲能感覺到的，使人對它們所形成的概念披上較適合於這種計畫的景色；而一個已成年的人，要是原來缺乏這種優良的教育，寧可遲了也比永不開始好，應該開始來追求光明正大的合理的快樂，用

㉔ 據英譯本註可能是指 *De Fin.*（《論善惡界限》）2，16，§32。但那裡是講智慧這種特殊的德性而不是講一般的德性的。又參閱 *De Off.*（《論義務》），2、37。

來對抗那些混亂而卻觸動人的感官的快樂。而事實上，對神的愛（grâce divine）本身就是一種快樂[25]，它給予光明。所以，當一個人是在好的衝動中時，應該自己爲未來立下一些規律和規則，並且嚴格地加以執行，使自己遠離那些能隨著事物的性質突然地或逐漸地使人敗壞墮落的機緣。正式地作一次旅行會治好一個戀人【的相思病】，一次引退會使我們離開那些支持我們某種壞傾向的夥伴。耶穌會會長方濟各·鮑吉亞（Francisco Borgia）[26]，最後是列入聖品的，當他飛黃騰達時，是習慣於大量喝酒的，而當他想到要引退時，就每天在他慣於喝空的酒瓶子裡放進一滴蠟，這樣來很小量地一點一點減少喝酒量。我們要用一些無害的感情，如從事農藝、園藝之類，來對抗那些危險的感情；要避免無所事事；我們可以蒐集自然的或藝術的珍玩；可以做做實驗和研究；可以來從事某種必要的任務，如果沒有，就可以從事有益和適意的談話或閱讀有益和適意的書籍。總之一句話，要利用那些好的心靈衝動，就像利用上帝召喚我們的聲音那樣，來採取有效的決斷。而因爲我們不能永遠對眞正的善和眞正的惡的概念作出分析以至於知覺到其中所包含的快樂和痛苦，所以爲了要使之能觸動我們，就必須一勞永逸地斷然爲自己定下這樣一條法則：從今以後只傾聽和遵從一旦已了解了的理性的結論，儘管這些結

㉕ 參閱斯賓諾莎《倫理學》第五部分，命題三十二、三十三，商務印書館，一九五九年版，第241-242頁。

㉖ 方濟各·鮑吉亞（Francisco Borgia），一五六五至一五七二年任天主教僧團耶穌會會長。

論以後並不明白察覺並且通常只是以無聲的思想㉗想到它們而消除了感性的吸引力；而這樣來獲得這種遵照理性行事的習慣——這將會使德性成爲適意的並像是自然的——以使我們最後對情感以及那種感覺不到的傾向或不安具有控制力。但這裡不是要來給人道德的教訓和訓條，或精神上的指導和說教來教人鍛鍊眞正的虔敬；只要在考慮我們靈魂的活動過程的同時，看到我們的弱點的根源就夠了，對這種根源的認識同時也就給人對這些弱點的救治辦法的認識。〕

§36　斐　那逼迫著我們的當下現在的不安，只對意志發生作用，並且從我們在一切活動中全都以之爲目標的這種幸福著眼而自然地決定著意志，因爲每個人都把痛苦和 uneasiness（就是不安或毋寧說不適，它使我們不得安寧）看作和幸福不相容的東西。一點小小的痛苦就足以破壞我們所享受的一切快樂。因此，只要是我們感到沾染某種痛苦的時候，那不斷地決定著我們的意志對隨後活動的選擇，始終是遠離痛苦；這種遠離是走向幸福的第一步。

德　如果您把您的 uneasiness 或不安當作一種眞正的不快，在這意義下我不同意它是唯一的刺激物。在最常見的情況下這是這些感覺不到的微知覺，我們可以稱之爲不可察覺的痛苦，要是痛苦這概念不包含察覺的話。這些微小的衝動是在於繼續不斷地解除一些微小的阻礙，我們的本性是在對這些阻礙做工作的，而我們並沒有想到它。我們所感到而並不認識的不安，眞

㉗ 參閱本段接近開始處（第251頁註㉑）。

正說來也就在於此，它使我們在情感激動時也和在我們顯得最平靜時一樣進行活動，因爲我們是絕不會沒有任何活動和運動的，這只是由於自然始終是在做工作要使自己處於較安適的狀態。也正是它，在那些對我們顯得最無差別的情況之中，在作任何磋商查問之前就決定了我們，因爲我們是永不會處於平衡狀態並且不會對兩種情況確切地不偏不倚的。而這些痛苦的元素（它們有時當過分生長時也就蛻變爲眞正的痛苦或不快）如果是眞正的痛苦，我們就會以不安和熱情追求著我們所尋求的善而永遠很悲慘了。但情況正好完全相反，而正如我以上（前一章§6）已指出的那樣，自然在趨向著善和享受著善的影像，或減少著痛苦的感覺的同時逐漸地越來越使自己處於安適狀態，它的這種繼續不斷的微小勝利的積聚，已經是一種相當可觀的快樂，並且常常比善的享受本身還更有價值；並且遠遠不是應該把這種不安看作和幸福不相容的東西，我發現不安對於被創造的生物的幸福倒是本質的東西，這種幸福絕不在於對最大的善的一種完全占有，這會使他們成爲不敏感並且像是愚蠢的，而在於趨向最大的善的一種繼續不斷的進程，這不會不伴隨著一種欲望或至少是一種連續的不安，但是像我剛才能說明的那樣，它不會一直達到不適的地步，而是限於這些痛苦的元素或原料，它們獨自分開是察覺不到的，卻仍舊足以用作刺激物和用來激起意志；這就像在一個人中的欲望所做的那樣，當這欲望沒有達到這種不適，使我們不能忍耐，並以一種太過執著於我們所缺少的東西的觀念的方式折磨我們時，這個人還是過得好好的。這些微小的或巨大的欲望，就是經院哲學家們稱爲 motus primo primi㉘的東西，而它們眞正是自然使我們走出的最初幾步，不是走向幸福而是走向歡樂，因爲他們是著眼於當下現在的東西的；但經驗和理性教我們控制和節制這些欲望，使它們能夠導向幸福。我對此已經說過一點（第一卷第二章§3）。這些欲望就像一塊石頭的趨向似的，它採取筆直的，但並不始終是最好的路線落向地球中心，並不能預先見到它會碰上岩石並把自己撞得粉碎，而如果它有心靈並有辦法轉彎，是會更好地接近它的目標的。我們也就是這樣，筆直地走向當前的快樂而有時就掉進了悲慘的深淵。就是因爲這樣，理性用關於未來的善或惡的影像來和當前的快樂相對抗，並且用一種堅定的決心和習慣，即在行動之前先想一想，然後遵從那已被認識到是最好的，即使我們的結論的可以感覺到的理由已不再呈現於心靈中，並且已幾乎只在於一些微弱的印象，或甚至是在於排除實際解釋的語詞或記號所給予的一些無聲的思想，以致一切只在於：好好想一想，和在於：要留心；前者是爲了確立法則，後者是爲了遵從法則，即使是我們不想到使這些法則產生的理由。可是最好是盡可能多想一想，使靈魂充滿一種合理的歡樂和一種伴隨著光明的快樂。）

§37　斐　提出這些須加小心注意之點無疑是大有必要的，因爲對於一種不在的善的觀念，除非到了這善在我們心中激起某種欲望，是不能和實際折磨著我們的某種不安或某種不快

㉘ 拉丁文，意即：「最原始的心靈活動」，即完全沒有自覺意識的心靈活動。

的感覺相抗衡的。不知有多少人，人家以生動的畫面向他們表現天堂的難以形容的歡樂，他們也承認其可能與概然，卻甘願滿足於他們在現世所享受的幸福。這是因爲他們當下的欲望的不安占了上風，並迅速使他們趨向現世的快樂，決定著他們的意志去尋求這種快樂；而在這全部時間內，他們對來世的善是完全感覺不到的。

德　〔這部分是由於人們常常很少深信；而他們雖然口頭這樣說，卻有一種隱藏的不信支配著他們的靈魂深處；因爲他們從來沒有理解那些證實了靈魂不死的正確理由，靈魂不死是和上帝的正義相配稱的，它是眞的宗教的基礎，或者是他們已不再記得曾有過這種理解，可是，要深信就必須有這種理解，或記得有過這種理解。其實甚至很少人想著如眞的宗教和甚至眞的理性所教人那樣的來世是可能的，也遠遠不是把它設想爲概然的，更不必說是確實的了。他們所想的一切都無非是鸚鵡學舌式的（psittacisme），或者是穆罕默德（Muhammad）教徒的那種粗鄙而虛妄的影像，他們自己也看著不像的；因爲要使他們受到這些東西的觸動，就像〔據

有人說）那「暗殺者的君王」、「山主」[29]的士兵們那樣，也還差得很遠，這些士兵在沉睡中

㉙ 原文爲 Prince des assassins, seigneur de la Montagne，英譯作 the Prince of the Assassins, the Old Man of the Mountain，據英譯本註，這是"sheikh—al Jebal"的通常譯名，是「暗殺者」（Assassins）的最高統治者的稱號，這是一個祕密社團，它的突出特點就是用暗殺手段對付一切敵人；這種做法是由這一宗派的第一個首領哈桑・本・薩巴赫（Hassan Ben Sabbah）首先採用的。其他方面這一宗派所信奉的原則是和伊斯梅爾的後裔們（Ismaelites——即阿拉伯人）的原則一樣的，這就是：(1)沒有固定的宗教或道德規則，一切行動都是無差別的，只有內心稟賦才是有價值的。(2)相信伊斯梅爾族系的伊馬姆們（Immams——即伊斯蘭教的首領或祭司）現在已不可見了，因此，眞正信徒的絕對服從應歸於他們地上的代理人。(3)對《可蘭經》作寓言式的解釋，隨著需要可以任意維護或拋棄任何教義。

這社團由七個等級組成，即：(1) Sheikh，即首領或「山主」；(2) Daial—Kirbal，即「大住持」；(3) Dais 即「住持」；(4) Refiks，是參加而沒有像前者那樣正式加入得領受一切祕密教義的；(5) Fedais，「獻身者」，是一群未正式入社的青年，盲目服從著首領；(6) Lasiks 即一些見習者；(7)普通人，勞動者，機匠等。對這些人是責成其嚴格遵守《可蘭經》的。入社得祕傳者則把一切實際存在的宗教和道德都看作毫無價值的。那第五等的 Fedeis 是眞正的「暗殺者」。每當首領要他們服務時，他就讓人用 hashish 即大麻把他們麻醉，然後把他們轉移到他的豪華的花園中，在那裡他們被各種感官的享樂所包圍，而由於這樣先嘗到了只有首領才能給他們的天堂的滋味，就使他們盲目地服從首領的任何命令，直至付出自己的生命。由此他們就被叫做 Hashishin，原意就是「吃大麻者」。而這個詞歐洲人就把它照諧音變成了 Assassins，這樣這個詞就被移植到歐洲文字中並有了「暗殺者」的意義。

被轉移到一個地方，充滿了各種供享樂的東西，他們相信自己就是在穆罕默德的天堂裡了，在那裡有些假裝的天使或聖者向他們灌輸了那君主希望他們聽的意見，再重新把他們弄得失去知覺以後又把他們送回原來的地方；這樣就使他們以後成爲膽大無比，可以無所不爲，直到要和他們的山主爲敵的君王們的性命。我不知道人們是否厚誣了這位山主；因爲並不能指出有很多大君主爲他所指使人殺害的，雖然我們在英國歷史家們的著作中讀到被歸之於他的一封信，爲英王理查一世（Richard I）辯誣，說明英王沒有暗殺一位巴勒斯坦的伯爵或君主[30]，他承認這是他殺的，因爲他受了他的侮辱。儘管這樣，這也許是出於對他的宗教的巨大熱心，這位暗殺者的君王才想給他那些人一個關於天堂的有利觀念，讓這觀念永遠伴隨著他們的思想，不使它們成爲無聲的；他並不是以此硬要他們必須相信他們就是在眞的天堂上。但假定他們是這樣認爲的，也不必奇怪這些虔誠的騙術曾比弄得不好的眞理產生更大的效果。可是，如果我們致力於好好認識眞理和發揚眞理，那就沒有什麼能比眞理更強而有力的；並且無疑會有辦法強而有力地使人們趨向眞理。當我考慮到在所有那些一旦處於這種幾乎毫無可以感覺到和當下的吸引

㉚ 指蒙斐拉（Montferrat）家族的孔拉德（Conrad），是第三次十字軍東征時埃及和敘利亞的蘇丹薩拉丁（Saladin）的一個勇敢的對手，曾解薩拉丁對底爾（Tyr）城之圍而受封爲底爾侯爵，一一九二年爲「山主」所殺。

力的生活進程中的人們之中，野心或貪欲能完成多少事業時，我一點也不失望，並且我主張，德性既伴隨著那樣多堅實的善，將會產生無限地更多的效果，要是人類的某種可喜的革命一旦使德性流行起來並且成爲好像是時髦的東西的話。我們很有把握能夠使青年人習慣於在道德的實踐中來尋求他們最大的快樂。而甚至成年人也可以爲自己立下一些法則並養成遵守它們的習慣，這也會強而有力地影響他們，並使他們在背離這些法則時感到非常不安，就像一個酒徒當被禁止到酒館去時所感到的一樣。我很高興加上關於救治我們的惡是可能的和甚至是容易的這些考慮，爲的是不要因爲僅僅揭示我們的弱點而促使人們泄了氣，不去追求眞正的善。〕

§39　斐　〔幾乎一切都在於經常使欲望趨向眞正的善。〕在我們之中產生任何意志的活動而不伴隨著某種欲望，這種情況是很少發生的；就是因爲這樣，意志和欲望就常常被混在一起。可是，我們不應該把成爲大部分別的情感的組成部分，或至少是跟隨著這些情感的不安，看做完全被排除在該項感情之外；因爲憎恨、恐懼、憤怒、妒忌、羞恥，都各有其不安，並以此對意志發生作用。我懷疑在這些情感中有任何一種是完全單獨存在的，我甚至認爲人們將很難找到一種情感是不伴隨著欲望的。此外我確信，凡是有不安的地方就一定有欲望。而因爲我們的永恆性不是依賴於當前的片刻，我們總是把眼光引向現在之外，不論我們實際享受著的快樂是什麼，而那伴隨著這種預見著未來的眼光的欲望始終總是一定要意志跟隨著它；所以，即使是在歡樂當中，那支持著當前的快樂所繫的活動的，也正是要使這快樂繼續下去的欲望，和怕這快樂被剝奪的恐懼，而每當一種比這更大的不安來占據了心靈時，它立刻就決定了心靈來採取新的活動，而當前的快樂就被忽視了。

德　〔在完全的意欲中是有很多知覺和傾向協同一起起作用的，它是它們衝突的結果。其中有一些單獨分開是知覺不到的，它們集結在一起則造成一種不安，它推動著我們而我們不知爲什麼；有很多是結合在一起的，它們趨向某種對象，或遠離某種對象，那時這就是欲望或恐懼，也伴隨著一種不安，但它並不始終總是達到快樂或不快[31]的程度。最後有一些實際伴隨著快樂和痛苦的衝動，而所有這些知覺，或者是一些新的感覺，或者是過去的感覺遺留下來的一些影像，它們伴隨著或者並沒有伴隨記憶，這些影像在更新著同是這些影像在先前的感覺中所具有的吸引力的同時，也按照影像鮮明生動的程度更新了舊有的衝動。而所有這些衝動最後結果成爲占優勢的努力，這就造成了完全的意志，可是我們所察覺的那些欲望和傾向常常也叫做意欲，雖然是比較不完全的，不論它們占優勢或帶來影響與否。因此，我們很容易斷定，意欲是不大會沒有欲望和沒有厭棄而繼續存在的；因爲我認爲我們可以把欲望的對立面叫做厭棄。不安並不單只是在那些令人不適的情感如憎恨、恐懼、憤怒、妒忌、羞恥之中有，而且在它們的對立面如喜愛、希望、寵信和榮耀之中也有的。我們可以說，凡是有欲望的地方就會有不

㉛ G本有“ou déplaisir”（「或不快」），E本及 Jacques 本、Janet 本和德譯本均無此二詞。

安；但相反的情況並不始終都是眞的，因爲我們常常感到不安而並不知道要求什麼，而這時就並沒有已形成的欲望。〕

§40　斐　通常是我們認爲當時的處境能夠予以解除的那種最迫切的不安，決定著意志去進行活動。

德　因爲是平衡的結果使得作出最後的決定，我認爲也可能發生最迫切的不安並不占優勢的情況；因爲它雖然可能對互相對立的傾向中的單獨的每一個占優勢，但其他傾向結合在一起又可能壓倒它。心靈甚至可以用巧妙的兩分法一時使這一些傾向占優勢，一時又使另一些占優勢，就好像在議會裡，人們可以按照人們對要議決的問題排成次序，通過投票以多數決定某一黨占優勢一樣。的確心靈在這裡應該要能看得遠；因爲在鬥爭的時候就再沒有時間來用這些技巧了。那時凡是能打動人的就都在天平上加上了重量，而促使差不多像在力學裡那樣形成一種合力的方向，而要是沒有某種迅速的牽制是阻止不住它的。

"Fertur equis auriga nec audit currus habenas."㉜

§41　斐　如果你問除此之外是什麼激起欲望，我們回答說這就是**幸福**而再沒有別的。**幸福**

㉜ 語出著名拉丁詩人維吉爾（Virgile，西元前70至19年）的 *Georg.*（《格奧爾吉亞》），1:514，大意是：「馬不聽馭手的指揮，車子也就失去了控制。」

和苦難是兩個極端的名稱，它們的最後界限是我們所不知道的。那是「眼睛未曾看見，耳朵未曾聽見，人心也未曾想到的。」㉝但兩方面都以各種不同的滿足和歡樂、痛楚和苦惱在我們之中造成鮮明的印象，這些爲簡短起見我都把它們包括在快樂和痛苦兩個名稱之下，它們兩方面都既對心靈也對身體發生，或者爲說得確切點起見可以說只屬於心靈，雖然它們有時因某種思想的機緣而起源於心靈，有時又因某種運動的樣態的機緣而起源於身體。§42因此，幸福就其最廣範圍而言就是我們所能有的最大快樂，正如苦難就其最廣範圍而言就是我們所能感到的最大痛苦一樣。而我們可稱之爲幸福的，其最低程度是這樣一種狀態，在其中解除了一切痛苦而我們享受著這樣一種程度的當前的歡樂，即再少一點我們就不滿意了。那適於在我們之中產生快樂的我們稱之爲善，而適於在我們之中產生痛苦的我們稱之爲惡。可是當這些善或這些惡被發現是在和一種更大的善或更大的惡競爭中時，我們也常常不這樣稱呼它們。

德　〔我不知道最大的快樂是否可能。我毋寧將認爲它是能無限增長的；因爲我們不知道在這等待著我們的全部永恆的時間中，我們的知識和我們的器官能到達哪裡。所以我認爲，幸福是一種持續的快樂；要不是有一種向著新的快樂的連續的進程，這是不會發生的。因此，像這樣兩個人，其中一個比另一個的進展要快得不可比擬，並且有更大的快樂，他們每一個在他

㉝見《哥林多前書》第二章，第九節。

本身都會是幸福的，雖然他們的幸福是很不相等的。所以**幸福**可以說是通過快樂的一條道路，而快樂只是走向幸福的一步和上升的一個梯級，是依照當前的印象所能走的最短的路，但並不始終是最好的路，如我在§36接近末尾處所已說過的那樣。人們想走最短的路就可能不是走在正路上，正如那石頭照直線前進可能過早地遇到障礙，阻止它向地心前進到足夠的距離那樣。這就使人認識到，是理性和意志，引導我們走向幸福，而感覺和欲望只是把我們引向快樂。然而對快樂雖然不能下一個名義的定義，也像對光和顏色一樣；但對它卻也像對它們一樣可以下一個原因的定義㉞，而我認為歸根到底**快樂**是一種對圓滿性的感覺，而**痛苦**則是一種對不圓滿性的感覺，只要它足夠顯著，使人能察覺到它；因為對某種圓滿性或不圓滿性的那些感覺不到的微知覺——它們有如快樂和痛苦的一些元素，並且這是我已多次說到過的——形成了一些傾向和癖性，但還不是情感本身。因此，有一些是感覺不到的傾向，這是我們沒有察覺的；又有一些是能感覺到的傾向，我們知道它們的存在和目標，但不知道它們的形成，而這是一些混亂的傾向，我們歸之於身體的，雖然始終在心靈中有某種東西和它們相應；最後還有一些是清楚的傾向，是理性給予我們的，我們既感到它們的力量也知道它們的形成；而這種性質的快樂是在

㉞「名義的定義」（définition nominale）和「原因的定義」（définition causale）的區別，可參閱本書下冊第三卷第三章§18。

和諧秩序的產生與認識之中被發現的，它們是最值得重視的。人們有理由來說所有這些傾向、情感、快樂和痛苦，一般來說是只屬於心靈或靈魂的；我甚至還要加一點說，以某種形上學的嚴格性來看問題，它們的根源是在靈魂之中的；但是人們卻也有理由來說混亂的思想是來自身體的，因爲在這方面，是關於身體的考慮，而不是關於靈魂的考慮，提供了某種清楚的和可解釋的東西。善是有助於或促成快樂的東西，正如惡是促成痛苦的東西一樣。但在與一更大的善的衝突中，那從我們剝奪了的善，當其促成了由之產生的痛苦時，就可以眞正變成一種惡。

§47 斐 靈魂有能力來使某些欲望的實現暫停，並從而有自由對它們一個接一個加以考慮和對它們進行比較。人的自由，以及那我們稱爲——雖然照我看來是不恰當的——自由意志的，就正在於此；並且就是由於這種能力用得不好，才產生所有那各種各樣的失著、錯誤、舛謬，當我們太急促或太遲緩地決定我們的意志時，我們就跌進那裡面去了。

德 當我們的欲望不是強烈到足以推動我們並足以克服滿足欲望所需的麻煩或不適時，這欲望的實施就暫停或停止了；而這種麻煩有時只在於一種感覺不到的懈怠或疲乏，它使人洩氣而人們並不注意到它，並且它在那些嬌生慣養的人，或黏液質的人，以及由於年老或由於不得志而泄了氣的人那裡就更大。但當欲望本身足夠強烈，若沒有什麼阻礙它就足以推動我們時，它也能被一些相反的傾向所阻止；這些傾向或者就是一種簡單的癖性，它好像是欲望的元素或開始，或者它們一直達到欲望本身。可是，由於這些相反的傾向、癖性和欲望是已經在靈魂之中的，靈魂之具有它們是它自己無能為力的，而因此它就不能以一種能有理性參與的、自由和隨意的方式來加以抵抗，如果它不是另外還有一種手段來使心靈轉向別處的話。可是在需要的情況下要拿它怎麼辦？因為問題正在這裡，尤其當人們為一種強烈的情感所占據時是這樣。那麼心靈就得事先準備好，並使自己已經處在從思想到思想的進程中，以便不要在滑溜而危險的一步上停留過久。為此好的辦法是使自己習慣於一般對某些事物只是一想而過，以便更好地保持心靈的自由。但最好的辦法是使自己習慣於有條理地進行思想，和執著於一連串由理性而不是偶然碰巧（即一些感覺不到的偶然的印象）構成聯繫的思想。而為此好的辦法是使自己習慣於不時地讓自己思想集中起來，和使自己超出於當前的雜亂印象之上，使自己從那可以說是我們所在的地方出來，對自己說："dic cur hic? respice finem"㉟「我們是到了哪裡了？」或者「讓我們回到正題上來，讓我們言歸正傳」㊱。人們也許常常需要有一個人，作為正式任命的官員（像亞歷山大大帝（Alexander the Great）的父親腓力二世（Philip II）所有過的那樣），指定他來打斷他們【的思路或言行】，提醒他們注意自己的義務。但既然沒有這樣的官員，好的辦法就是養成習慣讓我們自己來擔當這種職務。而一旦處於我們的欲望和情感的效果被停

㉟ 拉丁文，直譯意思就是：「我們為什麼在這裡？考慮考慮最終目標！」

㊱ G本原文是"Ou venons au propos, venons au fait"，E本和J本略去了前半句（"Ou venons au propos"）。

止，也就是說它們的活動暫停了的狀態，我們就可以找到辦法來打敗它們，或者是用一些相反的欲望或傾向，或者是用使之轉向的辦法，這就是說，來忙於一些別的性質的事情。就是通過這些方法和技巧，我們變成了自己的主宰，並且能夠使我們自己在適當的時間來想和做我們願意意欲的事和理性所命令我們做的事。可是，這永遠是通過決定了的途徑的，並且永遠不會是毫無因由，或者是根據那種憑空想像的、完全無差別狀態或平衡狀態的原則的，有些人也許想把自由的本質看做就在於這種狀態，好像人們可以毫無因由地，甚至逆著一切因由來作出決定，並且逆著一些印象和癖性所占的整個優勢而筆直向前走。毫無因由，我說，這就是毫無其他傾向的對立，或者毫無人們事先已在進行使心靈轉向別處的情況，或者毫無其他同樣的可解釋的手段；要不是這樣，那就是求助於怪誕的東西，就像那些赤裸裸的功能或經院哲學中所講的隱祕性質（qualités occultes）那樣，那是些無稽之談。〕

§48　斐　〔我也贊成意志通過那在知覺和理智中的東西作出這種可理解的決定。〕符合於一種眞切考察的最後結果來意願和行動，這毋寧是我們本性的一種完善處而不是缺點，而這遠遠不是使自由受到窒息或壓縮，而是使它更完善、更有好處了。而我們越是遠離了以這樣的方式作出決定，我們就越接近苦難和受奴役狀態。事實上，如果你假定在心靈中有一種完全的、絕對的無差別狀態，不能受它對善惡所作的最後判斷的決定，你就會使它處於一種很不完善的狀態了。

德　〔這一切都很合我的意，並且使人看出，心靈並沒有一種完全和直接的能力，來永遠阻止它的欲望，否則它將會是永遠不決定的了，不管它能作怎樣的考察，也不管它能有什麼樣良好的理由和有效的感想，它將會始終停留在猶豫不決的狀態並且永久地在恐懼和希望之間徘徊。所以它最後總得決定，而因此它只能是如我剛才所說明的那樣事先準備著必要時打敗欲望的武器，來間接地對抗它的欲望。〕

斐　可是一個人是有自由來把他的手舉到頭上或讓它垂著不動的。他在這些事情上是對兩方面完全無差別的，而要是他缺少這樣的能力，這對他來說將會是一種缺點。

德　〔嚴格說來，一個人對於可能提供的任何㊲兩個方面，例如向右還是向左，右腳向前（如在特利馬爾奇翁所必須做的那樣）還是左腳向前㊳，絕不是毫無差別的；因爲我們這樣做或那樣做是未經思想的，而這是一種標誌，表明是有一種內在稟賦和外來印象（雖然是感覺不到的）的協同作用（concours）決定了我們採取哪一方面。可是那【一方所占的】優勢是很小

㊲ G本有"quelsqu'on puisse proposer"這一插句，E本和J本以及Janet本和德譯本均略去。

㊳ G本在「向左」之後有"de mettre le pied droit devant（comme il falloit chez Trimalcion）ou le gauch"，E本和J本以及Janet本和德譯本均略去。其中關於「特利馬爾奇翁」的典故，見西元一世紀拉丁作家彼特羅紐（Petronius）的*Satyricon*（《諷刺詩文集》）第三十章。

的，而這在必要時好像我們在這點上是無差別的，因爲呈現於我們之前的那極小一點可感覺到的因由能夠毫無困難地決定我們寧取這一方面而不取那一方面；而雖然抬起臂膀把手舉上頭頂也要有點麻煩，但這麻煩是如此之小，以致我們毫無困難地就加以克服了；若不是這樣，我承認，如果人在這方面不是那樣無差別，如果他連很容易地決定抬起臂膀還是不抬起臂膀的能力都沒有，那將會是一個很大的缺陷。〕

斐　但如果他在所有的時機，如當他看到一件東西幾乎要打到他而他想保護他的頭或眼睛的時候，也都同樣無差別，那也會是同樣大的一種缺陷，〔這就是說，如果阻止這種運動，對他來說是和我們剛才所講到的、在他幾乎無差別的其他運動一樣容易的；因爲這樣將會使得他在需要時不能足夠強烈也不能足夠迅速地採取行動。因此，決定對我們是有用的，並且甚至㊴常常是必需的；而如果我們是在所有各種時機都不大受決定的，並且好像對於那些從善惡的知覺得出的理由毫不敏感的，我們就會沒有有效的選擇。〕並且㊵，如果我們不是受在我們心中按照我們對某一行動的善惡所作的判斷而形成的最後結果所決定而是受某種別的東西所決定，我們就不會是自由的。

㊴ G本無"même"（「甚至」）一詞，照E本加，J本及Janet本也有此詞。

㊵ G本作"et"（「並且」），E本、J本及Janet本作"comme"（「正如」）。

德　〔沒有比這更眞實的了，而那些尋求另外一種自由的人，不知道他們要求的是什麼。〕

§49　斐　那些享受著完滿的幸福的更高的存在，是比我們更強烈地被決定來選擇善的，可是我們沒有理由來想像他們是比我們較少自由的。

德　〔爲此神學家們說這些幸福的實體是堅信於善而免除了一切墮落的危險的。〕

斐　我甚至相信，如果像我們這樣的可憐的有限的受造物也適於來對於一種無限的智慧和善所能做的作判斷的話，我們可以說上帝本身也不能選擇那不好的東西，並且這全能的存在的自由並不妨礙他是受最好的東西所決定的。

德　〔我是如此深信這一眞理，以至我認爲儘管我們十足是可憐的、有限的受造物，我們也能大膽地確信這一點，而我們懷疑這一點就甚至會是很大的錯誤；因爲這樣我們就會有損於他的智慧，他的善，和他的其他的無限圓滿性。可是那選擇，不管意志在這方面是怎樣受決定的，卻不應該叫做絕對地和嚴格地必然的；那能察覺的善的優勢是造成傾向而並不是造成必然的，雖然整個地來看這種傾向是起決定作用的並且永不會不產生效果。〕

§50　斐　爲理性所決定向著最好的，這就是最自由的。有誰會因爲一個傻瓜是比一個有健全理智的人更少受理智的反省所決定的，就願意是個傻瓜呢？如果自由就在於擺脫理性的羈軛，那麼就會只有傻瓜和瘋子是自由的了；但我不信有誰會因爲愛這樣的自由而願意做個傻瓜，除非他本來已經是個傻瓜。

德　〔當今有些人自以爲說些反對理性的話，並且把它當作討厭的學究氣來對待，是表明自己聰明。我看到有些小冊子，有些言之無物的言論，就以此自吹自擂，並且我甚至看到有些詩句用來表達如此錯誤的思想簡直是太美了。其實，如果那些嘲弄理性的人，說的是眞心話，那將會是過去若干世紀所不知道的一種新的狂妄胡說。說反對理性的話，這就是說反對眞理的話；因爲理性就是一串眞理連結起來的鏈條。這也就是說反對他自己、反對他自己的善的話，因爲理性的主要之點就在於認識眞理和遵從著善。〕

§51　斐　那麼，因爲一個理智的存在的最高圓滿性就在於小心地和經常地致力於追求眞正的幸福，所以我們所應具有的那種不要把想像的幸福當作實在的幸福的小心，也同樣是我們的自由的基礎。我們越是被束縛於始終不渝地追求那一般的幸福，它是永不會不再是我們欲望的目標的，我們的意志就越是擺脫了受那把我們引向某種特殊的善的欲望所決定的必然性，直到我們已考慮過這種特殊的善是否適合或是違反我們的眞正的幸福。

德　眞正的幸福應該永遠是我們欲望的目標，但它是否這樣是有懷疑的餘地的；因爲人們常常不大想到它，而我在這裡已不止一次地指出過，除非欲望是受理性的引導，它是趨向當前的快樂而不是趨向幸福即持久的快樂的，雖然它也趨向於使之持久；請看§36和§41。

§53　斐　如果某種極度的擾亂完全占據了我們的靈魂，就像受酷刑時的痛苦那樣，我們就不是我們心靈的十足的主宰了。可是爲了盡可能節制我們的情感，我們應該使我們的心靈對善惡作實在和有效的品味，並且不讓一種優良而可觀的善溜走而不留下某種興味，直到我們在心中激起和它的優點相稱的欲望，以致它的不在使我們不安，同時當我們享受著它時則害怕把它失去。

德〔這一點和我剛才在§31至§35所指出的相當符合，也符合於我不止一次地說過的關於光明正大的快樂的看法，在那裡我們懂得了這種快樂怎麼樣使我們得到改善而不陷於某種更大的缺點的危險，就像那種混亂的感官快樂所造成的那樣，這種混亂的感官快樂是我們所當提防的，尤其是當我們憑經驗並沒有知道它們准能爲我們所享用的時候。〕

斐　在這裡任何人都不要說他不能主宰他的情感，也不能阻止它們的放縱和迫使他行動；因爲他在一位君王或某一位大人物面前能做的事情，只要他願意，則當他一個人獨處或在上帝面前時也是同樣能做到的。

德〔指出這一點是非常好的，並且值得人們來常常加以反省。〕

§54　斐　可是人們在這世上所做的不同選擇，證明了同一件事物並不是對他們每一個人都是同等地好的。而如果人的興趣不擴大到此生之外，那麼例如這些人沉溺於奢侈和放蕩，而那些人寧取節約而不取縱欲這種分歧的原因，將只來自他們把他們的幸福放在不同的事物上。

德〔現在即使他們全都有或應當有對於來生的這一共同目標在眼前，這種原因也還是由此而來的。的確，對於眞正的幸福、即使是此生的眞正幸福的考慮，就當足以使人寧取德性而不取遠離德性的縱欲；雖然那時這種強迫性不是這樣強烈也不是這樣具有決定性。也的確，人的*趣味*是各不相同的，並且如人們所說，對*趣味*是不能爭論的。但因爲趣味只是一些混亂的知覺，我們應該只是在經過考察發現是無所謂的和不能爲害的對象方面才堅持自己的趣味；否則如果有人對能殺人或使人陷於苦難的毒藥感到有趣味，你也說對於那屬於他的趣味方面的事情不應該和他爭論，那就是可笑的了。〕

§55　斐　如果在死後沒有什麼可希望的，那麼其結論無疑很正當的就是：*讓我們吃吧！喝吧！*享受能使我們快樂的一切吧！*因爲明天我們是要死的*。

德　〔在我看來，對這結論是有些話好說的。亞里斯多德和斯多噶派以及很多其他古代哲學家都是持另一種意見，而事實上我認爲他們是對的。即使在此生之外，什麼也沒有，那靈魂的安寧和身體的健康也仍不失爲比與此相反的快樂更可取。而因爲一種善不會永遠持久就忽視它，這是不成理由的。但我承認，在有一些情況下，沒有辦法來證明最正直的就是最有用的。因此，只有對上帝和靈魂不死的考慮，才使得德性和正義的義務成爲絕對不可避免的。〕

§58　斐　我覺得我們對善與惡所作的當前的判斷，似乎永遠是對的。而對於那有關當前的幸福或苦難的事，即使反省沒有進行得更遠，並且一切結論都完全擱在一邊時，人也絕不會選錯。

德　〔那就是說，如果一切都只限於現在這片刻，就會沒有什麼理由來拒絕當前呈現的快樂了。其實我在上面已經指出過，一切快樂都是一種對完善性的感覺。但有一些完善性是會帶來一些更大的不完善性的。就好比一個人如果畢生精力就完全用來向針尖上丟豌豆，以便學會能萬無一失地使針尖刺穿這豌豆，就學那個人的榜樣，他曾使亞歷山大大帝讓人賞了他一斗豌豆作酬報，這個人也會達到某種完善性，但那是非常微不足道的，是值不得來和他將會忽視了的其他許許多多很必要的完善性作比較的。因此，在某些當前的快樂中所發現的完善性應該尤其要讓位於對那些必要的完善性的關心；以便使我們不致陷於那樣的悲慘境地，那就是一種從不完善到不完善，或從痛苦到痛苦的狀態。但如果就只有現在，那就得滿足於當前呈現的完善性，也就是當前的快樂了。〕

§62　斐　任何人，如果不是受了假判斷的引導，都不會自願使自己陷於不幸的境地。我這裡不是說的那種由不可克服的謬見所引起的錯誤，那種謬見是很難叫做假判斷的，而是這樣一種假判斷，每個人要是作了這樣的判斷都會自己承認它是假的。§63那麼首先是當我們拿當前的快樂或痛苦，和一種將來的快樂或痛苦——對此我們是以其對我們的不同距離來衡量的——來作比較時，靈魂弄錯了；就好像一個敗家子，他爲了現在占有小小一點東西，就放棄了他准能得到的一大筆遺產一樣。每個人都得承認這是假判斷，因爲未來將會變成現在，而那時就會有同樣的近在眼前的好處。如果正當一個人酒杯在手的時刻，喝酒的快樂就已伴隨著那短時以後將會發生的頭痛和胃裡難受，他對那酒就會不願沾脣了。如果時間上的一點小小的不同就會造成這樣大的錯覺，那就有更強而有力得多的理由來說一種更大的距離將會造成同樣的結果。

德　這裡在空間的距離和時間的距離之間有某種一致性。但也有這樣的不同：可見的對象對視覺的作用是差不多與距離成比例地減弱的，但對於作用於心靈的想像力的未來對象來說則不一樣。可見的光線是一些直線，它們是成比例地離開的，但有一些曲線，過了若干距離之後就顯得落到直線上去，那距離就再也看不出來了，那種漸近線就是這樣的，它和直線之間顯現出來的間隔不見了，雖然事實上它們仍舊是永遠分開的。我們甚至發現最後對象的現象不是和距離的加大成比例地減弱，因爲這現象不久[41]就完全不見了，雖然那距離並不是無限的。就像這樣，時間上一段小小的距離就完全爲我們奪走了未來，正好像那對象已完全消失了。往往在心靈中只留下了名稱和這樣一種思想，如我已經說過的，那是無聲的和不能觸動人的，除非你曾用一定方法並用習慣來侍弄它們。

斐　我這裡說的不是這樣一種假判斷，根據這種判斷，那不在的東西在人們心靈中並不只是減弱了而是完全沒有了，他們享受著他們當前所能得到的一切，並從之得出結論以爲將來對他們不會發生任何壞事。

---

[41] G本有"bientost"（「不久」）一詞，E本及J本均略去。

德〔當對未來的善或惡的期待沒有了時，這是另一類的假判斷，因爲那時人們是把那從現在得出的結論否定了或對它提出懷疑了；但在這之外，那種把對於未來的想法看做子虛烏有的謬見，和我已經說過的這種假判斷是一回事，這種假判斷是由於對未來的一種過於微弱的表象而產生的，人們對這未來很少或根本不考慮。此外，我們在這裡也許可以對低級趣味和假判斷加以區別，因爲人們常常對於未來的善是否當加以採取甚至根本不提出問題，而只是憑印象行事，也不想來加以考察。但當人們想著它時，就發生以下兩種情況之一：或者是人們沒有充分地繼續想下去，沒有把已接觸到的問題深入下去就放過去了；或者是對它深入進行考察並形成一個結論。而有時在兩種情況下都會留下或大或小的懊悔；有時也會根本沒有 formido opposit[42]或細心考慮，或者是心靈完全轉了向，或者是爲偏見所誤。〕

§64[43]　斐　我們心靈容受能力的狹隘，是我們在比較善惡時做出假判斷的原因。我們不能同時一下享受兩種快樂，在我們受著痛苦的困擾時就更不能享受任何快樂了。一杯飲料裡混進了一點點苦味，我們就嘗不到它的甜味了。人們實際感受著的惡事，總是一切中最糟糕的；人

㊷ 拉丁文，意即：「對立的恐懼」。

㊸ 從G本、E本作§29，J本作§59，按照洛克原書《全集》本也當作§64，唯照弗雷塞編《人類理智論》本則作§66。洛克原書中譯本也作§64。

們叫喊著：啊呀！不管什麼別的痛苦也比這個好受些！

德　〔在這一切之中，是按照人們的脾氣，按照人們所感覺到的東西的力量，按照人們所養成的習慣而有各色各樣的不同情況的。一個患痛風的人，因爲一件大好運氣的事落到他身上也能歡欣鼓舞，而一個沉浸於富貴榮華並能在他的陸地上生活得很安樂的人，由於在宮廷中的一次失寵也就會跌進悲哀的苦海。這是因爲快樂和悲哀，當苦樂混合在一起時，是來自它們的最後結果或苦樂的哪一方占優勢。萊安德受美麗的希洛的魅力所驅使，就毫不在乎黑夜游過大海的不適和危險㊹。有些人，由於身體虛弱或某種不適，是既不能喝，也不能吃，也不能滿足其他欲望㊺而不受很大痛苦的，可是他們卻要來滿足這些欲望，甚至超過必需的程度和恰當界限。另外有些人又那樣嬌氣和脆弱，只要快樂中混上一點點痛苦、怪味或其他不適他們就拒絕享受。有一些人堅強地超越於當前和平凡的快樂或痛苦之上，而幾乎只憑恐懼和希望行事。

㊹ 萊安德（Léandre）和希洛（Héro）是希臘神話中的人物。萊安德是「希臘橋」（Hellespont，達達尼爾海峽的古代名稱）邊阿比多斯（Abydos）的一個青年，與維納斯（Vénus）女神的女祭司希洛相愛，後在「希臘橋」中淹死。這是希臘神話中一個著名的關於「愛和死」的故事。拉丁詩人維吉爾（見 *Georg*.3, 258.）、奧維德（見 *Heroides* 18, 19）都講到它，其最後形式則見於西元五世紀的文法學家穆賽歐斯（Musaeus）的一首長詩。

㊺ G本在 manger（「吃」）之後有“ou qui ne sauraient satisfaire d’autres appetits”一句，E本及J本均略去。

另外一些人則嬌氣到了有一點點不舒服就叫苦，有一點眼前可感到的快樂就追逐，簡直就像小孩子一樣。就是對於這樣一些人，那當前的痛苦或享樂，永遠顯得就是最大的；他們就像那些沒有什麼主見的宣教者或頌詞作者那樣，對他們來說，就像那條諺語所說的，當今的神聖【偶像】永遠就是天堂裡的最大神聖。但不論在人們之中能發現有怎樣的不同，這一點總永遠是真的，就是：他們只是依照當前的知覺行事，而當未來觸動了他們時，那或者是通過他們對未來所具有的影像，或者是通過他們已下的決心或已養成的習慣，對它沒有任何影像也沒有自然的記號時就甚至依照單純的名稱或其他武斷的標誌，因爲要他們對抗一種已下了的堅強決心，尤其是對抗一種習慣，是不會沒有不安，有時甚至不會沒有某種憂愁之感的。〕

§65　斐　人們十足有一種癖好，要貶低未來的快樂，並且自己得出結論說：當我們來嘗到未來的快樂時，它也許不合我們所寄予它的希望，也不合我們對它一般地具有的意見；因爲他們憑自己的經驗往往發現，不僅別人所稱讚的那些快樂對他們顯得非常乏味，而且在一個時候曾給了他們自己很大快樂的，到另一個時候也使他們感到討厭和不快。

德　〔這主要是那些縱欲者的推理法，但我們通常發現那些野心家和守財奴對名聲和財富的判斷完全是另一種樣子，雖然當他們占有這些好東西時，對它們的享受也只平常甚至往往極少，他們又總是盡力要求多多益善。我發現這是自然這位建築師的一項很美好的發明，使人們對那種極少觸動感官的東西也如此敏感，而如果人們不能變成野心家或守財奴，那麼在人性的現狀下，將也會很難使他們變成足夠道德高尚和合乎理性，能掉頭不顧使他們轉向的當前的快樂而爲自己的人格完善來從事工作。

§66 斐 對於那些在其後果中顯出好或壞，和通過它們的稟性適於爲我們提供善或惡而成爲好或壞的事物，我們對它們的判斷是用不同的方式，或者是我們斷定它們不能眞的給我們造成像它們事實上所造成那樣的惡事，或者是我們斷定，雖然那後果是重大的，但並不是那樣肯定事情就非如此發生不可，或至少我們就不能用某些辦法來避免它，如通過謀劃、通過巧計、通過改變行爲、通過悔過補救之類。

德 我覺得，如果所謂後果的重大就是指後件的重大，即可能跟著來的善或惡的巨大，則我們就得陷於前一類的假判斷，其中未來的善或惡是沒有得到很好表象的。因此，就只剩下第二類的假判斷，是我們現在要討論的，這就是那後果是受到懷疑的假判斷。〕

斐 要詳細地來表明我剛才所提及的那種遁詞是如此不合理的判斷，這是很容易的，但我將只滿足於一般地指出，爲了一種較小的善而用一種較大的善去賭運氣，（或者爲了得到一種小的善和避免一種小的惡而甘冒陷於苦難的危險⑯）並且是基於不確定的猜測和在進入一種正當的考察之前就這樣幹，這是直接違反理性行事的。

⑯ 從G本，作"s'exposer"（甘冒……危險），E本和J本均作"s'opposer"（與……相對立或對抗）。

德（由於對後果的大小的考慮和對後件的大小的考慮㊼是兩種不同質的考慮（即不能彼此加以比較的考慮），道德學家們想對它們進行比較就把自己十足攪糊塗了，就像在那些討論概率問題的人那裡表現出來的那樣。事情的眞相是：在這裡，也和在其他一些異類的和不同質的（disparates et hétérogénes）以及可以說是不止一維（dimension）的估計中一樣，所論及的東西的大小，是在理性中由兩種估計複合成的，就像一個矩形，其中有兩方面的考慮，即長度的考慮和寬度的考慮；至於後果的大小和概然性的程度，我們現在還缺少當能用來估計它的那一部分邏輯㊽，而曾對概率問題寫過作品的大部分決疑論者，甚至根本就不懂它的本

㊼ 據英譯本轉引 Janet: Œuvres Philos. de Leibniz.1.186，註1說：後果的大小（la grandear de la conséquence）是指預見到的善或惡將會發生的概率的大小；而後件的大小（la grandeur de la consequent）是指後來的事情所帶來的善或惡的大小。

㊽ 指概率論，其奠基人爲帕斯卡爾（Pascal, 1623-1662），後來許多傑出數學家都對此有貢獻，如貝爾努依、惠更斯、拉不拉斯等，萊布尼茲一六七二至一六七七年寓居巴黎期間就已知道了帕斯卡爾的工作，並認識到「這一部分新的邏輯」的重要性，並想用它來代替那長期以來流行的古老而粗糙的「決疑法」。在其給布爾蓋（Bourguet）的一封信（1714, 3, 22）中對概率論產生的歷史曾有扼要論述，見G本第三卷第570頁，E本第723頁。

性，和亞里斯多德一樣㊾把它放在權威的基礎上，而不是像他們應當做的那樣把它放在似然性（Vraisemblance）的基礎上，權威只是造成似然性的理由中的一部分。〕

§67 斐 以下就是這種假判斷的若干通常的原因。第一是無知，第二是疏忽，當一個人對已被告知的事情不加反省時【就是疏忽】。那誤引了判斷同時也誤引了意志的，是一種假裝的和當前的無知。

德 〔那永遠是當前的，但並不永遠是假裝的；因爲人們並不是在必要時總始終在頭腦中去想他所知道的，以及他當喚起對它的記憶的東西（要是他能做主的話）。假裝的無知在人假裝時是始終混雜著某種注意的；誠然接著通常可能有某種疏忽。在必要時就能來想人所知道的東西這樣一種技術，要是被發明出來倒會是一件最重要的東西；但我看不出迄今爲止人們甚至

㊾ 據英譯本註：關於亞里斯多德對概然性【或概率】的定義，參閱其《前分析篇》II., 27, 70^{a}3：「概然的是一個一般地得到承認的命題。對於爲大多數所認爲像這樣發生或不發生、或者是或不是的，這是概然的。」又《修辭學》I., 2, 135^{a}34：「關於概然的，就是那大部分會發生的。」照此看來，亞里斯多德更多地是把概然性放在經驗的基礎上而不是放在權威的基礎上，而萊布尼茲對他的定義是說的不確切的。本書德譯者夏爾許米特說，對於亞里斯多德來說，「概然的結論是一種不完全歸納，它的成問題的性質是他很了解的，不過沒有更精確地予以決定。後來希臘哲學家中屬於懷疑論派的開始談到了概然性的程度，但只是現代人才首先來從事關於概率的數學計算的有成果的思想。」

已想到來形成這種技術的一些基本要素，因爲那麼些作者曾寫到過的那種記憶術㊿是完全另一回事。〕

斐　那麼，如果人們把一個方面的理由混亂地和倉促地放在一起，而由於疏忽把應該計算進去的很多項目都放過去了，這種倉促所產生的假判斷也不比完全的無知所產生的少些。

德　〔其實，當論到各種理由的平衡時，是有許許多多東西都必須算進去的，如應該做的那樣；這就差不多像商人的帳本一樣。因爲任何一筆帳都不應忽略，必須把每筆帳單獨算清楚，必須把各筆帳作恰當的排列，最後還必須對它們做一筆確切的總帳。但人們忽略了很多重要之點，或者是由於沒有想到，或者是由於輕率地一想就過去了；人們也沒有給予每一項本身應有的價值，就像這樣一個管帳人那樣，他對每頁帳的各欄算得很仔細，但在歸入各欄之前對其中各行的單項帳目卻算得很糟糕；這就使那主要只看各欄的稽核人員受了騙。最後，在對各項全都注意了之後，也還可能在各欄的總數以及甚至在作爲這各欄總數的總數的最後總帳上受騙。這樣，我們就還是需要那種思維的技術和估計概率的技術，還要有對於各種善和惡的價值的知識，才能很好地來運用推論的技術；而且所有這些之後還要有注意和耐心來一直達到

㊿ Mnemonics，其發明被歸之於古希臘詩人，奇奧（Ceos）的西蒙尼德斯（Simonides，西元前556至前469年），也許是因爲他以其極強的記憶力出名，參閱西塞羅：《講演集》（*De Oratore*）第二卷，第八十二章。

最後的結論。最後，還必須有一種堅定和持之以恆的決心來實行那結論；並且要有種種技巧、方法、特殊的規律和完全養成了的習慣，來在將來，當使人採取這種決定的那些考慮不再呈現在心靈中時，把那過程堅持下去。的確，謝謝上帝，在那最重要的事情上，即關於 summan rerum (51)，幸福和苦難的事情上，我們並不需要有那麼多的知識、輔助和技巧，不是像在關於國務或關於戰爭的會議上，在法庭上，在醫療會診中，在某種神學或歷史的爭論中，或在數學或力學的某些點上要作出正確判斷所必需的那樣；但作爲補償，卻需要更強的堅決性和習慣，在這有關幸福和德性的大事上，來永遠採取好的決定和遵照這種決定。總之一句話，對於眞正的幸福來說，較少的知識而有更多的善良意志就夠了；所以最大的傻瓜也和最博學、最精明的人一樣能夠容易地達到這一點。〕

斐　因此，我們看到，理智若無自由是毫無用處的，而自由若無理智則是毫無意義的。如果一個人能夠看到那對他可以爲善或爲惡的東西，卻不能移動一步來接近這一個或遠離那一個，那他有了視覺就會好些嗎？他甚至會因此更吃苦，因爲它將會毫無用處地嚮往著那善，而恐懼著那他眼睜睜看著卻無法避免的惡。而一個人有自由在一片漆黑中跑來跑去，這比他隨風飄蕩又在哪方面要好一些呢？

(51) 拉丁文，意即：「事物的總合」。

德　〔他的任性將會稍稍多得到一點滿足，可是在趨善避惡方面處境不會更好。〕

§68　斐　假判斷的另一來源。滿足於來到手邊的第一種快樂，或習慣已使之成爲適意的快樂，我們就不再看得更遠。因此，這也是一種機會，使人在把對他的幸福事實上是必要的東西不看做必要的時，判斷錯誤。

德　〔我覺得這種假判斷是包括在前面那一類，即在對於後果方面弄錯了的假判斷之內的。〕

§69　斐　餘下的是要考察，一個人是否有能力來改變那伴隨著某種特殊活動的快感或不快。他在許多情況下是能夠的。人們能夠而且也應該來矯正他們的味覺器官使之能夠品味。人們也同樣能夠改變靈魂的趣味。一種恰當的考察、實驗、運用、習慣，將會造成這樣的效果。人們習慣於抽煙就是這樣的，這種習慣最後使他們覺得抽煙很適意。對於德性也是一樣的。習慣具有很大的吸引力，人們不能拋棄習慣而不感到不安。你也許會把這看做一個悖論，就是說，人們能夠按照他們忽視這種義務的程度而使一些事物或活動對他們成爲較適意或較不適意的。

德　〔我在上面也已經說過這一點，見§37，接近末尾，又見§47，也是接近末尾。我們可以使自己意欲某種東西並培養我們的趣味。〕

§70　斐　建立在眞實基礎上的道德學，只能是決定趨向德性的；那在此生之後的無限的幸福和苦難，只要是可能的就夠了。必須承認：一種和對可能的永恆幸福的期待相結合的好的生活，是比一種伴隨著對可怕的苦難的恐懼，或至少是對滅亡歸於虛無的可怕而不確定的希望的壞生活更可取的。所有這一切都是最明顯的，即使好人在這世上只是經受禍患而壞人卻經常享福也罷，而在通常情況下是完全不會這樣的。因爲對一切事情正確考慮一下，我相信他們即使在這一生也是過得最糟糕的。

德 〔因此即使在死後什麼也沒有，一種伊比鳩魯式[52]的生活也不會是最合理的。而我很高興，先生，您糾正了您在上面§55所說的與此相反的意見。〕

斐 有誰會這樣傻，竟自己決定（要是他是有頭腦好好想過一下的），來甘冒一種可能的危險，就是成爲無限地不幸的，以致除了純粹的歸於虛無之外從中什麼也得不到；而不是使自己處於好人的境地，他除了歸於虛無之外沒有什麼可怕的，而卻有永恆的幸福可以希望呢？我避免說到來生狀態的確定性或概然性，因爲我在這個地方並無其他打算，只是要指出這種假判斷，這是每個人根據他自己的原則都應該承認犯了錯誤的。

德 〔壞人是很容易傾向於相信來生之不可能的。但他們並無其他理由，只除了說人們只

---

[52] 因爲伊比鳩魯在一定意義下主張生活的目的在於快樂，在西方文字中「伊比鳩魯式的」就成了追求感官享受的同義語，但這實際是對這位古希臘偉大唯物主義者的汙蔑和歪曲。

能限於從感覺所知道的東西這一點，以及就他們所知沒有一個人從另一個世界回來。有過一個時候，根據這同樣的原則，當人們不願把數學和通俗的概念結合起來時，就可以拒絕承認對蹠地[53]；而現在，當我們不願把眞正的形上學和想像的概念結合起來時，也可以有同樣的理由來拒絕承認來世。因爲有三層的概念或觀念，即：通俗的，數學的和形上學的。要使我們相信對蹠地，第一層概念是不夠的；而要使我們相信另一世界，第一層和第二層概念也還不夠。的確它們也已提供了一些有利的猜測；但如果說第二層概念在我們現在所具有的經驗之前就已確立了確實有對蹠地（我不說是那裡的居民，但至少是那地方，那是地理學家們和天文學家們之中關於地球是圓形的這種知識已給他們確定了的），最後一層概念，對於另一世，也從現在起，在人們去看了以前，就已給了與上述一樣的確實性。〕

§72　斐　現在讓我們回頭來談能力，這是本章眞正的總題目，而自由只是它的一種，不過是屬於最重要的之中的一種罷了。爲了對能力有更清楚的觀念，得到一種對所謂活動的更確切的認識，將不會是離題，也不是無用的。我在我們開始討論能力時曾說過，有兩種活動是我們對它們有某種觀念的，這就是運動和思想。

德　〔我認爲我們可以用一個比思想這個詞更概括的詞，就是用知覺這個詞，把思想只歸

---

[53] 即在地球上和我們所處的地域相反的另一面的地區。

之於心靈，而知覺則屬於一切隱德萊希。但我不想否定任何人有把思想這個名詞照同樣概括的方式來用的自由。甚至我自己有時不注意也會這樣用的。〕

斐　然而，我們雖然給那兩件事以活動這個名稱，我們卻會發現它並不是始終完全適合於它們的，而在有一些例子中，我們將毋寧認爲是受動[54]。因爲在這些例子中，在其中發現有運動或思想的實體，純粹是從外面接受印象，通過這印象，活動被傳遞給它，而它只是單憑它所具有的接受這種印象的容受力（capacité）活動的，那只是一種**被動能力**。有時實體或原動者是憑它本身的能力而使自己活動，那才眞正是一種**主動能力**。

德　我已經說過，照形上學的嚴格意義，把活動看做是在實體中**自動地**並且從它自己內部發生的，則一切眞正是實體的東西只能是主動的，因爲一切都是依照上帝從它自身發生的，一

---

[54] 「受動」原文爲"passion"。按在法文和英文中，passion 一詞，通常是有「情感」或「激情」等意義，本書中一般譯作「情感」。但它又和 action 相對而有「被動」或「受動」的意義。action 在本書中一般譯作「活動」，它又有「主動」的意義，同時又和「潛能」相對而有「現實性」或「實現」的意義。它們的動詞形式 agir 和 pâtir，形容詞形式 active 和 passive 也都相應地有多種含義，在漢語中很難找到一個恰當譯名同時兼含這多種意義，只能隨上下文意作不同譯法，但往往難以確切表達其同時包含的多種意義，希讀者注意。

個被創造的實體是不可能對另一個實體有影響的[55]。但是，把活動當作一種圓滿性的實施，而把受動當作它的反面，則只有當實體的知覺（因爲我把知覺給予一切實體）發展出來並變得更清楚時才在眞正的實體中有活動，正如只有當知覺變得更混亂時才有受動一樣；所以在那些能有快樂和痛苦的實體中，一切活動都是走向快樂的一種步驟，而一切受動都是走向痛苦的一種步驟。至於運動，那只是一種實在的現象，因爲運動所歸屬的物質和團塊，眞正說來並不是一種實體。可是在運動中有活動的一種影像，正如在團塊中有實體的一種影像一樣；而就這方面看，當物體在其變化中有一種自動性時，我們可以說它是在活動（agit），而當它受另一物體推動或阻礙時可以說它在受動（patit）；正如在一種眞正實體的眞正活動或受動方面，我們可以把實體藉以趨向圓滿性的變化看做它的活動，把它歸之於實體自身。同樣地，我們可以把實體藉以發生相反情況的變化看做受動，並歸之於一個外部的原因；雖然這原因不是直接的，因爲在第一種情況是實體本身，而在第二種情況是外部的事物，可用來以一種可理解的方式解釋這種變化。我只給物體一種實體和活動的影像，因爲那由各部分複合成的東西，確切說來是和一個羊群一樣不能被當作一個實體的；但我們可以說其中有某種實體性的東西，那使之成爲一

---

[55] 按這裡所說是萊布尼茲的「單子論」的重要觀點之一，可參看其《單子論》、《新系統》等著作，特別是 *De ipsa natura*, etc. G本第四卷第509頁，E本第157頁。

個東西的統一性，是來自思想的。

斐　我曾想著，那通過某種外面的實體的作用而接受觀念或思想的能力，雖然骨子裡這不過是一種被動的能力或一種單純的容受力，對反省和內部變化作著抽象，這種反省和內部變化是始終伴隨著接收來的影像的，因爲在靈魂中的表現(56)是像一面活的鏡子中的表現(57)一樣的；但我們所具有的那種根據我們的選擇來喚起一些不在的觀念，並對我們認爲適合的那些觀念一起加以比較的能力，眞正是一種主動的能力。

德　〔這和我剛才提出的那些概念也是一致的，因爲在這裡有一種向更圓滿的狀態的過渡。但我將認爲在感覺中也有活動，只要這些感覺給了我們一些較突出的知覺，並因此給了我們一種機會來提起注意，以及可以說是來發展我們自己。〕

§73　斐　現在我想我們似乎可以把原始的和根本的觀念歸結爲這樣少數幾個，就是：廣延、堅實性、可動性（也就是能被推動的那種被動能力或容受力），這些是通過反省的途徑來到我們心靈中的，最後是存在、綿延和數，這些是通過感覺和反省兩種途徑來到我們心中的；因爲用這些觀念，如果我沒有弄錯，我們就能夠來解釋顏色、聲音、滋味、氣味，以及我們所

(56) G本和E本均作“l'expression”（「表現」），J本作“l'impression”（「印象」）。

(57) 同前註。

有的其他一切觀念的本性，要是我們的功能足夠精細，能夠來察覺那些產生這些感覺的微小物體的各種不同運動的話。

德　〔說眞的，我認爲您在這裡稱之爲根本的和原始的這些觀念，大部分都不完全是這樣的，因爲在我看來是還可以進一步分解的；可是我絲毫不責怪您，先生，自己限於這樣而不把這分析更向前推進。此外，我認爲如果它們的數目可以用這辦法來縮小，那麼它也可以通過加上其他一些更根本或同樣根本的觀念來增大[58]。至於有關它們的排列問題，我認爲，依照分析的次序，存在當在其他的前面，數在廣延的前面，綿延在運動性（motivité）或可動性（mobilité）前面；雖然這分析的次序並不是通常使我們想到它們的時機的次序。感覺提供我們材料來作反省，而我們如果不想到某種別的東西，即感覺提供的特殊事物，是甚至不會想到那思想的。而我深信，被創造的靈魂和心靈是絕不會沒有器官和絕不會沒有感覺的，正如它們不能沒有標誌符號而從事推理一樣。那些人曾想主張一種完全的分離和在【與身體】分離的靈

---

[58] 此句從G本，原文是："D'ailleur je crois que si le nombre en pourroit estre diminué par ce moyen, il pourroit estre augmenté, " etc：E本和J本作："D'ailleur si c'est vrai, que le nombre en pourroit être diminué par ce moyen, je crois qu'il pourroit être augmenté en y ajoutant d'autres idees plus originales ou autant".（「此外，如果眞的它們的數目可以用這辦法來縮小，那麼我認爲它也可以通過加上其他一些更根本或同樣根本的觀念來增大」。）

魂中的思想方式[59]，——這是用我們所知道的一切都無法解釋的，並且不僅背離了我們當前的經驗，而且尤有甚者，是背離事物的一般秩序的，——他們給那些所謂硬心腸的人的影響太大了，並且使那些最美好、最偉大的眞理對很多人都成爲可疑的了，他們甚至以此剝奪了這種秩序提供給我們的用來證明這些眞理的某些好辦法。」

---

59 這裡所講的「完全的分離」，就是指身體與心靈、物質與精神完全分離獨立的二元論觀點。所謂「分離」的問題，是從亞里斯多德提出 χωρισμός（「分離」）這個概念以來西方哲學史上的一個老問題。亞里斯多德雖然批判了柏拉圖派認爲「理念」與感性事物分離獨立的觀點，但他自己也在可定意義下仍主張有不依賴於身體的「理性靈魂」，從而使精神與物質「分離」。笛卡兒派的二元論觀點使這「分離」問題更加尖銳化。斯賓諾莎和萊布尼茲從不同立場出發都想來克服笛卡兒派的二元論而重新建立一元論，但斯賓諾莎的基本立場是唯物的，不過仍是一種「心物平行」的觀點，而萊布尼茲則是澈底唯心主義的。洛克基本上也站在唯物主義立場上要來克服這種二元論，但很不澈底，仍有二元論色彩。

第二十二章　論混合的樣式

§1　斐　讓我們過渡到混合的樣式。我把它們和較簡單的樣式區別開，後者是僅由同類的簡單觀念複合成的。此外，混合的樣式是一些簡單觀念的一定組合，這些簡單觀念不是被看做有一種固定存在的任何實在事物的特性標誌，而是離散的和獨立的，是心靈把它們結合在一起的；而它們就以此與實體的複雜觀念相區別。

德　〔要正確地理解這一點，得回顧一下我們以前的分類法。照您的分法，觀念是簡單的或者複雜的。複雜的觀念是實體、樣式、關係。樣式或者是簡單的（由同類的簡單觀念複合而成）或者是混合的。因此，照您的分法是有簡單觀念，樣式的觀念（既有簡單的也有混合的），實體的觀念和關係的觀念。我們也許可以把這些名詞或觀念的對象分爲抽象的和具體的；抽象的分爲絕對的和那些表現關係的；絕對的分爲屬性和樣態；兩者都分爲簡單的和複合的；具體的分爲實體和實體性的事物，後者是由眞正的和簡單的實體複合而成或由之產生的。〕

§2　斐　心靈在對於它的簡單觀念方面是純粹被動的，它依照感覺和反省所爲它呈現的接受這些簡單觀念。但它在對於混合樣式方面則常常是憑自己主動的，因爲它可以把簡單觀念組合成複雜觀念而並不考慮它們在自然中是否這樣結合著存在。就是因爲這樣，人們給這類觀念以概念（notion）①這個名稱。

德　〔但那使我們想著簡單觀念的反省，常常也是隨意的，還有那組合，自然並沒有造成的，也能單憑記憶而由它們自己在我們心中造成，如在做夢和遐想中的情況那樣，心靈在這裡也並沒有起主動作用，和對於簡單觀念一樣。至於概念（notion）這個名詞，許多人是把它用於所有各種觀念或想法（conceptions）②的，既用於根本的，也用於派生的。〕

§4　斐　幾個觀念被組合在單獨一個觀念中，它的標誌就是名稱。

德　〔這得理解爲，要是它們是能夠被組合的，而常常是不能這樣的。〕

斐　殺一個老人那種罪，沒有像「弒親」（parricide）那樣的一個名稱，我們並不把前者看做一個複雜觀念。

德　〔爲什麼殺一個老人者沒有一個名稱，其理由是法律既並沒有規定給它一種特殊的刑罰，這名稱將是無用的。可是觀念並不依賴於名稱。一位道德學作者，可以爲這種罪發明一個

---

① “notion”一詞，一般譯作「概念」，本書也譯作「概念」，也有人譯作「意念」，如洛克原書中譯本。但conception和concepte一般也都譯作「概念」，這裡爲稍示區別計，暫把conception譯作「想法」。這些名詞在西方文字中各人用法也常不一致。

② 同前註。

名稱，並且在〈老人論〉（Gerontophonie）的專門一章中進行討論，指出人們對於老人應該怎樣，而不對他們加以優待是多麼野蠻的行爲，這樣也並沒有給我們一個新觀念。〕

§6 斐 這一點永遠是眞的，就是：一個民族的風俗和習慣，造成一些對它很熟悉的組合，這就使得每一種語文都有一些特殊的名詞是不能作一個詞對一個詞的翻譯的。因此，如希臘人中的 octracisme（「貝殼放逐法」）和羅馬人中的 proscriptio（「公敵宣告」）③這些詞，就是在其他語文中無法用相當的單詞來表達的。這就是爲什麼風俗習慣的改變也造成一些新詞的原因。

德 〔偶然性在這裡也有作用的，因爲法國人用馬也和相鄰的民族一樣多，可是，他們

---

③ 「貝殼放逐法」是古希臘雅典在克里斯提尼（Cleisthenes）執政時期首先制定和實施的一項法律，它規定公民會議可以投票決定放逐危害國家的分子，表決時由公民在貝殼或陶片之類的票上寫下應予放逐的人名，如對某人所投貝殼票超過六千，則此人即須放逐國外，一般須十年後才許回國。此詞希臘原文爲 O'στρακισμο'ς，參閱亞里斯多德：《雅典政制》，一九五七年，三聯版，第26頁。「公敵宣告」是古代羅馬奴隸主統治者迫害人民或政敵的殘酷手段，被宣告爲「公敵」者即須被處死刑並沒收財產。如西元前八十四年羅馬獨裁者蘇拉就以此處死了五千人。

放棄了那和義大利文的 cavalcar 相當的古詞④以後，就不得不用釋義的辦法來說 aller à cheval（騎著馬走）。〕

§9　斐　我們通過觀察獲得對混合樣式的觀念，如在我們看到兩個人決鬥時那樣；我們也通過發明（或對簡單觀念的隨意集合）獲得這些觀念，如發明印刷術的人，在這種技術存在之前，他就是這樣具有了這觀念的。最後，我們也通過對歸附於我們從未見過的活動的一些名詞的解釋而獲得這些觀念。

德　〔我們還可以在做夢或遐想中獲得這些觀念，那時觀念的組合並不是隨意志決定的，例如：當我們在夢中見到以前從未想到過的黃金宮殿時就是那樣。〕

§10　斐　具有最多變化花樣的簡單觀念，就是思想、運動和能力的觀念，我們設想各種活動是從能力那裡發出來的；因為人類的大事就在於活動。一切活動就是思想或運動。在一個人之中所發現的做一件事的能力或稟性，當人們通過常常做同一件事而獲得這種能力時，就構成我們稱之為習慣的觀念；而當我們在出現的每一時機都能使之活動時，我們就稱之為稟賦（disposition）。這樣，溫柔就是對友誼或愛的一種稟賦。

---

④ 在較古老的法文作品中有 chevauchier, chevaucher, cevaucier 等多種形式的詞出現，意思都是「騎馬」，後來多已廢棄不用。

德　〔我想，您在這裡所說的溫柔（tendresse）是指心地柔和，但此外我覺得人們也把溫柔看做人們在愛著時的一種性質，它使得愛著的人對所愛對象的善和惡非常敏感，我覺得在《克萊莉》⑤那部卓越的浪漫小說中那溫柔的情書所要去打動的就是這種性質。而由於仁慈的人以某種程度的溫柔愛他們的鄰人，他們對旁人的善惡是敏感的，而一般來說，心地柔和的人是具有某種溫柔地愛人的稟賦的。〕

斐　大膽是在別人面前毫不驚慌失措地做或說他想做或想說的事的能力，在關於後一部分即關於說話方面的那種自信，希臘人中是有一個特殊名稱的。

德　〔找一個詞來表達這裡人們歸之於大膽的這個概念是好的，但這個詞人們往往是另一種用法，如說大膽的查理⑥時那樣。毫不驚慌失措是一種心靈的力量，但當一些壞人變得到了無恥的程度時他們就是濫用了這種力量；正如害羞是一種弱點，但在某些情況下這是可以原諒

⑤ Clélie, Histoire Romaine，是法國女作家史居德里小姐（Mlle. Scudéry, 1607-1701）寫的一部愛情小說，故事背景放在羅馬歷史的早期；女主人公就是克萊莉，據底德·李維記載，她曾游過台伯河（Tiber）而從波爾塞納（Porsenna）那裡逃走。波爾塞納是古代義大利半島上厄特魯利（Etrurie）的國王，克萊莉原被他扣作人質。

⑥ 按大膽的查理（Charles le Hardie）有說查理是個魯莽、厚顏無恥的人的意思。

的甚至是值得稱讚的。至於說到 parrhésie⑦，您所說的希臘字也許就是指這個，那是現在對於那些毫無畏懼地敢於說出眞理的作家還在用的，雖然那時他們既不是在人前說話，就沒有理由驚慌失措了。〕

§11 斐 由於能力是一切活動從之發出的源泉，人們對這些能力所寓的實體，當它們把它們的能力付諸實行時，就稱之爲原因，而把那些由這辦法產生出來的實體，或毋寧是通過能力的實施而被引入一個主體中的那些簡單觀念（就是說那些簡單觀念的對象），稱爲結果。因此，一個新的實體或觀念（性質）藉以產生的效能（l'efficace），在實施這能力的主體方面的就叫做活動，而在其中有某種簡單觀念（性質）被改變了或產生出來了的主體方面的就稱爲受動。

德 〔如果能力是被當作活動的源泉，它所說的就不止是前一章中用來說明能力的那樣一種稟性或才具（facilité）而另外還有點什麼；因爲它還包括傾向，如我不止一次地指出過的那樣。就是因爲這樣，在這意義下，我慣於把它稱之爲隱德萊希，它或者是原始的，相應於當作某種抽象東西的靈魂，或者是派生的，就像我們在趨向（conatus）以及在生氣（vigueur）和暴烈（impetuosité）中所設想的那樣。原因這個名詞，在這裡只理解爲動力因；但人們也還把

⑦ 希臘文爲 παρρησία，意即「敢說話」。

它理解爲目的因或動機（motif），這裡就不說質料和形式了，這些在經院哲學中也都被稱爲原因的⑧。我不知道我們是否能說，同一個東西，在原動者那裡叫做活動而在受動者那裡叫做受動，並因此是同時在兩個主體之中的，就像關係那樣，還是這樣說是否更好一些，就是說這是兩個東西，一個在原動者之中，另一個在受動者之中。〕

斐　有許多好像表示某種活動的語詞，其實只是指原因和結果的；如創造和消滅就並不包含任何活動或方式的觀念，而只有關於原因和被產生的事物的觀念。

德　〔我承認，在想著創造時，我們並不是想到一種能有任何細節的活動方式，這在這裡甚至是不相宜的；但既然我們表明了除上帝和世界之外的某種東西（因爲我們想著上帝是原因而世界是結果，或者上帝產生了世界），那麼顯然我們還是想著活動的。〕⑨

---

⑧ 這裡是指經院哲學家們所繼承的亞里斯多德的「四因」說，即認爲事物存在或產生的原因有四種，即：質料因、形式因、動力因、目的因。關於這方面的觀點，萊布尼茲在一些有關動力學的論文和書信中有進一步的論述，可參看英譯本附錄第637頁、第672頁以下、第669頁以下。

⑨ 萊布尼茲把「創造」這個概念，作爲實體的起源來說，看做是不能進一步解釋的，因爲我們對其過程不能形成什麼觀念。關於這方面的其他一些說法，可參看《單子論》§47，以及《給倍爾的信》，見G本第三卷第58頁，E本第191頁。

第二十三章　論我們的複雜實體觀念

§1　斐　心靈注意到一定數目的簡單觀念經常在一起，當它們這樣結合在一個主體中時，它們被看做是屬於單獨一件事物的，就用單獨一個名稱來稱呼它們。……由此就產生這樣的情況：雖然真正說來，這是許多觀念結合成的一堆觀念，我們以後由於疏忽就把它們說成單獨一個簡單觀念。

德　〔我看不出在一般所接受的說法中有什麼值得被評爲疏忽的；而雖然我們承認它只是一個主體和一個觀念，我們並不承認它只是一個簡單觀念。〕

斐　因爲不能想像這些簡單觀念怎麼能憑自身維持存在，我們就習慣於假定有某種東西支撐著它們（substratum①），它們就存在於它之中並且是由它而來的結果，爲此我們就給它以實體（substance）這個名稱。

德②　〔我認爲這樣想是有道理的，而我們也只有習慣於這樣或這樣來假定，因爲首先我們就設想同一個主體③有幾個述語④，而支撐（soutien）或基質（substratum）這些比喻式的

① 拉丁文，通常譯作「基質」，就是「在底下支撐著的東西」。
② E本作 PH（「斐」），當係誤植。
③ 「主體」原文爲 sujet，相對於下文的「述語」（prédicats）似當作「主語」或「主詞」，但這裡似乎不是談語法和邏輯問題，因此，仍譯作「主體」。如此，則「述語」當就是指「屬性」或「偶性」。
④ 同前註。

語詞意思也只能指這樣；所以我看不出爲什麼這裡會引起困難。相反地，出現在我們心靈中的毋寧是一些*具體的東西*（concretum）如有知識的東西，熱的東西，明亮的東西，而不是那些*抽象的東西*或性質（因爲在實體性的對象中的是性質而不是觀念）如知道，熱、光等等，這些是更難了解的。我們甚至可以懷疑這些偶性是否眞正的存在物，因爲事實上這些往往只是一些關係。我們也知道，當我們想來仔細考察時正是這些抽象的東西引起了最大的困難，像那些熟悉經院哲學中的瑣細東西的人就知道這一點，那些瑣細東西中最棘手的一些問題，只要我們願把那些抽象的存在物排除，並決心只通常地用具體的東西來說話，以及在科學的證明中除了那些代表實體性的主體者之外不許用任何其他的名詞，則它們一下就垮了。因此，如果我敢於這樣說的話，這是 nodum quaerere in scirpo⑤，並且是把事情弄顚倒，把性質或其他抽象名詞當作較容易而把具體的倒當作某種非常困難的東西了。〕

§2　斐　我們對於一般的*純粹*實體並沒有別的概念，無非是想著一樣莫名其妙的東西，它是我們所完全不知道，而被假定爲那些性質的支撐者的。我們就像小孩子們一樣說話，當人家問小孩子們一樣他們所不知道的東西是什麼時，他們立刻就心滿意足地回答道：這是*某樣東西*，但這話這樣用法，意謂著他們不知道它是什麼。

⑤ 拉丁文，意思直譯是「在蘆葦中找節」，即在沒有困難的地方找困難，有如我們說的「雞蛋裡面挑骨頭」。

德　〔在實體中把屬性或述語、和這些述語的共同主體這兩樣東西分開，這就無怪乎絲毫不能設想這主體中的任何特殊的東西了。既然我們已經把那些我們能夠設想其某種細節的屬性分離開來，也就一定得是這樣。因此，在這純粹的一般主體中，除了要設想它是同一個東西（例如：那從事著理解和意欲，從事著想像和推理的東西）所必需的之外，還要求更多的，這就是要求不可能的東西，並且這樣是和我們自己在進行抽象和把主體跟它的性質或偶性分開來設想時所作的假定相反地來行事。我們也可以把這同樣的所謂困難適用於存在以及一切更明白更原始的概念；因爲我們也可以請問哲學家們，當他們設想純粹的一般存在時是想的什麼；因爲當一切細節都被這樣排除了之後，對此也就沒有什麼好說的，和人家問那純粹的一般實體是什麼時一樣。因此，我認爲哲學家們並不值得加以譏笑，如在這裡所做的那樣，把他們比作一位印度哲學家，當人家問他大地是由什麼東西支撐著時，他答道是一頭大象支撐著；然後又問他什麼東西支撐著這大象時，他回答是一隻大烏龜；而最後，當追問他說這烏龜又停在什麼東西上時，他就只好說是一樣我不知道是什麼的東西。但對於實體的這種考慮，儘管顯得似乎很單薄，卻不是如人家所想那樣空虛和無結果的。它能產生許多在哲學上最重要的後果，而這些是能夠給它一種新的面貌的。〕

§4　斐　我們對於一般實體並沒有明白的觀念，並且，§5，我們對於心靈的觀念和對於物體的觀念明白程度也是一樣的；因爲對在物質方面的一種有形實體的觀念，也和對那精神實體的觀念一樣遠不是我們所能設想的。這差不多就像那位宗教檢察官對那個年輕的法律博士所說的那樣，那法律博士莊嚴地對他高喊，要說 utriusque 時，他說：您是對的，先生，因爲您在這方面所知道的和另一方面的一樣多⑥。

德　〔就我來說，我認爲關於我們的無知的這種意見是來自人們要求一種爲對象所不容許的知識。對一個對象的明白清楚的概念，其眞正的標誌是我們所具有的通過先天的⑦證明來認識其中的許多眞理的方法，如我在一六八四年發表於萊比錫的《學報》上的一篇論眞理和觀念的文章⑧中所已表明的那樣。〕

---

⑥ 這一段中的「宗教檢察官」，原文是 promoteur，是由主教任命的在宗教裁判所中負責監督人們遵守教規等等的官員，犯了教規就由他在宗教法庭上提出起訴。這裡是說一位宗教檢察官在宗教法庭上和一位年輕律師對案，他稱這律師爲 doctor juris，意即「法律博士」，律師提出反對，高喊說應該稱他爲 doctor juris utriusque，意思就是民事法律和宗教法律兩方面的博士，這宗教檢察官就這樣諷刺地答覆他，意思是說他兩方面都不懂。

⑦ 這裡所謂「先天的」，原文爲 à priori，也可譯作「先驗的」，與 à posteriori 相對，意即不依賴於經驗，在經驗之先的。參看本書下冊第四卷第十七章§1「德」；及《神正論》（*Théodicée*）I. §44。

⑧ 指 Meditationes de Cognitione, Veritate et Ideis（〈關於認識、眞理和觀念的沉思〉），初發表於"*Acta Eruditorum*"（《學報》），一六八四年九月號，載G本第四卷、第422頁以下，E本第79頁以下，所指的段落見G本第425頁，E本第80頁b。

§12　斐　如果我們的感官足夠敏銳，那麼那些感覺性質，例如：金子的黃色，就會不見了，反之我們將會看到其中各部分的某種奇妙的組織。這情況用顯微鏡就表現得很明顯。現在這樣的知識是適合我們所處的狀況的。對我們周圍事物的一種完全的知識，也許是超出一切有限存在物的能力範圍的。我們的功能已足以使我們認識造物主並教我們盡自己的義務。要是我們的感官變得更敏銳，這種變化將會是和我們的本性不相容的。

德　〔這一切都是眞的；我在上面也已說了一些同樣的看法。但黃色仍不失爲一種實在，就像虹一樣，而我們顯然是注定要達到遠遠超出現在這樣的狀態，並甚至可能達到無限的，因爲在有形體的自然中並沒有什麼基本元素。如果是有原子，如這位作者在別處似乎表示相信的那樣，則對物體的完全知識就不會超出一切有限存在物【的能力範圍】。此外，如果某種顏色或性質，在我們更好地武裝起來或變得更敏銳的眼中消失了，顯然又會產生一些別的，這樣又要求我們的慧眼有新的成長來再使這些顏色或性質消失，這樣可以進行到無窮，如對物質的實際分割事實上所進行的那樣。〕

§13　斐　我不知道是否某些【高於我們的】精神⑨優越於我們的長處之一，就在於他們能爲自己造成一些正好適合他們現在的設計的感覺器官。

⑨指「天使」之類，也就是下文所說的「精靈」（Génies）。

德 〔我們爲自己造出顯微鏡就也是這樣做的；只是別的受造物能進得更遠。而如果我們能夠改變我們的眼睛本身，這是我們隨著想看近處或看遠處在一定範圍內事實上在做的，那麼我們就必須有某種比它們更加專屬於我們的東西[10]，來用它的手段形成它們，因爲至少一切都必須是機械地進行的，這是由於心靈不能直接作用於身體。此外，我也認爲那些精靈（Génies）是以某種和我們類似的方式察覺事物的，即使他們會有那富於想像力的西拉諾（Cyrano de Bergerac）[11]歸之於太陽上的某種生物的那些喜人的優越性，這些生物是由無數有翅膀會飛的小東西組合成的，它們聽命於統治的靈魂自行轉移以構成各種各樣的身體。沒有什麼奇妙的東西自然的機械作用不能產生；而我認爲那些教會的有學問的神父們把身體歸之於大使是有道理的。[12]

§15 斐 我們在心靈的觀念中所發現的思想的觀念和推動身體的觀念，是和我們在物質中

---

⑩ 據英譯者註認爲這是指運用眼睛的能力以求適應的靈魂。

⑪ 西拉諾（Cyrano de Bergerac，約1620-1655），法國作家，著有哲理性的幻想小說，*Histoire comique des états et empires du soleil*（《太陽上的國家和帝國的喜劇故事》），也還寫了《月亮上的國家和帝國的喜劇故事》。

⑫ 參閱給德・鮑斯（Des Bosses）的信，一七〇六年九月二十日、十月四日；見G本第二卷第316頁、第319頁，E本第439頁。〕

發現的廣延性、堅實性和可動性等觀念一樣明白，一樣清楚的。

德　〔對於思想的觀念來說，我同意。但對於推動身體這個觀念來說，我不是這樣看法，因爲照我的前定和諧的系統來看，身體是這樣造成的，它們一旦處於運動中，就按照心靈活動的要求而自己繼續運動。這個假說是可理解的，別的假說則不是這樣。〕

斐　每一感覺活動都使我們同等地看待有形體的事物和精神性的事物；因爲在視覺和聽覺使我認識在我之外有某種有形體的東西的同一時間，我還更確定地知道在我之內有某種精神性的東西在看和聽。

德　〔說心靈的存在比可感覺對象的存在**更確定**，這說得很好，並且是很眞實的。〕

§19　斐　心靈也和身體一樣只能在它所在的地方起作用，並且是在不同的時間和位置；因此，我只能把位置的改變歸之於一切有限的心靈。

德　〔我認爲這是有道理的，**位置**只是一種並存的秩序。〕

斐　只要想一想靈魂和身體由於死亡而分離，就可以深信靈魂的運動。

德　〔靈魂可以停止在這可見的身體中起作用；而如果它能夠完全停止思想，如作者在以上所曾主張的那樣，那麼它就能夠和身體分離而不和另一個身體相結合；這樣它的分離就會沒有運動。但照我看來，我認爲它是永遠在思想和感覺的，它是永遠和某一個身體相結合的，並且甚至它是永不會完全和一下地離開它所結合的身體的。〕

§21 斐　如果有人說，心靈不是 in loco sed in aliquo ubi⑬，我不認爲現在人們還相信這種說法很有根據。但如果有人設想這種說法可以接受一種合理的意義，那麼我就請他用普通可理解的語言加以說明，然後從之引出一種理由，來表明心靈是不能運動的。

德　〔經院哲學家們講有三種**所在**（ubieté），或存在於某處的方式。第一種叫做**相接的**（circomscriptive），他們把這歸之於這樣一些物體，它們是一個點一個點地散布（punctatim）在空間中，其方式就像這樣，我們可以指定處於其中的東西與空間的各個點一一相應的各個點，而據此來衡量它們。第二種是**限界的**（definitive），是指這樣的情況：我們可以限定，也就是決定一個東西是處在這樣一個空間之內，而不能指定它所處的確切的點或爲它所特有的位置。人們曾認爲靈魂處在身體中就是照這樣的方式，不認爲有可能指定靈魂或靈魂的某種東西是處在某一確切的點而不會也處在另外的點。還有很多高明人士現在仍是這樣看法。的確，笛卡兒先生曾想給靈魂限定在一個更狹的界限，把它恰恰放在松果腺中⑭。可是他也不敢說這是獨一無二地恰恰在這腺體的某一點上；既不能這樣他也就毫無所得，而在這方面

---

⑬ 拉丁文，意即：不是「在一個【確定的】地方，而是處在任何【或某一】場所」。

⑭ 參閱笛卡兒《折光學》（*Dioptrica*）IV，1以下，《論心靈的情感》（*Passiones Animae*）1，31以下；也可參閱《哲學原理》IV. 189、196、197等處，但在此書中未明確提出松果腺的名稱，只講到靈魂和身體在腦中的結合。

就和把整個身體作爲靈魂的監獄或場所是一回事。我認爲，對於靈魂所說的，對於天使也應該差不多一樣說，對於天使，那位出生在阿奎諾的偉大博士⑮認爲只是通過起作用才處在一個場所的，照我的看法這種作用不是直接的，而當歸結爲前定和諧。第三種所在方式是充滿的（réplétive），這是歸之上帝的，上帝充滿全宇宙比精神在身體中還更顯著，因爲上帝是通過繼續不斷地產生受造物而直接作用於它們的，反之有限的精神則不能對身體施加任何直接的影響或作用。我不知道經院哲學的這種學說是否值得加以譏笑，如有些人似乎力圖做的那樣。可是我們永遠可以把某種方式的運動歸之於靈魂，至少關於它們所結合的身體方面，或關於它們的知覺方式方面是這樣。〕

§23　斐　如果有人說他不知道他是怎麼思想的，我將回答他說，他也並不更多地知道物體的各個堅實性部分如何結合在一起以構成一個有廣延的整體。

德　〔要來說明黏合（cohésion）是夠困難的；但這種各部分的黏合對於形成一個有廣延的整體並不是必需的，因爲我們可以說，那完全精細和流動的物質，並不是各部分彼此結合在一起，也構成一個有廣延的東西。可是，說眞的，我認爲完全的流動性只適合於那初級物

⑮ 指聖多瑪斯·阿奎那（Thomas Aquinas, 1225或1227-1274），中世紀最大的經院哲學家，被稱爲「天使博士」。這裡所說的觀點可參閱其《神學大全》（*Summa Theologiae*）第十部分，問題52，第2條及問題53。

質⑯，也就是那抽象的物質，並作爲一種原始的性質，就像靜止那樣的；但不適合於次級物質，就像我們實際看到的那樣，披著它的那些派生性質的；因爲我認爲沒有一種團塊是細到無可再細的；並且到處都有或多或少的聯繫，這種聯繫是來自這樣的一些運動，這些運動是彼此協同作用的，並且把它們加以分離就得受到擾亂，要分離就不能沒有某種暴力和抵抗。此外，知覺的本性以及隨之而來的思想的本性提供了一個最根本的情況的概念。可是我認爲關於實體的單元或單子的學說將會很有助於闡明這個問題。〕

斐　對於黏合，很多人是用這辦法來解釋，就是兩個物體用以彼此接觸的表面，被圍繞著的流體（例如空氣）把它們互相壓緊在一起。的確，§24 一種圍繞著的流體的壓力能夠阻止兩個光滑的表面照著與它們成垂直線的方向彼此分開；但它並不能阻止它們以一種和這表面相平行方向的運動而彼此分開。就是因爲這樣，要是沒有使物體黏合的其他原因，就可以用使之從側面滑過去的辦法很容易地使物體的一切部分分開，不論想取把一團物質切開的任何一種面都可以。

德　〔如果彼此合在一起的所有各個平滑的部分都是處在同一個面上或處在幾個平行的面上，無疑是這樣的；但情況既不是那樣也不可能是那樣，則很顯然，在你試圖使一些部分滑

---

⑯ 參閱本書上冊第二卷第八章§2及註（第129頁及註②）。

動時，你就完全以別樣方式作用於無數其他的部分，它們的面是與前者成一角度的：因爲要知道，要使兩個合在一起的表面彼此分開，不僅在分開的運動照著與它們垂直的方向時有困難，而且照著與它們成斜線的方向時也是有困難的。就像這樣，我們可以想到，自然在礦體和其他地方所造成的多面體中，有一些葉片，各面全都彼此合在一起。但我承認，圍繞著的流體對於彼此合在一起的表面的壓力是不足以說明一切**黏合**的基礎的，因爲這是默默地假定彼此並在一起的這些板子已經有了黏合了。〕

§27　斐　我向來曾認爲，物體的廣延不是什麼別的，無非是有堅實性的各部分的黏合。

德　〔這在我看來是和您自己前面的解釋不合的。我覺得，一個物體，它具有內部的運動，或它的各部分是在進行著彼此分離的活動（我認爲這是永遠在進行著的），仍不失爲具有廣延性的。因此，**廣延**的概念，在我看來和**黏合**的概念是完全不同的。〕

§28　斐　我們所具有的關於物體的另一個觀念是**通過衝擊來傳遞運動的能力**；而我們所具有的關於靈魂的另一個觀念是**通過思想來產生運動的能力**。經驗每天都明顯地提供給我們這兩個觀念；但如果我們想進一步研究一下這是怎麼搞的，我們就會發現自己同等地處於黑暗中。因爲，對於運動的傳遞來說，一個物體由於這種傳遞而失去了另一個物體所接受的一樣多的運動，這是最通常的情況，我們在這裡所想到的沒有別的，只是一種運動從一個物體過渡到另一個物體；這我認爲是和我們的心靈用思想使身體運動或停止的方式一樣糊塗、一樣不能設想的。還有人們在有些場合觀察到或認爲發生了的運動通過衝擊而增加的情況，是更不容易解釋的。

德　〔這裡您似乎是假定了一件和偶性從一個主體過渡到另一個主體一樣不能設想的事，這樣您在這裡發現了不可克服的困難，我就毫不奇怪了；但我看不出有什麼要迫使我們作這樣一個假定，這假定就和經院哲學家們所講的沒有主體的偶性那種假定是一樣奇怪，可是他們也還留心只把這樣的偶性歸之於全能上帝的奇蹟活動，而在這裡這種過渡卻是通常的。這一點我在上面（第二十一章§4）已說過一些，在那裡我也曾指出，說一個物體失去了它給予另一物體的同樣多的運動是不對的；人們所設想的，好像是運動就像某種實體性的東西，並且就像鹽溶解在水裡一樣，這比喻，如果我沒有弄錯，是羅奧（J. Rohaut/Rohault）⑰先生實際用過的。我在這裡再加上一點：這甚至也不是最通常的情況，因爲我在別處已證明過，只有當兩個互相衝撞的物體，在衝撞前是向同一方向前進，而在衝撞後仍向同一方向前進時，才保持同樣的運動量。的確，眞正的運動規律是從一個高於物質的原因引申出來的。至於通過思想產生運動的能力，我不認爲我們對它有任何觀念，正如對它也沒有任何經驗一樣。笛卡兒派自己也承

⑰ 羅奧（J. Rohaut 或作 Rohault, 1620-1675），法國的物理學家，笛卡兒的追隨者。他的主要著作《物理學》，曾是劍橋大學的教科書，直到後來爲牛頓的著作所代替爲止。

認靈魂不能給物質一種新的力，但他們硬說靈魂可以給物質已經具有的力一種新的決定或方向。在我，則主張靈魂不論對於身體的力或方向都無所改變；這兩方面都是同樣不能設想和不合理的，並且必須用前定的和諧才能解釋靈魂和身體的結合。〕

斐　來看一看，是否主動能力是精神的固有屬性，而被動能力是物體的固有屬性？這不是不值得我們研究的一件事。從這裡我們就可以猜測，被創造的精神，既然是主動的又是被動的，就不是和單純地被動的物質完全分離的；而其他那些同時既是主動的又是被動的東西，也就都分有兩方面。

德〔這些思想即使我喜歡，並且完全和我的意思相合，只要把精神這個詞作很概括的解釋，把它作爲包括一切靈魂，或者毋寧（更概括地說）包括一切隱德萊希或實體的單元，它們和精神是類似的。〕

§31　我但願人家能爲我指出，在我們所具有的關於精神的概念中，有什麼東西比那包含在物體的概念本身之中的東西，我是指那無限可分性，還更引起混亂，或更接近於矛盾的。

德〔您在這裡再一次申說，來使人看出我們對精神的本性是和對物體的本性一樣能理解或比對物體的本性理解得更好，這說的是非常正確的；而弗洛蒙德（Libert Froidmont/

Fromont）[18]曾發表了一本著作《論連續的組合》（*de compositione continui*），而冠以迷宮的名稱，也是有道理的。但這問題是來自人們對物體的本性以及對空間所具有的一個錯誤的觀念。〕

§33　斐　對於上帝的觀念本身也是和其他的觀念一樣來到我們心中的，我們所具有的對於上帝的複雜觀念，是我們從反省得來的一些簡單觀念的組合，並且是我們用我們所具有的無限觀念把這些簡單觀念加以擴充而造成的。

德　〔對於這個問題我要指出我在好幾處已經說過的，表明所有這些觀念，特別是上帝觀念，都是原本在我們心中的，我們只是使自己注意到它們而已，而尤其是那無限觀念，並不是通過對有限觀念的一種擴充而形成的。[19]

§37　斐　構成我們的複雜實體觀念的那些簡單觀念，其中大部分好好考慮起來都只是一些能力，不管我們有什麼樣的傾向要把它們當作積極的性質。

---

⑱ 弗洛蒙德（Libert Froidmont 或 Fromont，拉丁名 Fromondus, 1587-1653），一位法蘭德斯的神學家，盧汶大學的哲學和神學教授，曾得笛卡兒的高度評價。他的著作 *Labyrinthus sive de compositione continui*（《迷宮或論連續的組合》），一六三一年出版於安特衛普。

⑲ 參閱本書上冊第二卷第十四章 §27「德」；第十七章 §1「德」。

德〔我想，那些對於實體來說非本質性的，並且不僅包含著一種稟性而且還包含著某種傾向的能力，恰正是理解爲或應當理解爲實在的性質的。〕

第二十四章　論集合的實體觀念

§1　斐　在簡單的實體之後讓我們來談那些集合體（Aggrégés）。對於構成一個軍隊的這一群人的觀念，也和對一個人的觀念一樣是一個單一的觀念，這難道不是眞的嗎？

德　〔說這種集合體（用經院哲學的話來說就是 ens per aggregationem[①]）造成一個單一的觀念是有道理的，雖然恰當地說來這一群實體並不眞正形成一個實體。這是靈魂用它的知覺和它的思想給以最後完成統一性的一種結果。可是我們在某種方式下可以說這是某種實體性的東西，也就是說，是包含著實體的。〕

① 拉丁文，意即：「集合成的東西」。

第二十五章　論關係

§1　斐　剩下要考慮的是關係觀念，這在實在性上是最貧乏的。當心靈把一件事物和另一件事物相比並來加以考察時，這就是一種關係或聯繫①，而由此產生的那些名稱或**關係名詞**（termes relatifs），就像那麼許多標誌，用來引導我們思想超出這主體之外而及於和它有別的某種東西，而這兩者就叫做**關係的主體**（relata②）。

德　〔關係和秩序有某種**理性的本質**的東西③，雖然它們在事物中有它們的基礎；因爲我們可以說，它們的實在性，像永恆眞理和可能性的實在性一樣，是來自最高理性的。〕

§5　斐　可是，可以有一種關係的變化而主體並不發生變化。蒂修斯（Titius），我今天把他看作是個父親，明天只是由於他的兒子剛死了，他本身並沒有任何變化，就不再是父親了。

德　〔這話照我們所察覺的事物看是很可以這樣說的；雖然就形上學的嚴格意義說，是沒

---

① 原文爲 relation ou rapport，洛克原來的用語爲 relation or respect。無論在法文或英文，前後兩個詞都可譯作「關係」，在中文中「關係」和「聯繫」意思也沒有多大區別。

② 拉丁文，意即：「發生關係的東西」或「關係項」。

③ 原文爲“quelque chose de l'*Etre de raison*”，英譯作 something of the *essence of reason*，即經院哲學名詞 ens rationis（理性的東西），意思是指只作爲「思想影像」才具有現實性的東西。

有**純屬外在的名稱**（denominatio pure extrinseca）的，因爲一切事物都有實在的聯繫。〕

§6 斐 〔我想關係只是在兩件事物之間的。〕

德 〔可是有些例子表明是有同時在許多件事物之間的關係的，就像次序的關係或那種譜系圖所表明的關係，它是表示所有各項或各個成員的排行和聯繫的；甚至像一個多邊形那樣的圖形也包含著所有各邊的關係。〕

§8 斐 最好也考慮到，關係的觀念往往比作爲關係的主體的那些事物的觀念更明白。所以父親的關係就比人的更明白。

德 〔那是因爲這種關係是如此一般，以至於它也可以適合於別的一些實體。此外，由於主體可以有明白有模糊，關係可能是基於那明白的。但如果這關係的形式本身就包含著對主體中模糊的東西的認識，則它就也將分有這模糊。〕

§10 斐 那些**名詞**，凡**必然地**把心靈導向人們假定爲實在存在於這名詞或語詞所指事物之中的觀念之外的其他觀念者，是**相對的**④；其他的則是**絕對的**。

德 〔加上了**必然性**這個詞就很好，而且還可以加上**明確地**（expressement）或**首先**這些

---

④ 這裡「相對的」原文都是 relatifs，而在上文§1"termes relatifs"則逕譯作「關係名詞」，因它們含義就是「相關的」或「有關係的」，但在這裡因與「絕對的」相對，故譯作「相對的」。

詞，因爲，例如可以想到黑色，而並沒想到它的原因；但這是由於停留在這樣一種知識的界限之內，這種知識是首先呈現出來的，而它是混亂的，或雖清楚但不完全的；當沒有將觀念加以分解時是混亂的，當你加以限制時就是雖清楚但不完全的。否則就沒有什麼名詞是這樣絕對或這樣分離開，以至於不包含關係，並且對它作完全的分析不會導致其他事物甚至導致一切事物的；所以我們可以說，相對的名詞⑤，是明確地標誌著它們所包含的關係的。在這裡我把絕對的和相對的相對立，這是另一種意義，和我以上曾把它和有限制的相對立不一樣。」

⑤ 同前註。

第二十六章　論因果及其他一些關係

§1 §2 斐　原因是產生某種簡單的或不複雜的觀念的東西；而結果是那被產生的東西。

德　〔我看到，先生，您常常把觀念理解爲觀念的客觀實在，或它所表象的性質。您只下了動力因的定義，如我在以上已經指出過的。必須承認，說動力因就是產生者而結果就是被產生者，這只是用了一些同義詞。的確，我也曾聽見您說得稍微清楚一點，說原因是使另一事物開始存在的，雖然使（fait）這個詞也還是把主要的困難整個放過去了。但這在別處將得到較好的說明。〕

斐　爲了再進一步接觸到其他一些關係，我指出，人們用來指時間的一些名詞，通常被看作只是指一些積極的觀念，但它們卻是相對的，如年輕、年老，等等，因爲它們包含著對於它們所歸屬的實體的通常綿延的一種關係。所以一個人在二十歲時被稱爲年輕的，在七歲時是很年輕的。可是一匹馬有二十歲和一條狗有七歲我們就都稱之爲老的了。但我們不說太陽和星辰、一塊紅寶石或一顆金剛石是年老或年輕的，因爲我們不知道它們的綿延的通常時期。§5對於地點或廣延也是同一回事，如當我們說一件東西是高的或矮的，大的或小的時那樣。因此，一匹馬，照一個威爾斯人的觀念是大的，在一個法蘭德斯人看來卻是很小的；他們每個人都是想著在他們本國所養的馬。

德　〔指出這幾點是很好的。的確我們有時是有點背離了這個方向，如當我們說一個東西是老的，不是拿它和屬於同類的東西比，而是和其他種類的東西比，就是這樣。例如：我們說，這世界或太陽是很老的。有人曾問伽利略是否相信太陽是永恆的。他回答道：eterno nò, ma ben antico[①]。

① 義大利文，意思是：「永恆，不是，但非常古老。」

第二十七章　什麼是同一性或差異性

§1　斐　一個最重要的相對觀念就是同一性或差異性的觀念。我們從未發現也不能設想兩件同類事物有可能同時存在於同一地點。正因爲如此，當我們問一件事物是否同一件時，這永遠是相對於在這樣的時間存在於這樣的地點的一件事物來說的；由此可推論出：就時間和地點方面來說，一件事物不能有兩個存在的起點，也不能兩件事物只有單獨一個起點。

德　〔除了時間和地點的區別之外，永遠還必須有一種內在的區別原則，而雖然有同類的許多事物，卻的確沒有任何兩件事物是完全一樣的；因此，雖然在我們就事物本身不能對它們很好區別時，時間和地點（也就是外在關係）可爲我們用來區別事物，但事物仍然是本身可以區別的。因此，同一性和差異性的要旨並不在於時間和地點方面，雖然事物的差異的確是伴隨著時間或地點的差異的，因爲它們自身給事物帶來不同的烙印；且不說毋寧是得通過事物來對一個地點或時間和另一個地點或時間加以區別的，因爲時間地點就它們本身來說是完全一樣的，但它們因此也就不是實體或完全的實在。您似乎在這裡提出的區別同類事物中作爲獨一無二的東西的方式，是基於這樣一個假設，即滲透是不合自然本性的。這個假設是合理的，但經驗本身也使我們看到，當涉及區別問題時，這一點在這裡並不是密切相關的。例如：我們看到兩個陰影或兩支光線就互相滲透，並且我們也能夠虛構一個想像的世界，其中各種物體都是像這樣互相滲透的。可是我們還是能把一支光線和另一支光線加以區別的，即使當它們互相交錯時，也可以憑它們通過的速度本身來加以區別。〕

§3　斐　那經院哲學家們叫做**個體性原則**（principe d'individuation）的，他們爲了要知道它是什麼簡直吃盡了苦頭，這原則就在於那存在本身，那存在使每一件東西在一個特殊的時間固定於一個不能爲兩個同類的東西所共有的地點。

德　〔**個體性原則**①是根據我剛才所講的區別原則重見於個體之中的。如果兩個個體是完全相似和相等的，並且（總之一句話）是憑本身**不能區別的**，那就不會有什麼個體性原則；我甚至敢說在這種條件下就不會有什麼個體的區別或不同的個體。就是因爲這樣，那原子的概念是怪誕的，只是由於人們不完全的想法才產生的。因爲如果有原子，也就是說有一些完全堅硬的物體，並且是完全不變的或不能有內部變化的，和彼此只有大小和形狀的區別的，則很顯然，它們既然可能有同樣的形狀和大小，那麼它們本身就會不能區別，而只能以毫無內在根據的外在名稱加以辨別，這是和理性的最重大原則相違背的。但眞實情況是一切物體都是可變的，甚至是永遠實際有變化的，以致本身和一切其他物體都有區別。我記得一位聰明睿智的偉

① 萊布尼茲在一六六三年大學畢業時的學位論文答辯就是討論這個原則，題爲 *Disputatio metaphysica de principio individui*（《個體性原則的形上學答辯》），載G本第四卷第15-26頁，E本第1-5頁，即第一篇。

大王后[2]有一天在她的花園裡散步時說，她不相信有兩片樹葉是完全一樣的。和她一起在散步的一位精明紳士相信他很容易就能找到兩片；但他雖然找了很久，終於憑他親眼所見，深信永遠能看到其中是有區別的。我們看到，由於迄今一直被忽視的這些考慮，我們在哲學中多麼遠離了那些最自然的概念，又多麼遠離了那些眞正形上學的重大原則。〕

§4 斐 那構成同一棵植物的統一性（同一性）的，就是：具有一個物體中各部分的這樣一種組織，它參與一個共同的生命，只要這植物繼續生存，則雖然它的各部分起了變化，這共同生命仍延續下去。

德 〔那組織或構造，要是沒有一種我稱之爲單子的繼續存在著的生命原則，是不足以使 idem numero[3]或同一個體持續下去的；因爲那構造，是按個體的方式不持續存在也能按類

---

② 指蘇菲·夏洛特（Sophie Charlotte, 1668-1705），是普魯士的第一位王后。她是萊布尼茲的朋友，在一定意義下也是萊布尼茲的哲學門徒。萊布尼茲的主要哲學著作之一《神正論》的寫作就起因於和她所作的哲學談話，也曾和她多次通信討論哲學。

③ 拉丁文，意思是「同一號」，即「同一個體」。

的方式持續存在的④。當一塊馬蹄鐵在匈牙利礦泉水中變成銅時，那**同一類**的形狀仍保持著，但並不是同一**個體**仍然保持著；因爲那鐵溶解了，而那水中飽含著的銅則沉澱下來並不知不覺地取代了它的位置。而形狀是一種偶性，並不能從一個主體過渡到另一個主體（de subjecto in subjectum⑤）的。因此必須說，那些有機的物體，也和其他物體一樣，只是表面上保持爲同一事物，而嚴格說來並不是這樣。這差不多有點像一條河，它的水是始終在變化的，或像那提修斯的船，是那些雅典人永遠在修補的⑥。但對於那些本身有一種眞正的和實在的實體性的統

---

④ 此句照G本，原文爲"Car la configuration peut demeurer specifiquement, sans demeurer individuellement."，而E本和J本無"specifiquement, sans demeurer"等詞，則全句當譯爲「因爲那構造是能按個體方式繼續存在的」，似與下文意思不合，疑有脫漏。

⑤ 拉丁文，意即：「從主體到主體」。

⑥ 參閱柏拉圖《斐多篇》，58，a；色諾芬《回憶錄》4．8、2。據希臘傳說，雅典國王提修斯（Theseus）在送七個童男七個童女去克利特（作爲每年向牛頭人身怪物米諾滔【Minotaur】的祭禮）的路上，向阿波羅神許了一個願，若得以免除此難，就每年派一隻船送犧牲祭品到提洛（Delos）作爲對阿波羅神的謝禮，後來雅典人爲還願就每年派船去提洛島送祭禮，這船每年對各部分作必要的修補，以保持提修斯當年所駛船原樣的外表，而其實質則不斷改變。這船就常被哲學家們在討論同一性問題時作爲例證，用以說明一個東西內部各部分雖已改變而其全體外表仍保持同一。

一性，能夠具有眞正地叫做生命的活動的實體，以及對於那些如一位古代法學家[7]所說 quae uno spiritu continentur[8]，也就是說，是某種不可分的精神使之有生命的實體性的存在物來說，我們是有理由來說它們由於這種靈魂或心靈——在能思想的生物中就是那構成自我的——而完全保持爲同一個體的。〕

§5　斐　在動物方面的情況也和在植物方面沒有很大不同。

德　〔如果植物和動物沒有靈魂，它們的同一性只是一種表面現象；但如果它們有靈魂，則這裡是有嚴格意義的眞正的個體同一性的，雖然它們的有機軀體並不保持這種同一性。〕

§6　斐　這還表明同一個人的同一性是在於什麼，即僅在於這樣一點：他享有同一生命，這生命通過在永久流動的一些物質分子而繼續下去，但這些物質分子在繼續中是和同一有機體有生命地（vitalement）結合著的。

德　〔這一點可以照我的意思來理解。事實上有機身體在這一剎那和另一剎那並不是同一個；它只是等價的（equivalent）。而如果不聯繫到靈魂，就不會有同一生命，也不會有有生

⑦ 指塞克斯都·龐波尼烏（Sextus Pomponius），西元二世紀羅馬法學家。

⑧ 拉丁文，意思是：「那些具有一個精神的東西」。

命的結合。因此，這種同一性只是表面上的。〕

斐　人的同一性無非是歸之於在某一頃刻有很好組織的一個身體，這身體在那以後通過和它相結合的各種不同物質分子的繼續而在這種有生命的組織中繼續下去；無論是誰如果把人的同一性歸之於此外的什麼，就將很難把一個胚胎和一個上了年紀的人，一個傻瓜和一個聰明人作爲同一個人，除非是他遵照這樣的假定，即塞特、伊斯梅爾、蘇格拉底、彼拉多、聖・奧古斯丁[⑨]有可能都是同一個人……這還更壞地符合於這樣一些哲學家的看法，他們承認有靈魂的輪迴，並且相信人的靈魂由於行爲不軌可以受懲罰而墮入禽獸的身體之中；因爲我不信一個人深信赫利奧加巴盧斯（Héliogabalus）[⑩]的靈魂存在於一頭豬中，就會說這豬是一個人，而且就正是赫利奧加巴盧斯這個人。

德　〔這裡有一個名稱問題和事情本身的問題。就事情本身來說，同一個別實體的同一

---

⑨ 塞特（Seth）和伊斯梅爾（Ismael——《聖經》中譯作「以實瑪利」）都是《聖經》裡的人物，塞特是人類始祖亞當和夏娃的第三個兒子；伊斯梅爾是亞伯拉罕和一個埃及使女夏甲（Agar）所生的兒子，是阿拉伯人的祖先；彼拉多（Pilate）是統治猶太人的羅馬總督，據基督教的說法，耶穌就是由他下令被釘上十字架的；奧古斯丁（st. Augustin, 354-430）是天主教的著名教父；奧古斯丁在洛克原書作"st Austin"（聖奧斯丁），所指不詳，或本係"st Augustin"之誤。以上這些人物都是極不相同或不相關的，極言其不可能是同一個人。

⑩ 赫利奧加巴盧斯（Héliogabalus），二一八至二二二年爲羅馬皇帝，以愚蠢、殘暴和荒淫無道著名。

性，只有通過同一靈魂的保存才能得到保持，因爲身體是在繼續不斷的流動中的，而靈魂並非寓居在依附於它的某些原子之中，也不是寓居在拉比們所說的 Luz⑪那樣的一塊不朽的小骨頭中。可是並沒有什麼輪迴，靈魂通過它完全離開了它的身體而過渡到另一個身體。靈魂甚至在死後也永遠保持著一個有機的身體，這是先前的身體的一部分，雖然它所保持的是永遠在不知不覺地受到消耗和補充，有時甚至要遭受巨大的變化。因此，不是靈魂的輪迴，倒是這靈魂的身體有變形，收縮或擴展、最後是不斷轉化。的範・赫爾蒙⑫先生認爲靈魂是從一個身體向另一個身體過渡的，但永遠是在同類的身體之間，所以同類的靈魂永遠保持同樣的數目，因此人的數目和狼的數目也都永遠是同樣的，而如果狼在英國減少或絕種了，在別的地方就會增加同樣數目的狼。在法國發表的某些思想似乎也有同樣的趨向。如果不是把輪迴作爲嚴格意義的來看待，這就是說，如果有人認爲靈魂繼續寓居在精細的身體中，只有粗大的

---

⑪「拉比」是猶太教僧侶，Luz 是人身上一次小骨頭，「拉比」們認爲它是不會朽爛的，一直保留到世界末日，並成爲復活的肉身的核心。

⑫ 的範・赫爾蒙（François Mercure van Helmont, 1618-1698），他父親 Jean-Baptist van Helmont 是比利時的著名醫生和化學家，他本人則是個通神論者和煉金術士，萊布尼茲曾爲他寫過墓誌銘，並在《雜著》中討論過他和他的學說。參閱本書上冊第一卷第一章（第9頁註⑮）。

身體是變化的，那麼甚至像婆羅門教徒和畢達哥拉斯派所說那樣的同一個靈魂過渡到一個不同類生物的身體中去這種情況也是可能的。但並不是一切可能的事情就因此都是符合事物的秩序的。可是，在這樣一種輪迴是眞的情況下，假定照拉比們的說法，該隱、含和伊斯梅爾⑬三人是有同一個靈魂，他們是否值得被稱爲同一個人，這問題只是個名稱問題；而且我看到，您支持其意見的這位著名作者，對這一點有很好的認識和說明（在本章的最後一段）。實體的同一性在這裡是有的，但在同一靈魂所成爲的各個不同的人之間毫無記憶的聯繫的情況下，是沒有足夠的**道德上的**同一性來說這是同一個**人格**（personne）的。而如果上帝要使人的靈魂墮入豬的身體之後就忘了它是人，也不做任何理性的活動，則它就不構成一個人了。但如果它在畜類的身體中，而有一個人的思想，甚至就有它在這變化前所賦予生命的那個人的思想，就像阿普列尤斯（Apuleius）的那匹金驢子那樣，則任何人都將會毫無困難地說這是到帖薩里來看他朋友的那同一個盧丘斯，在那驢皮底下生活著，那是福蒂斯違反本意不由自主地造成的，他就這樣從一個主人轉到另一個主人，直到吃了玫瑰花使他恢復本來面目爲

---

⑬ 三個都是《聖經》裡的人物，該隱（Cain）是亞當和夏娃的長子；含（Cham，英文作 Ham）是挪亞（Noé）的第二個兒子，被說成是黑種人的祖先，伊斯梅爾已見前注，被說成是阿拉伯人的祖先。

止。⑭」

§9 ⑮　斐　我想我們可以大膽地預斷，我們之中不論誰見到一個生物造得樣子和他一樣，雖然從來沒有表現出有比一隻貓或一隻鸚鵡更多的理性，他也還是會把他叫做人；或者如果他聽到一隻鸚鵡能夠很有理性地像一個哲學家一樣談話，他也還是只會把它叫做鸚鵡或認爲它是鸚鵡；他會說，這兩個動物中前者是一個粗鄙、愚笨、缺乏理性的人，而後者是一隻充滿

---

⑭ 這典故出於阿普列尤斯（Apuleius）的《變形記》（*Metamorphoses*）。阿普列尤斯是二世紀時的拉丁作家，《變形記》的內容和一本叫做《盧丘斯或驢》（*Λού κιος ἢ ὄνος*）的作品非常相似，《盧丘斯和驢》被認爲是和阿普列尤斯同時代的著名諷刺作家和哲學家琉善（Lucien）所作，可能就是模仿《變形記》的。兩部作品所講的故事幾乎是完全一樣的，只是人名有所改變，但其主角都叫做盧丘斯（Lucius）。盧丘斯在其冒險歷程中，和一名叫福蒂斯（Photis 或 Fotis）的侍女有了愛情，福蒂斯的女主人能玩魔術，能用一種油膏使自己或讓別人隨意變成各種動物。福蒂斯自稱也懂得她女主人的這套本領，盧丘斯因爲很想學會這套奇妙的本事，就要求福蒂斯教他並在他自己身上試一試。福蒂斯答應了。因爲女主人剛在他們兩人面前把自己變成了一隻貓頭鷹，福蒂斯本來也想把盧丘斯變成一隻貓頭鷹，但因在慌亂中用錯了油膏，結果把他變成了一頭驢，所以說她是「違反本意，不由自主」的。阿普列尤斯的作品比琉善的作品篇幅要大得多，雖然充滿了諷刺，但其中有些神祕主義的東西是琉善的作品所沒有的。盧丘斯本人是羅馬安東尼諸皇帝時代（約二世紀）的一位希臘作家，被認爲就是《金驢》故事的作者，而阿普列尤斯和琉善都是由他受到啓發的。

⑮ 原文各本均作§9，但下面又有§9，當係§8之誤。在洛克原書此段內容也見§8。

靈性和健全理智的鸚鵡。

德 〔我對第二點比對第一點更同意，雖然對第二點也還有些話要說。要是有一個具有人的形狀，但毫無理性表現的動物，在他小時從森林中被人得到了，沒有什麼神學家會如此大膽，竟敢立即絕對地答應給他施洗禮，而一位羅馬教會的教士也許會有條件地說：如果你是一個人，我就給你施洗禮；因為人們不知道他是否屬於人類，是否具有理性靈魂，也許這是一個猩猩，即外形非常接近人的猿猴，就像吐爾比烏斯（Nicolas Tulp）[⑯]說他看見過的那個動物，和一位博學的醫生曾發表過一篇關於它的生理解剖論文的那個動物那樣。我承認，人肯定可能變得像一個猩猩一樣愚蠢，但儘管像我上面已說明過的那樣理性暫停起作用，理性靈魂還是仍舊在他內部保持著的；所以這正是關鍵之點，而這一點是不能憑外表來判斷的。至於第二種情況，絲毫沒有什麼東西會阻止有一些和我們不同類的理性動物，就像那些在太陽上的飛鳥的詩意王國中的居民[⑰]那樣，或者像一隻鸚鵡那樣，在它死後從塵世來到這裡，救了一位在世上時曾對它做過好事的旅行者的性命。可是，如果發生了像在仙女們或「鵝媽媽」【等童話】的國度裡所發生的那樣事，一隻鸚鵡是一位公主變的，並且在講話中被認出是國王的女兒了，

---

⑯ 吐爾比烏斯（Nicolas Tulp，拉丁名 Tulpius, 1593-1674），荷蘭的醫生和官員。

⑰ 參閱本書上冊第二卷第二十三章§13「德」及註（第309頁註⑨）。

那麼毫無疑問那父親和母親將會像對自己的女兒一樣愛撫它，會認爲它就是他們所有的女兒，雖然是隱藏在這奇怪的形象底下。可是我也不反對有人也許這樣說：在那金驢子中，由於那同樣的非物質的精神的緣故，那自身或個體仍同樣保持著，正如盧丘斯或那人格（personne），由於覺察到這自我的緣故，也同樣保持著一樣，但這已不再是一個人了；因爲事實上，當我們說人是一個理性的動物時，在人的定義中似乎必須加上某種關於形狀和身體構造的東西，否則照我看來那些精靈也就會是人了。〕

§9 斐 人格（personne）一詞，是指有思想和心智、能有理性和作反省的一種存在物，它能考慮到自己是同一個，是同一個東西在不同的時間和不同的地點進行著思想；這一點，它是單憑它所具有的對它自己的活動的意識⑱來完成的。而這種認識永遠伴隨著我們當前的感覺和知覺〔當它們足夠突出時，如我以上已不止一次地指出過那樣〕，並且正是由於這一點，每一個人對他自己來說是他稱爲自身的。在這場合是並不考慮這同一自身是在同一個實體中還是在若干不同的實體中繼續下去的；因爲既然這種意識⑲永遠伴隨著思想，並且正是它使每一個

---

⑱ 法文原文爲"sentiment"，英譯作"consciousness"。

⑲ G本原文作："la conscience（consciousness ou conscienciosité）」，E本及J本作"la conscience（consciousnes ou conscienciosité）」。

人成爲他稱爲自身的，而且以此使他有別於一切其他有思想的東西；也正是僅僅在於這一點才成其爲人格的同一性，或使一個有理性的存在物始終是同一個東西；而這種意識對已經過去的活動或思想能追溯到多遠的範圍，這人格的同一性也就擴大到多遠的範圍，而現在的自身也就是那時的同一個自身。

德 〔我也是這個意見，認爲對自我的意識或知覺證明了一種道德的或人格的同一性。我正是憑這一點來區別禽獸靈魂的不休[20]和人類靈魂的不朽[21]；兩者都保持著物理的和實在的同一性，但就人來說，這樣是合乎神聖天道的規則，就是靈魂還保持著道德的，並且對我們自身顯現出來的同一性，以便構成同一個人格，並因此能感受賞罰。您，先生，似乎主張即使沒有實在的同一性時這種顯現出來的同一性也能保持。我相信由於上帝的絕對的能力這也許是可能的，但照事物的秩序來說，那對感到自身同一的同一個人格顯現出來的同一性，須假定每一切近的過渡都有實在的同一性，這種過渡伴隨著對自我的反省或知覺，這樣一種親切而直接的知

---

⑳ 「不休」原文爲“incessabilité”，直譯即「不可停止性」，即永久繼續下去的意思；「不朽」原文爲“immortalité”，也就是「不死」。照萊布尼茲的觀點，不論是動物或人的靈魂，作爲「單子」都是不能自然消滅的，也就是不死的；他甚至還否認任何生物有嚴格意義的「生」和「死」，可參閱《單子論》§73及§14等處。

㉑ 同前註。

覺，自然地是不能騙人的。如果人能夠只是機器而又具有意識，則就一定得是照您的意見，先生，但我主張這種情況至少自然地是不可能的。我也更不願藉口我對過去所做的一切已毫不記得，就說那人格的同一性甚至那自我已不再在我們之中繼續保持，我就不再是在搖籃裡時的那個自我了。要就其自身發現道德的同一性，只要在一個狀態和鄰近或甚至稍遠一點的另一狀態之間有一種意識的中介聯繫就夠了，即使其間雜有某種跳躍或遺忘了的間隙也罷。因此，假使一場疾病造成了這種意識聯繫連續性的中斷，以致我雖然還記得更遠的一些事情，卻不知道是怎麼變成現在這樣的狀態的了，則別人的見證將能塡補我記憶中的這種空白。如果我在這間隙中曾有意地做了某種壞事，而我由於這場病在稍後一點就已把它忘了，則憑旁人的這種見證甚至也能使我受到懲罰。而如果我把過去的事情全部都忘記了，甚至連自己的姓名和讀書寫字都不得不讓人重新教我，我也始終還是能從旁人那裡學會了解我過去在先前狀態下的生活，正如我仍保留著我的權利，並無必要把我分成兩個人格，而使我成爲我自己的繼承人一樣。這一切就足以保持造成同一人格的道德同一性了。的確，如果旁人都一起設謀欺騙我（正如我甚至也能由於某種幻覺、做夢或疾病而自己騙了自己，相信我夢見的事是實有其事一樣），則顯現的現象是假的；但在有一些情況下，我們是能夠在道德上肯定旁人所說的是眞的：而依靠上帝，他和我們的交往聯繫造成了道德的主要之點，錯誤是不會發生的。關於自身，最好是把自身的現象和意識區別開來。自身構成了實在的和物理的同一性，而伴隨著眞理的自身的現象是與人格的同一性相聯繫的。因此，我既不願說人格的同一性不能擴展到記憶所及的範圍之外，更不願說自身或物理的同一性依賴於它。實在的人格的同一性，是以在事實問題上所可能的最確定的方式，通過當下直接的反省得到證明的；就通常的目的來說，只要靠我們對中間間隔的記憶或靠旁人一致的見證就足夠證明了。但如果上帝異乎尋常地改變了實在的同一性，只要這人既保持著內部的同一性的現象（這就是指意識），也保持著外部的同一性的現象，如那些對旁人顯現出來的現象，則人格的同一性依然保持著。因此，意識並不是構成人格同一性的唯一手段，而旁人的陳述或甚至其他的標誌也能提供這種手段。但如果在這些不同的現象之間發現了矛盾，這就有困難了。意識可能沉默，如在遺忘了時的情況那樣；但如果它很清楚地說明事情是和其他現象相反，人們在作決定上就會陷於困惑，而有時就在兩種可能性之間猶疑不決，不知是我們的記憶的錯誤呢，還是在外部的現象中有某種騙人的東西。〕

§11 斐 〔人們會說〕每個人的身體的各個肢體是他自身的一部分。〔而因此，身體既然是永遠在流動變化中的，人就不會保持同一個。〕

德 〔我寧願說我和他是沒有部分的，因爲我們說，而且有理由說，同一實體或同一物理的自我是實在地保持著的。但照事情確切的眞相來說，當一部分喪失時我們不能說同一整體還保存著。而凡是具有有形體的各部分的東西，是不能不時時刻刻在失去其若干部分的。〕

§13 斐 人們對自己過去的活動的意識，是不能從一個思想的實體轉移到另一個思想的實體的，〔而可以肯定是同一實體繼續保持著，因爲我們感到自己是同一個，〕如果這種意識是單獨一種並且是同一種個體活動的話〔換句話說，如果反省的活動和我們通過察覺它而加以反省的活動是同一種活動的話〕。但因爲這只是對過去的活動的現實的表象，所以仍舊還須來證明何以過去從未實在存在過的東西不可能在心靈中被表象爲有如眞正存在過的。

德　〔一種有間斷的記憶是可能騙人的；我們常常有這種經驗，而對於這種錯誤是有辦法來設想它的自然原因的。但當前的或立即的記憶，或對即刻之前剛過去的事情的記憶，也就是說伴隨內心活動的意識或反省，就自然情況來說是不會騙人的；否則我們甚至連我們是在想這樣或那樣事物這一點也不能肯定了，因爲我們在自己內心所說的也只是過去的活動，而不是說這件事這個活動本身。而如果直接的內心經驗都是不能肯定的，那就不會有我們能靠得住的事實眞理了。而我已經說過，在間接的和對外物的知覺方面所犯的錯誤，是能夠有可以理解的理由的，但在直接的內心經驗方面，則除非求助於上帝的萬能，我們是找不到這樣的理由的。〕

§14　斐　至於在同一非物質性的實體繼續保持著的情況下，是否能有兩個不同的人格這個問題，且看它是根據什麼。它是根據這樣一點：如果這同一個非物質性的東西能夠被除去一切對它過去的存在的意識（sentiment），並且完全喪失，也絕無能力恢復，以致可以說是從一個新的時期起重新開張，它就會有一種不能擴大到這新的狀態之外的意識（conscience）。

所有那些相信靈魂的先在[22]的人顯然都是持這種思想。我見過一個人，他深信他的靈魂曾經就是蘇格拉底的靈魂；而我確實知道，他在他所充當的，並且不是不重要的職位上，是被看作很有理性的人的，在他所曾發表的作品中，他也表現得既不缺乏心智也不缺乏知識。而就我們憑靈魂的本性對這一點所能認識的來說，靈魂既然是[23]對不論什麼物質的任何部分都一視同仁（indifférentes）的，則（同一靈魂過渡到不同的身體）這一假定也並不包含什麼顯然的荒謬之處。可是那個人現在絲毫沒有意識到奈斯多[24]或蘇格拉底所曾做過或想過的事情，他確是設想或能夠設想他自己和奈斯多或蘇格拉底是同一人格嗎？他能分有這兩位古代希臘人的活動嗎？他能把這些活動歸之於他自己或想著這些毋寧是他自己的活動，而不是已經存在過的某一別人的活動嗎？他較之這樣的情況——就是說，如果現在在他之中的靈魂，是當它開始使它現在所具有的身體有生命時被創造出來的——也並不更加是和【奈斯多和蘇格拉底】兩人中的一個同一人格。這較之這樣的情況——就是說，如果一度曾成為奈斯多的組成部分的一些物質分

㉒ 即認為靈魂在人出生以前即已存在的學說，古代如畢達哥拉斯派、柏拉圖等都有這種觀點，一切宗教迷信也都相信這種觀點。

㉓ G本和J本作"les âmes estant..."（J本作 étant），E本作 les ames tant...，譯文從G本和J本。

㉔ Nestor，荷馬史詩《伊利亞德》和《奧德賽》中的人物，參與包圍特洛伊城諸王中最年長者，以智慧著名。

子，現在是這個人的組成部分——也並不更有助於使他成為與奈斯多是同一人格。因為同一非物質實體而無同一意識，並不更能造成同一人格以結合於這個或那個身體，也正如同一些物質分子，結合於某一身體而無共同的意識，之不能造成同一人格一樣。

德　〔一個非物質的東西或一個心靈是不能被除去對它過去的存在的一切知覺的。它對以往為它所發生的一切都留有印象，並且甚至對將來要為它發生的一切都有預感；不過這些感覺在最通常的情況下都太小，以至不能識別，和沒有被察覺，雖然它們也許有朝一日能發展起來。這種知覺的連續或連結造成實在的同一個體，但那些察覺（這就是說，當人們察覺那些過去的感覺時）還證明一種道德的同一性，並使實在的同一性顯現出來。靈魂的先在並沒有通過我們的知覺向我們顯現出來，但如果它是眞的，它有朝一日將能夠使人認識到它。因此，記憶的恢復變得絕不可能，這是不合理的，那些感覺不到的知覺（它們的用處我已在其他許多重要場合指出過了）在這裡也還可以用來保存記憶的種子。已故的亨利·莫爾先生㉕，一位英國國教會的神學家，就深信靈魂的先在，並曾寫了著作來支持這種觀點。已故的範·赫爾蒙

㉕ 亨利·莫爾（Henry More，拉丁名 Morus），參閱本書上冊第一卷第一章（第9頁註⑯）。他認為一切靈魂都是和這世界同時被創造出來的，並且和萊布尼茲一樣認為靈魂也是永遠和某種物質相結合的，參閱他的《著作集》第一卷，第750-754頁。

先生更進了一步，如我剛剛說到過的，並且相信靈魂的輪迴，不過永遠是在同種的身體之間輪迴，所以照他看來人的靈魂是永遠使一個人有生命的。他和有些拉比一起相信亞當的靈魂轉移到彌賽亞[26]之中，好像轉移到新的亞當之中那樣。而且我不知道他是否相信他自己也有某個古人作爲他的前身，雖然在別方面他是個很精明的人。而如果這種靈魂的過渡是眞的，——至少是照我以上所已說明的可能的方式（但這顯得不像是眞的會發生的），就是說，靈魂保持著其精細的身體，一下過渡到其他粗大的身體中——則同一個個人就會永遠繼續存在在奈斯多中，在蘇格拉底中，以及在某一現代人中，而他甚至能使足以深入洞察他的本性的人認出他的同一性，因爲奈斯多或蘇格拉底所曾做過的一切都會在他那裡留下一些印象或標誌，而某種具有足夠深入洞察力的天才會能夠看清它們。可是如果那現代人並沒有內在的或外在的手段來知道他曾經是什麼，那麼就道德上來說也就好像他不曾是那什麼一樣。但情況顯得是在世界上什麼也不會被忽略的，即使關於道德方面也是這樣，因爲上帝是這世界的君王，他的統治是十全十美的。照我的假說來講，靈魂並不是如您似乎認爲的那樣對不論什麼物質的任何部分都**一視同仁**的；相反地，它們原本表現著（expriment）它們依照自然秩序結合著或應當結合著的那些部

㉖ Messie，英文作 Messiah，一譯「默西亞」，即「救世主」，古代猶太人「先知」預言上帝將派遣「救世主」來拯救世人特別是以色列人。基督徒則認爲耶穌基督就是這「救世主」。

分的物質。因此，如果它們過渡到一個新的、粗大或感覺得到的身體中時，它們將永遠會保持著它們在舊有的身體中時所知覺到的一切的表現㉗，甚至那新的身體還必須有這種表現遺留的痕跡，以使那個體的連續性始終會有它實在的標誌。但不管我們過去的狀態曾經是怎樣的，它遺留下的後果不會始終是我們所能察覺的。您曾維護其意見的這位《理智論》的高明作者曾經指出（第二卷第二十七章〈論同一性〉，§27），他所說關於靈魂的過渡的這些假設或虛構，被作爲可能的，一部分是根據人們這樣一種普通的看法，即心靈不僅是獨立不依於物質的，而且是對一切種類的物質都一視同仁的。但我希望，先生，我在這個問題上這裡那裡對您所說過的那些看法，將能用來弄清楚這種懷疑，並使人更好地認識到，照自然的情況來說能夠是怎麼樣的。人們由此可以看到一個古人的活動怎樣將會屬於一個具有同一靈魂的現代人，雖然他並沒有察覺。但如果他竟認識到了這一點，那隨之而來的就更加會是有人格的同一性了。此外，一部分物質從一個身體過渡到另一個身體，是並不造成同一個人的個體的，也不造成人們稱爲自我的東西，而是靈魂才造成這一點。〕

§16　斐　可是，的確，對於千年前所做的一個活動，只要由於我對它的這種意識（自我意

㉗ G本和E本作"l'expression"（「表現」），J本作"l'impression"（「印象」）。

識㉘）現在把它斷定爲我自己做的，我就也對它像對在這以前一頃刻所做的活動一樣關心，一樣負責。

德　〔這種關於曾經做過某件事的看法，在相隔久遠的活動方面是可能騙人的。有些人對他們所夢見或捏造的事，由於多次重複的力量，就當成眞的了；這種虛假的看法可以造成困惑，但要是沒有別人同意證實，是不能據以定罪的。另一方面，對於一個人做過的事，當他忘記了時，只要這活動經旁人證實，卻是能要他負責的。〕

§17　斐　每個人天天都看到，當他的小手指頭是包括在這種意識之內時，它也構成（他的）自身的一部分，和最關緊要構成他自身一部分的東西一樣。

德　〔我已經說過（§11），爲什麼我不願提出說我的指頭是我的一部分；但的確它是屬於我的，是我的身體的組成部分。〕

斐　〔持有另一種意見的人們將會說，〕如果當這小手指從身體的其餘部分分離開來時，意識就伴隨著這小手指而拋棄了身體的其餘部分，則顯然這小手指就會是那人格，那同一個人格，那時那自身就和身體的其餘部分毫不相涉了。

德　〔自然不容許這樣的虛構，這已爲靈魂與身體的和諧或完全符合的系統所摧毀

㉘ 從G本、E本和J本仍如前§9作（consciosité ou consciousnes）。

了。〕

§18　斐　可是情況似乎是這樣：如果身體竟繼續活著，並且具有它自己特殊的意識，那小手指對這意識是絲毫無份的，而靈魂卻是在那指頭中，那麼那指頭就不會承認身體其餘部分的任何活動是它的，人家也不能把這種活動歸之於它。

德　〔那在指頭中的靈魂也不會是屬於這身體的。我承認，假如上帝會使意識被轉移到其他靈魂之中，那就得按照道德概念把它們看作同一靈魂；但這將是毫無道理地擾亂事物的秩序，而且使那能察覺者和由感覺不到的知覺所保存的眞理割裂開來，這是不合理的，因爲現在感覺不到的知覺有朝一日是能夠發展起來的，因爲沒有什麼東西是毫無用處的，那時間的永恆性給予變化以巨大的場地。〕

§20　斐　人類的法律不因一個人神志清醒時所做的活動來懲罰一個瘋人，也不因他發瘋時所做的活動來懲罰一個清醒的人：由此它就使他成爲兩個人格。就是這樣，人們說他魂不守舍[29]。

德　〔法律威脅著要治罪和許諾給報償，爲的是阻止人做壞事和促進人做好事。而一個瘋

㉙ 原文爲"il est hors de lui-même"，直譯就是「他是在他自己之外的」。「魂不守舍」是採用洛克原書中譯本的譯法。

子可能是這樣，由於已不再受理性的主宰，那威脅和許諾對他都不起作用；因此，看他病弱的程度，處罰也不再那樣嚴格。另一方面，人們想要犯罪者感到他所做壞事的後果，以使他怕再犯罪，而瘋子對此既不大能有感覺，人們就很願意等一等再來執行那懲罰他在清醒時所做的事的判決。因此，法律或法官在這樣的場合所做的事，並不是出於把他看作兩個人格。〕

§22 斐 事實上，我給您轉述了他們的意見的那一派人中，有人就提出了這樣的反駁：如果一個人喝醉了酒，後來又不醉了，就不是同一人格的話，那就不應該因他醉時所做的事治他的罪，因爲他對那事已毫無感覺。對此人們回答說，他同樣還是同一人格，就好比一個人，在睡夢中起來行走和做其他一些事，而他對他在這種狀態中所做的一切壞事是要負責的一樣。

德 〔一個喝醉酒的人的行爲，和一個眞正的、得到承認的夢遊病者的行爲之間，是有很大區別的。人們懲罰醉漢，因爲他們是可以避免酗酒，並且甚至當酒醉時對刑罰痛苦也能有若干記憶的。但夢遊病者就不是那麼有能力來自禁夜夢中起來行走和做他們所做的那些事情。但如果眞的我們用鞭子好好抽他一頓就能使他留在床上，那我們是可以這樣做而且也不會不這樣做的，雖然這毋寧是一種治療方法而不是一種懲罰。事實上人們說這治療方法是有效的。〕

斐 人類的法律，以符合於人們認識事物的方式的一種正義，對上述兩種情況都加以懲罰，因爲在這兩類情況中，人們對那實在的和假裝的不能確定地加以區別；因此，不接受以不知道爲由來寬恕人在酒醉或睡夢中所做的事。事實證明和當事人所說相反，他確是做了的，而人們不能證明他是沒有意識的。

德　〔問題並不那麼涉及這一點，而毋寧更多的是涉及：當證實醉漢或夢遊病者確是魂不守舍【不由自主】時——正如這是可能的——應該怎麼辦。在這種情況下，那夢遊病者只會被看作一個有怪毛病的人；但因爲酗酒是自願的而疾病並不是這樣，所以一個要受懲罰而另一個則並不。〕

斐　但到了末日審判那偉大而可怖的一天，那時一切心裡的祕密都將顯露出來，我們可以相信沒有人會要對他所完全不知道的事作出回答，而每個人受著他自己良心的控訴或寬恕㉚，都將接受他所應得的。

德　〔我不知道是否必須要使人的記憶力在末日審判之日得到發揚，以使他把他已忘了的一切都記起來，以及是否別人的知識，尤其是那絕不會弄錯的公正審判者的知識，都還不夠。我們可以虛構一種並不合乎眞理，但卻可以設想的情況，假定一個人在末日審判之日相信自己曾經是個壞人，並且別的一切能對他作判斷的被創造的心靈也都認爲眞的是這樣，而這卻不是眞的：我們能說那至高無上的公正審判者，只有他知道情況與此相反，將會責罰這個人並且做

㉚ E本和J本無「或寬恕」（ou excusé）。

出和他所知道的相反的判決㉛嗎？可是要照您對道德人格的概念，隨後的結論就會是這樣。您也許會說，如果上帝作出與現象相反的判決，他就不會得到充分的頌揚，並且會使別的人們受罪；但人家可以這樣來回答：他自身就是他的獨一無二和至高無上的法律，而在這種情況下，別的人們應該斷定是他們自己弄錯了。〕

§23 斐 如果我們能假定：或者是兩個意識，判然有別並且不能溝通的，輪流在同一身體中活動，一個經常是在白天，另一個則在夜間，或者是同一個意識，時斷時續地在兩個不同的身體中活動；我請問：在第一情況中，那白天的人和夜間的人，如果我敢這樣來表達的話，是否不會如蘇格拉底與柏拉圖那樣是兩個判然有別的人格，以及在第二種情況中，是否不會是單單一個人格在兩個判然有別的身體中？這影響兩個不同身體的同一個意識，和那在不同時間影響同一身體的兩個意識，一個是屬於同一非物質實體而另兩個是屬於兩個判然有別的非物質實體，它們把這些不同的意識引入那些身體中，這些都是絲毫無關緊要的，因爲人格的同一性都同等地是由意識所決定的，不論這意識是依附於某種個體的非物質實體與否。還有，一個有思想的非物質的東西有時會對它過去的意識看不見了，又重新把它喚起。現在假定這種記憶和遺

㉛ G本原文作"juger contre ce qu'il sait?"，E本和J本作"juger contre ce qu'ils font?"（「做出和他們所做的事相反的判決」）。

忘的時斷時續，每一晝夜都循環往復，這樣您就以同一非物質的心靈而有了兩個人格。由此可得出結論：那自身並不是由實體的同一性或差異性所決定的，那是我們不能確定的，而是單單由意識的同一性所決定的。

德〔我承認，如果一切現象都是變化的和從一個心靈向另一個心靈轉移的，或者如果上帝在兩個心靈之間作一種交換，把一個的可見的身體以及現象和意識給了另一個，那麼人格的同一性就不是依附於實體的同一性而是遵照著人類道德必須看到的那些恆常的現象；但這些現象不會僅在於意識，並且上帝將必須不僅使所說的這些個人的察覺或意識作交換，而且也要使向其他人表現出來的關於這些人的現象作交換，否則在這一些人的意識和其他人的見證之間就會有矛盾，這將會擾亂道德事物的秩序。可是您也得承認我這一點：那感覺不到的世界和感覺得到的世界之間的割裂，也就是說那些繼續保持在同一些實體中的感覺不到的知覺，和那些會被交換的察覺之間的割裂，將會是一種奇蹟，就像當人們假定上帝造成眞空時那樣；因爲我在上面已說過，爲什麼這是不合自然秩序的。請看另一個更適合得多的假設。可能在宇宙的另一個地方或另一個時間，發現一個星球，和我們所居住的這個地球就感覺得到的來說沒有什麼區別，而居住在那星球上面的每一個人，也和我們之中每個和他相應的人沒有什麼感覺得到的區別。這樣就一下有了億萬對相似的人格，也就是有同樣現象和意識的人格；而上帝可能從一個星球上把單單是一些心靈或和他們的身體一起轉移到另一個星球上，而他們並不察覺；但不論是把他們轉移或讓他們留下，按照您的作者們對他們的人格或他們的自身將怎麼說呢？既然兩個星球上的人的意識和內外現象都不能區別，這究竟是兩個人格還是同一人格呢？誠然上帝和那些能夠看到時間和地點的間隔和外在關係，以及甚至能看到兩個星球上的人所感覺不到的內部構造的心靈，也許能夠辨別他們；但按照您的假設，既然單憑意識來辨別人格，而不必費心考慮實體的實在的同一性或差異性，或甚至考慮對旁人顯現出來的現象，那又怎麼阻止人說，這兩個人格，同時在這相似的兩個星球上，但彼此隔著無法形容的距離，只是同一個人格呢？但這卻是顯然荒謬的。此外，照自然地可能的來說，這兩個相似的星球和兩個星球上兩個相似的靈魂，都只是在一段時間內保持相似的。因爲既然有一種個體的差異性，那麼這種差別至少得在感覺不到的構造中，它們在時間過程中應該是要發展的。〕

§26　斐　假定一個人，現在爲了他在另一生中的所作所爲而受到懲罰，而人們又絕對不能使他對前生的事有任何意識；這樣一種處理，和把他一創造出來就造成一個悲慘的受苦人又有什麼區別呢？

德　〔柏拉圖派，俄利根（Origène）[32]派，某些希伯來人和其他一些維護靈魂先在學說

㉜ 俄利根（Origène,185-253），出生於亞歷山大里亞的基督教《聖經》注釋家、神學家、早期的護教者，把柏拉圖的學說和基督教義相融合。

的人，都曾認爲這一世的靈魂是被放在不完善的身體中，爲的是來爲它們在前世犯的罪受苦的。但的確，如果人們不論通過喚起記憶，或通過某種遺蹟，或通過旁人所知，都既不知道也從未學到前世的眞相，那麼照通常的概念是不能把這叫做罰罪的。可是在談到一般罰罪時，卻有餘地來懷疑：那些受罪的人是否絕對必須有朝一日他們自己了解到受罪的原因，而別的更通曉事理的心靈往往在這裡發現了爲神聖正義增光的材料，這是否還不夠呢？可是，那些受罪的人會知道是爲什麼，這是更像會發生的情況，至少一般地說是這樣。〕

§29　斐　〔也許總的來說您會同意我的作者在總結他論同一性那一章時所說的：是否同一個人繼續保持著的問題，是一個名稱問題，是隨著對人如何理解而定的，所謂人，或者是單指有理性的心靈，或者是單指具有人形的身體，或者是指與這樣的身體相結合的心靈。就第一種情況說，分離的心靈（至少是和粗大的身體分離）將還是人；就第二種情況說，一個除了理性之外完全和我們相像的猩猩將也是一個人；而人如果被剝奪了他的理性靈魂並接受了一個禽獸的靈魂，他也將繼續保持是同一個人。就第三種情況說，則兩者和那結合本身一起都得繼續保持；得是同一的心靈，同一的部分身體，或者，就感覺得到的身體形狀方面來說，至少是和這身體的部分相等的東西。這樣，在照最後這種意義把這形狀看作對人是本質的東西的情況下，人們就會能夠繼續保持在物理方面或精神道德方面是同一個東西，也就是說，是同一人格，而並不繼續保持是人。〕

德　〔我承認在這方面是有個名稱問題，而在第三種意義下，這就像同一個動物一時是蠶或毛蟲，一時是蛾或蝴蝶，以及像有些人所想像的那樣，這世界上的天使曾經是過去一個世界中的人。但我們在這會談中是致力於討論比語詞的意義更重要的問題。我已給您指出了眞正的物理同一性的根源；我已經闡明，道德也和記憶一樣並不與此相衝突；闡明【照我們所討論的這些看法】，不能永遠賦予所說那樣的人格以物理的同一性，也不能賦予和他相交往的那些人格以物理的同一性：可是我們這些看法絕不是與物理的同一性相衝突的，也絕不是與它完全㉝割裂開來；闡明永遠有一些被創造的心靈認識或能夠認識它是什麼；但有理由來斷定，對於這些人格本身一視同仁毫無差別的事只能在一段時間內是如此。〕

㉝ E本和J本無「完全」（entier）一詞。

第二十八章　論其他一些關係，尤其是道德關係

§1 斐 除了我們剛才所談的那些基於時間、空間和因果的關係之外，還有無數其他的關係，我將提出其中的幾種。每一個能有部分和程度的簡單觀念，都提供一個機會來對它所在的主體作比較，例如：較白（或較不白或同等地白）這個觀念。這種關係可以叫做*比例的*關係。

德 〔可是有一種不成比例的超過量；這是關於一種我稱之爲*不完善的*大小的，如當我們說一個圓的半徑線和它的弧所造成的角小於直角時，就是這樣，因爲在這兩個角之間，以及在其中之一和它們的差——這就是那切線角①——之間，是不可能有一種比例的。〕

§2 斐 另一種比較的機會，是由父子、兄弟，堂兄弟、同胞等關係所根據的出身情況所提出的。在我們這裡，人們不大想到說這公牛是那牛犢的祖父，或者說這兩隻鴿子是嫡堂兄弟；因爲語言是和習慣相稱的。但在有一些國度，人們對他們自己的譜系還不如對他們的馬的譜系更感興趣，不僅每匹特殊的馬各有名稱，而且它們的不同程度的親族關係也都有名稱。

德 〔我們還可以把家族的觀念和名稱加到親族的觀念和名稱上去。的確，我們沒有看到，在查理曼帝國時期，以及在那以前或以後的相當長一段時期，在德國、法國和倫巴底，

---

① 原文爲 l'angle de contingence，照字面的意義就是偶然的、不正規的或異常的角，實際是指切線與弧之間的角，有的數學家也稱之爲「號角狀角」（horn-shaped angle），歐幾里得幾何學是把它作爲不正規的角而要加以排除的。

有什麼家族的姓氏。還在不久以前，在北方的有些家族（甚至是貴族）也還沒有姓氏，而在那裡，人們要就一個人出生地來認一個人，就只有叫他自己的名字和父親的名字，此外，（在他移居別處的情況下）就在他的名字之外加上他所來自的那個地方的名字。阿拉伯人和土庫曼人現在也還是這樣的習慣（我相信），沒有什麼特殊的家族的姓氏，而只滿足於叫一個人的父親和祖父等等的名字，並且他們也同樣很重視他們高貴的馬，稱呼它們的專名和父名，甚至父名之外還有更上輩的名稱。人們就是這樣談到在卡洛維茨條約②之後土耳其的蘇丹③送給皇帝的馬；而已故的奧爾登堡伯爵，是他的最後一支，他的養馬場是很有名的，他也活了很久，他的馬都有譜系圖，以便能證明這馬的高貴血統，甚至於還有它們的祖先的圖像（**imagines majorum**④），這是羅馬人所刻意搜求的。但還是回頭來談人吧，在阿拉伯人和韃靼人之中有部落的名字，這種部落好像是大的家族，它們隨著時間的進程而大大地擴大了。而這些名字或

---

② Corlowitz 或 Karlovci 是現今南斯拉夫的一個城市，一六九九年一月二十六日，土耳其在戰敗後與奧國、波蘭、威尼斯及俄國在此訂立和約，放棄了大片在歐洲所占領土。這裡所說「皇帝」當係指「神聖羅馬帝國皇帝」，亦即奧國的皇帝。

③ G本原文爲"Monarque"（「君主」），E本和J本作"le grand Seigneur"。

④ 拉丁文，意即：「祖先的圖像」。

者是從祖先得名，如在摩西的時代那樣，或者是從居住地得名，或者是出於其他的情況。沃斯萊（Worsley）先生是一位善於觀察的⑤旅行家，對阿拉伯沙漠地帶的現在狀況所知不少，他曾到那裡去過一些時候，他肯定地說，在埃及和巴勒斯坦之間的所有國度，也就是摩西當年所經過的那些地方，現在只有三個部落，約有五千人，其中有一個部落叫做薩里（Sali），是從祖先得名的（我認爲），他的後裔把他的墳墓當作一位聖者的墓一樣來崇敬，阿拉伯人在自己頭上和他們的駱駝頭上頂著沙土來培他的墓。此外，當我們考慮其關係的那些人有一共同的出身起源時，就存在血統關係（consanguinité）；但當兩個人能與同一個人有血統關係而他們自己之間並不因此而有血統關係時，這就是由結婚所造成的那種情況，我們可以說他們之間有一種聯姻（Alliance）或親屬（Affinité）【關係】。不過因爲我們不習慣於說夫妻之間的親屬關係，雖然他們的婚姻是造成其他人的親屬關係的原因，因此，也許最好還是說親屬關係是那些彼此有血統關係的人之間的關係，如果丈夫和妻子是被看作具有同一人格身分的話。

§3　斐　一種關係的根據有時是一種道德權利，如一位軍隊裡的將軍或一個公民的關係那樣。這些關係是依賴於人們彼此之間的協議，是出於意願或出於制度的，可以和那些出於自然的關係區別開來。有時兩個相關者各有自己的名稱，如主人和門客，將軍和士兵。但也並不永

⑤ G本原文爲“observatif”，E本和J本作“curieux”（富於好奇心的）。

遠總是如此；例如：那些和掌璽大臣相關的人就並沒有自己的特別名稱。

德　〔有時在某些自然關係上人們披上某種道德關係而使之內容更豐富，例如：子女有權要求繼承父母遺產的合法部分；年輕人得受某些管束，老年人可得某些豁免之類。可是也發生這樣的情況，就是人們把某些並非自然的關係當作自然的；例如：當法律規定說，在使小孩能歸之於他的時間內與母親舉行過婚禮者爲父親，就是這樣的；而這樣以出於制度的來代替出於自然的情況，有時只是一種推定，也就是說，是把也許並不是眞的事情，只要沒有證明它是假的，就當作眞的來看待的一種斷定。就是這樣，pater est quem nuptiae demonstrant⑥這句話就成了羅馬法以及接受了羅馬法的大多數民族所採取的一句格言。但有人告訴我說，在英國，一個人只要曾在三個王國之一停留過，就沒有什麼可用來證明他的「不在現場」⑦，這樣一來那推定就變成了假定（fiction）或變成某些法學博士所說的 praesumtionem juris et de jure⑧了。〕

§4　斐　道德的關係就是人的自願活動與一種使人得以判斷這些活動在道德上是好是壞的

---

⑥ 拉丁文，意即：「父親乃由婚姻所表明者」，也就是上文所說「在使小孩能歸之於他的時間內與母親舉行過婚禮者爲父親」的意思。

⑦ 原文爲 alibi，係法律用語，通常指被告或犯罪者以說明當時正在別處來證明他不在犯罪現場。

⑧ 拉丁文，意即：「法律的和依法的推定」。

規則之間的適合或不適合。§5而道德的善或道德的惡就是自願活動與某種法律之間的符合或對立，這種法律是通過立法者（或要維護法律者）的意志和權力給我們帶來（物理上的）好處或壞處的，這我們就叫做獎賞和懲罰。

德　〔像您，先生，代表其意見的作者這樣高明的作者，是可得允許憑自己認爲適當的方式來處理運用名詞術語的。但也的確，要是照這種概念，則同一個活動將會在不同的立法者之下同時是道德上好的又是道德上壞的，也正如我們這位高明的作者在以上把德性理解爲受稱讚的，而因此同一活動將會隨著人們的意見而成爲有德性的或否。可是這既不是人們所給予道德上好的和有德性的活動的通常意義，在我就寧願以上帝所自任維護的理性的不變規則作爲衡量道德的善和德性的標準。我們也可以確信，通過上帝的干預，一切道德的善就變成物理的⑨【善】，或如古人所說，一切正直的都是有用的⑩；反之爲了說明作者的概念，就得說道德的善或惡是一種強加的或制定的（institutif）善或惡，是手中有權的人以賞罰致力於使人遵從或

⑨ 據英譯者認爲，萊布尼茲在這裡所說的「物理的」（Physique），可能就是指「實在的」，也即指現實的、具體的、客觀地實現了的，而不是抽象的、主觀的，只在觀念中存在的。或者可能就是指「自然的」，這一段的意思就是指道德的善可以由於上帝的干預，通過自然的力量實現出來，並符合於宇宙的自然法則。

⑩ 這是斯多噶派的主要觀點之一。參閱西塞羅 *De officiis*（《論義務》）第三卷第三章及第七章。

避免的。善的就是：出於上帝的一般制定（institution）的，是符合於自然或理性的。

§7 斐 有三類法律：神道法（loi divine）、民政法（loi civile）⑪和輿論法（loi d'opinion ou de réputation）。第一類是關於罪孽（péchés）或義務（dévoirs）的規則，第二類是關於犯罪的（criminelles）或無辜的（innocentes）活動的，第三類是關於德性（vertus）或邪惡（vices）的。

德 〔照這些名詞的通常意義來說，德性和邪惡與義務和罪孽的區別，也只不過是和習慣（habitudes）與活動（actions）之間的區別一樣，而人們也並不把德性和邪惡看作某種取決於輿論的事情⑫。一種大的罪孽（péché）就叫做罪行（crime），人們也並不把無辜的與犯罪的（criminel）相對立，而是與罪惡的（coupable）相對立。神道法有兩種，自然的和實證的

⑪ loi civile（在洛克原文也就是 civil law），一般譯作「民法」，但「民法」作爲與「刑法」相對，是不包括「犯罪」、處刑問題的，而這裡所說恰恰是關於犯罪問題的法律，倒毋寧是「刑法」，實際是指國家所制定用以支配人民行動的一切法律，姑譯爲「民政法」，實即下文所說的「國法」。

⑫ 萊布尼茲與洛克相反，主張道德法則具有客觀的、絕對的性質，是根據「上帝的一般制定」的，而不是主觀的、相對的。

（positive）⑬。民政法是實證的⑭。輿論法只是不恰當地才配用法這個名稱，或者是包括在自然法之內的，就好比我說養生保健法，治家理財法一樣，當活動自然地帶來某種善或某種惡，如旁人的稱讚、健康、盈餘之類時【我就可以這樣說】。〕

§10　斐　事實上所有的人都主張德性和邪惡等詞意思是指本性上是好和壞的活動，而只要它們實在是在這個意義上來應用的，則德性就完全符合於（自然的）神道法。但不管人們的主張是怎麼樣，顯然可見的是：這些名稱，就其特殊的應用來看，是經常單單歸之於在每一國度或每一社會被稱爲可敬或可恥的這樣或那樣一些活動的；否則人們就會是自己譴責自己了。因此，衡量所謂德性和邪惡的標準，就是這種稱讚或輕視，推崇或責備，這是由一種祕而不宣或默默的同意形成的。因爲雖然結合在政治社會中的人們，已把對所有力量的處置轉讓與公眾之手，以致不能在法律所許可範圍之外對其同胞使用力量，但他們卻仍始終保留有認爲好或壞，贊成或不贊成的權力。

---

⑬ 所謂「實證的」這裡就是具體的、實際制定的，或成文的法律。「實證的神道法」當即指教會所制定的宗教法律之類，而「自然的神道法」當即指出於上帝的音旨的自然法。

⑭ 萊布尼茲與洛克相反，主張道德法則具有客觀的、絕對的性質，是根據「上帝的一般制定」的，而不是主觀的，相對的。

德　〔如果這位高明的作者，和您，先生，一樣這樣來說明自己的觀點，宣稱他喜歡給予德性和邪惡這些名稱以現在這樣武斷的名義上的定義，那麼人們只能說，在理論上，也許由於沒有別的名詞，爲了方便起見，他是可得允許這樣來表述自己的觀點的；但人們將不得不再說一句，這樣的意義是絲毫不合習慣用法的，甚至對於教化也是無用的，並且如果有人把它引入生活實踐的談話中，在許多人聽起來也是很不順耳的，就像作者自己在〈序言〉中似乎也承認的那樣。但這裡還更進一步，雖然您承認人們自以爲談論的是依照不變的法則自然地有德性或邪惡的事，但您主張實際上人們的意思是談那取決於意見的事。但我覺得，以同樣的理由，人們將也可以主張眞理和理性以及一切可稱爲最眞實的東西都取決於意見了，因爲當他們對此作判斷時也會弄錯。因此，就一切方面來看是否更好是說人們是把德性也如眞理一樣理解爲合乎自然的東西，但他們在應用時常常弄錯；此外，**他們也並不如人們所想那樣常常弄錯**的，因爲他們所稱讚的通常總是在某些方面值得稱讚的。酒德，即善於喝酒就是一種長處；它曾有助於波諾蘇斯（Bonosus）來籠絡蠻族並探得他們的祕密⑮。海克力士的夜間的力量，在這方面就

---

⑮ 見伏比斯庫斯（Vopiscus）（西元四世紀拉丁歷史家）的《奧古斯都的歷史》（*Script. hist. August.*）第二卷，第213-214頁，ed. Peter, Teubner, Leipzig, 1865。但以下一句所說的「同一個波諾蘇斯」，據伏比斯庫斯同上書所說，當是「普洛庫洛斯」（Proculus）而不是「波諾蘇斯」。

是那同一個波諾蘇斯自稱像他的，也同樣是一種圓滿優點。偷竊的技巧在拉棲代孟人【即斯巴達人】中是受到稱讚的，並不是這種技巧，而是它的用得不當才是當受譴責的，而那些在和平時期人們要科以殛刑的人在戰爭時期可能有時可用來作爲極好的同黨。因此，所有這一切都取決於對人們所具有的長處的應用或用得好壞。人們**自己譴責自己**也的確是很常見的，並且也不應該被看作是很奇怪的事，如當人做了人們責備旁人不該做的事時就是這樣，並且在言行之間常常有矛盾，這引起了公眾的憤慨議論，當一個官員或宣教師的所作所爲和他所維護的事，暴露在大家眼前時【就有這種情形】。

§11 [16] 斐　無論在什麼地方，被當作德性的東西就是人們斷定爲値得稱讚的東西。德性和稱讚常常是用同一名稱來稱呼的。維吉爾說：Sunt hic etiam sua praemia laudi（lib. l. Aeneid. Vers.491）[17]，西塞羅也說："Nihil habet natura praestantius quam honestatem, quam laudem, quam dignitatem, quam decus."Quaest. Tuscul. lib. 2. c. 20. 稍後一點他又說：Hisce ego pluribus

---

⑯ 從G本，E本及J本作§12，洛克原書此節分在§11、§12。

⑰ 拉丁文，意即：「稱讚就是它（德性）的獎品」（《愛尼亞德》卷一，491行）。

nominibus unam rem declarari volo。⑱

德 〔的確古人曾以忠實（l'honnête）這個名稱來稱德性，如他們曾稱讚 incoctum generoso pectus honesto⑲。也的確忠實有其榮譽或稱讚的名稱。但這並不是說德性就是人所稱讚的，而是說它是值得稱讚的，並且它是取決於眞理而不是取決於意見的。〕

斐 許多人並不嚴肅認眞地想到上帝之法，或希望有一天能得此法創立者諒解，而對於國法，則以能得倖免來自詡。但人們並不想著有誰做了什麼違反他所常來往和願得到尊重的人的意見的事，能免受他們譏評或鄙視之苦。沒有一個多少對自己的本性還有所感覺的人，能經常受輕視而在社會上生活的；這就是輿論法的力量。

德 〔我已經說過，行動給自己帶來的並不那麼是一種法律的懲罰，而毋寧更多的是一

---

⑱ 拉丁文，意即「自然中最可寶貴的莫如忠實、稱讚、尊嚴和光榮」（《塔斯庫蘭論難》第二卷，20），稍後……『我願用許多名稱來說明一件事』。按引文不甚準確，據 Quaest. Tuscul. ,ed. klotz, Lipsiae, B. G. Teubner, 1870，原文作：“Nihil enim habet praestantius, nihil quod magis expetat quam honestatem, quam laudem, quam dignitatem, quam decus. Hisce ego pluribus nominibus unam rem declarari volo, sed utor, ut quam maxime significem, pluribus.”意即：「確實沒有更可寶貴的，沒有比忠實、稱讚、尊嚴、光榮更可嚮往的了。我願用許多名稱來說明一件事，但用許多最有意義的。」

⑲ 見拉丁諷刺詩人柏爾修斯（Persius, 34-62）的《諷刺詩》，2，74，原文大意是：「寬宏大量，光明磊落。」

種自然的懲罰。可是的確有很多人並不怎麼擔心這一點，因爲通常如果由於某種受譴責的行爲而被一些人所輕視，他們卻能找到一些同夥或至少是同黨並不輕視他們，要是他們在別的方面多少還有點可以受尊重的話。人們甚至忘了那些最可恥的行動，並且常常只要有像德倫斯（Térence）的福米翁[20]那樣的大膽和厚顏無恥就一切都可以過去了。如果說破門【或革除教籍】產生了一種經常和一般的真正輕視，它就會有我們這位作者所說的這種法的力量；而它在最初的基督徒中是事實上有那種力量的，在他們那裡，它就代替了他們所缺乏的法律，用以懲罰有罪的人；這差不多就像那些工匠，也靠這樣來保持某些不顧法律規定的習慣，他們之中不遵守這些習慣的就受到輕視。也是這種情況保持了那種違反法令的決鬥。應該希望公眾在稱讚和譴責方面要和自身一致並與理性一致；尤其是希望那些大人物們不要在笑那壞的行爲的同時又來保護壞人，在這裡似乎最常見的情況是：並不是那些幹壞事的人，倒是受害者受到輕視的懲罰和被嘲笑。我們也看到一般地說人們所輕視的並不是邪惡，更多的倒是弱點和不幸。因此，那輿論法需要大加改革，並當更好地得到遵守。〕

§19　斐　在離開對於關係的考慮以前，我將指出：我們通常對於**關係**比對於它的**基礎**

---

⑳ 德倫斯（Térence，西元前194至前159年），是拉丁喜劇詩人，《福米翁》（*Phormion*）是他的一個同名喜劇中的主角，法國著名喜劇作家莫里哀的《斯加賓的欺詐》（*Fourberies de Scapin*）就取材於《福米翁》。

有同樣明白或更明白的概念。如果我相信生普倫尼（Sempronnia）是從一棵白菜底下得來了蒂德斯（Titus），就像我們慣於對小孩子說的那樣，然後她又以同樣的方式得到了開攸斯（Caius），那麼我就會對蒂德斯和開攸斯之間的兄弟關係有一個概念，和我知道了產婆所知道的一切時一樣清楚。

德　〔可是，當人們告訴一個小孩，說他剛剛出生的小弟弟是從一口井裡吊上來的（這是在德國人們用來滿足小孩們對這個問題的好奇心的回答）時，這小孩回答說他很奇怪爲什麼小弟弟哭鬧得媽媽心煩時不把他丟回那井裡去。這就是說這種解釋沒有使他知道母親表現出對孩子的這種愛的任何理由。因此，我們可以說，那種對關係的基礎毫無所知的人，對它只有一種我稱之爲部分地無聲的㉑和不充分的思想，雖然這種思想在某些方面和在某些場合可能已足夠了。〕

㉑　參閱本書上冊第二卷第二十一章§31「德」及註（第251頁註㉑）。

第二十九章　論明白的和模糊的、清楚的和混亂的觀念

§2　斐　我們現在來談談觀念的某些區別。當我們的**簡單觀念**是這樣的情況，就是我們從之接受這些觀念的對象本身，呈現著它們或在具備一種正常的感覺或知覺所必要的一切環境條件下能呈現它們時，就是**明白的**（Claires）。當記憶以這樣的方式保存著它們時，它們在這情況下就是明白的觀念，而隨著它們的缺乏這種原本的精確性，或隨著它們的失去這種可以說是最初的鮮明性，以及隨著因時間的流逝而好像失去光澤或褪色了，它們就是模糊的。那些**複雜觀念**，當組成它們的簡單觀念是明白的，並且這些簡單觀念的數目和秩序是固定的時，它們就是**明白的**。

德　〔我在一六八四年發表於萊比錫的學報上的一篇論眞的或假的、明白的或模糊的、清楚的或混亂的觀念的短小文章①中，已給**明白的觀念**下過一個定義，是簡單的和複合的觀念所共同的，並且爲這裡所說的提出了理由。我說，**一個觀念**，當它對於認識事物和區別事物是足夠的時，就是**明白的**；好比當我對一種顏色有一個很明白的觀念時，我就不會把另一種顏色當作我所要的顏色，而如果我對一棵植物有一個明白的觀念，我就能把它從鄰近的其他植物中辨別出來；否則**觀念就是模糊的**。我認爲我們對於可感覺事物是沒有什麼完全明白的觀念的。有

① 指Meditationes de Cogonitione, Veritate et Ideis，參閱本書上冊第二卷第二十三章§4「德」及註（第308頁註⑧）。

一些顏色是如此接近，以至我們憑記憶是無法加以辨別的，可是有時把一種顏色放在另一種顏色旁邊就可以把它們辨別出來。而當我們認爲已對一種植物作了很好的描述時，人們卻可能從印度帶來一株植物，完全是像我們所描述的那樣，而仍舊能使人認出它是屬於不同種類的；因此，我們永遠不能完全決定那 species infimas②或最低級的種。〕

§4 斐 正如一個明白的觀念是心靈從恰當地作用於正常器官的外界對象把它接受來時對它具有一種充分而顯明的知覺的觀念；同樣，一個清楚的觀念（Idée distincte）就是心靈察覺到它有別於一切其他觀念的差別的觀念；而一個混亂的觀念（Idée confuse）就是我們不能把它和另一個應該是不同的觀念加以充分區別的觀念。

德 〔按照您給予清楚的觀念的這種概念，我看不出有什麼辦法把它和明白的觀念加以區別。就是因爲這樣，我在這裡習慣於遵循笛卡兒的語言，在他，一個觀念是可以同時既是明白的又是混亂的；而那些影響感官的感覺性質的觀念，如顏色和熱的觀念，就是這樣的。它們是明白的，因爲我們認識它們並且很容易把它們彼此加以辨別；但它們不是清楚的，因爲我們不能區別它們所包含的內容。因此，我們無法給它們下定義。我們只有通過舉例來使它們得到認識，此外，直到對它的聯繫結構都辨別出來以前，我們得說它是個不知道是什麼的東西。因

② 拉丁文，意即：「最低級的種」，英譯本作 species infamæ。

此，雖然照我們看來那些清楚的觀念是使一個對象和另一個對象區別開的，可是由於那些明白而本身混亂的觀念也是這樣做的，我們並不是把能作區別或區別著對象的一切觀念叫做清楚的，而是把那些被很好地區別開的，也就是本身是清楚的，並且區別著對象中那些由分析或定義給予它的、使它得以認識的標誌的觀念叫做清楚的；否則我們就把它們叫做混亂的。而在這種意義下，那種支配著觀念的混亂，既然是我們本性的一種缺陷，是可以免受責備的；因爲例如我們就無法辨別氣味和滋味的原因，也不知道這些性質所包含的內容。可是，當具有清楚的觀念是很重要的，並且是我力所能及的時，這種混亂也可以是當受責備的，例如：我如果沒有來做一做可以識別眞金的標誌的必要試驗，就把贗品當作眞金，就會是這樣。

§5　斐　但人家會說照您的意義就沒有什麼觀念本身③是混亂的（或毋寧說模糊的），因爲它總只能是心靈所察覺它的那樣，而這就足夠使它和其他一切觀念區別開了。§6而爲了解除這種困難就必須知道，觀念的缺點是和名稱有關的，當它在人們用來表示它的名稱之外也能用另一名稱來稱呼時，就使它成爲錯的。

德　〔我覺得我們不應該讓這一點取決於名稱。亞歷山大大帝（據說）曾經在夢中見到一種植物能夠治癒利西馬科斯（Lysimachus）的病，這植物從此就叫做利西馬基亞

---

③ E本和J本無“en elle même”（「本身」）。

（Lysimachia），因爲它的確事實上治好了國王的這位朋友的病。亞歷山大讓人拿來大量的植物，他在其中認出了他在夢中所見的那一種，當時如果不幸他沒有足以認出這植物的觀念，而是像尼布甲尼撒二世（Nabuchodonosor）那樣需要一個但以理（Daniel）來使他能重新記起他的夢境④，那麼顯然他所具有的觀念之所以是模糊的和不完善的（因爲我寧願這樣來稱呼它而不叫做混亂的），不是由於不適合於某種名稱，因爲那時它還沒有名稱，而是由於不適合於事物，即不適合於那能治病的植物。在這種情況下，亞歷山大將會記起某些情景，但會懷疑其他一些情景；而我們用名稱來稱呼某種事物這種情況，就使我們在應用名稱方面有失誤時，通常在對這名稱所指的事物方面也發生失誤。〕

§7　斐　如複雜觀念是最易於有這種缺點的，它可能由於構成這觀念的簡單觀念數目太少，例如：一種皮毛有斑紋的野獸這樣一個觀念，就太一般了，不足以區別大山貓、豹或金錢

④ 尼布甲尼撒二世（Nabuchodonosor 或 Nebuchadnezzar）是古代新巴比倫王國最強盛時期的國王（西元前604至前562年），曾攻陷耶路撒冷，俘虜了大批猶太人，但以理（Daniel）是猶太人傳說中四大「先知」之一，也曾被尼布甲尼撒二世俘虜，以其聰明得寵，據說尼布甲尼撒二世曾做了個夢而忘了夢見什麼，後來但以理告訴他是夢見一泥足巨人像，並解釋說這就是尼布甲尼撒二世的帝國的形象，是一推即倒的。參閱《舊約・但以理書》第二章。

豹，而我們卻是以特殊的名稱把它們區別開的。

德〔當我們處在亞當所處的狀態，還在給予各種動物以名稱以前時，這種缺點也還是會發生的。因爲假定我們知道在有斑紋的野獸中有一種目光異常敏銳，但我們不知道它是老虎還是山貓，或是另一種野獸；這是一種不能加以區別的缺點。因此，這裡所涉及的並不那麼是名稱的問題，而是那可能給人來命名的因由，和使一種動物值得給予一個特殊名稱的東西的問題。由此也顯出了一種有斑紋的野獸這個觀念，當它只用來指屬時，它本身是好的，並沒有混亂和模糊；但當它和另一個人們不充分記得的觀念相結合，用來指種時，則這由此複合成的觀念是模糊的和不完善的。〕

§8　斐　當構成複雜觀念的簡單觀念數目足夠，但過於混淆和雜亂時，就有一種相反的缺點，就像有些畫，顯得很亂，好像只是表現布滿烏雲的天空，在它就是表現烏雲天時，我們也不會說它有什麼混亂，要是另外有一幅模仿它的畫也同樣沒有什麼混亂；但當人家說這幅畫應該使人看出一個肖像時，我們就有理由說它是混亂的了，因爲我們不知道它是一個人，還是一隻猴子，或是一條魚的像，可是也可能當我們在一面圓柱形鏡中來看它時，那混亂就消失了，而我們看出這是一個凱撒。因此，任何心理的圖畫（如果我可以這樣來表述的話），只有它的各部分結合在一起時，才能被叫做某種方式的混亂；因爲不管這些圖畫是怎麼樣的，它們都能明顯地和其他一切區別開，除非到了它們被安排在某一通常的名稱之下，而我們看不出它們是屬於這一名稱，看來倒毋寧是屬於另一所指不同的*名稱*的。

德 〔這樣一幅畫，我們清楚地看到它的各部分，而沒有注意到這些部分以某種方式所指向的結果，這就像對於一堆石頭的觀念，它不僅照您的意義，而且照我的意義也是眞正混亂的，除非到了我們已*清楚*地想到它的數目和其他特性。如果它有（例如）三十六塊，我們看它們亂七八糟地堆在一起，就不知道它們能構成一個三角形或一個正方形，如它們事實上所能構成的那樣，因爲三十六是一個平方數，也是一個三角形數。就是這樣，當我們看一個千條邊的圖形時，就只有一個混亂的觀念，除非到了我們已知道它的邊的數目，那是十的立方。因此，這裡所涉及的問題不在於名稱，而在於我們解除了混亂時在觀念中所發現的那些*清楚的*特性。而要找到那關鍵，或找到一種方式從某一點來看它，或藉助於插入某種鏡子或玻璃來看它以便看清造成這事物的人的目的，這有時是很困難的。〕

§9 斐 不能否認，在觀念中還有第三種缺點，它是眞正由於名稱用得很壞造成的，這就是當我們的觀念不確定時的情形。我們每天可以看到有些人，毫無困難地運用著自己本國語言或家鄉話中那些常用詞，在他們學會這些詞的確切意義之前，就常常這樣改變他們賦予這些詞的觀念，幾乎在他們的說話中用多少次就改變多少次。§10這樣我們就看到，名稱對於指稱清楚的和混亂的觀念，作用有多大，而要是不考慮那些作爲清楚事物的記號的清楚名稱，就會很不容易說什麼是一個*混亂的觀念*。

德　〔可是我剛才就並不考慮名稱也對它作了說明了，不論這混亂是照您那樣理解爲我們所說的模糊，或者照我的意義理解爲對我們所具有的概念的分析中的缺點，【這兩種情況我都說明了】。我也已表明，一切模糊觀念事實上都是不決定或不確定的，如在有斑紋的野獸那個例子中我們已看到的那樣，在那裡我們知道，必須在那一般概念上還增加某種東西，而我們對它並不明白記得的；這樣一來，您所分別列舉的第一種和第三種缺點，就歸結爲同一回事。可是，語詞的濫用是錯誤的一個巨大根源，這一點是很對的，因爲會發生一種計算錯誤的方式，就好比在計算時我們沒有很好注意數碼的位置，或者數目字寫得不好以致分不清是個2還是個7，或者由於粗心把數目字漏掉了或錯換了。這種詞的濫用是在於：或者根本沒有賦予任何觀念，或者賦予一個不完善的觀念，其中一部分是空的並且可以說繼續留著空白的；而在這兩種情況下，在思想中都有某種空白和無聲的（sourd）東西，就只有用名稱來填補了。或者最後，這缺點是在於賦予語詞以不同的觀念，或者不能確定應該選擇哪一個，這就造成模糊觀念，和當其中一部分是無聲的時一樣；或者輪番選擇這些觀念，以一種能引起錯誤的方式在同一推論中對同一個詞的意義時而用這一個觀念，時而用另一個觀念，而沒有考慮這些觀念彼此並不一致。因此，不確定的思想或者是空無觀念的，或者是在不止一個觀念之間徘徊的。這一點在下列情況下是有害的：或者我們想指定某種決定的事物⑤，或者我們想給予語詞一個一定的意義，或相應於我們已經用了的意義，或者相應於別人所用的意義，尤其是在一切人所共同的或手藝工匠們所共同的通常語言中。從這裡也產生出在談話中、在講壇上和在書本裡無數空泛無謂的爭論，這些，人們有時想通過弄清楚來加以清除，但這一來最常見的情況是用一些更空泛和模糊的名詞來代替空泛和模糊的名詞，而只是把問題弄得更混亂，就像哲學家們在他們要弄清楚問題時所用的那些名詞那樣，它們都是沒有很好下定義的。〕

§12 斐 如果說在觀念中除了那和名稱有一種祕而不宣的關係的混亂之外，還有某種別的混亂，那麼至少這混亂也是比任何其他的混亂把人們的思想和說話都弄得更亂的。

德 〔我還是同意這一點，不過，它【名稱】往往是和某種事物的概念以及人們在用名稱時所具有的目的混雜在一起；例如：當人們說到教會（église）時，很多人心目中是指一種政府，而別的人們則是想著教義的眞諦。〕

斐 防止這種混亂的辦法，就是要經常以同一名稱應用於以固定數目和決定的秩序結合起來的一定的一堆簡單觀念。但由於這既與人們的懶惰也與人們的虛榮不合，並且只能用於眞理的發現和維護，這並不總是人們爲自己所提出的目的，這樣一種精確性就是一種人們可望而

⑤ E本和J本無"Soit qu'on veuille designer quelque chose determinée"，譯文從G本。

不可即的東西。把名稱空泛地應用於不決定的、可變的以及是幾乎純粹空無的（在無聲的思想中）觀念，這一方面是要掩蓋自己的無知，另一方面是要擾亂和困惑別人，這就被當作眞正的有學問和當作在知識方面的優越性的標誌。

德　〔裝腔作勢表現機智雄辯和辭藻華麗也進一步大大促進了這種語言的紊亂；因爲爲了以一種漂亮悅人的方式來表現思想，人們就毫不爲難地用一種過頭的方式來給語詞一種稍稍異乎尋常的意義，有時是比通常較廣泛或較狹窄的意義，這就叫提喻（Synecdoque），有時是隨著事物的關係而轉變了的意義，人們改變著這些事物的名稱，這或者是通過轉喻（Métonymies）中的並列，或者是通過暗喻（Métaphores）中的比較，就不說反語（Ironie）了，那是用一種直接相反的意義來代替眞正的意義。當這些變化被認識到時就是這樣稱呼的，但它們被認識到的情況只是很罕見的。而在這種語言的不決定狀態中，我們缺少一種法律來規定語詞的意義，像羅馬法典的標題 De Verborum significationibus⑥中有的這樣一種東西那樣，那些最講究明確性的人，當他們爲通常的讀者寫作時，如果想嚴格地執著於名詞的固定意義，就將戒絕使他們的表述動人和有力的東西。他們只要注意使他們的變化詞義不會產生錯誤或不

⑥ 拉丁文，意即：「關於語言的意義」。

正確的推理就行了。古人在那 exotérique 即通俗的寫法和 acroamatique⑦即爲那些致力於發現眞理的人的寫法之間所作的區別在這裡是有作用的。如果有人想照數學家的方式來寫形上學或倫理學的作品，沒有什麼會阻止他嚴格地這樣做。有些人曾公開宣布這一點，並曾答應我們要在數學之外也來作那種數學的推證；但在這方面得到成功的極爲罕見。這我認爲是因爲人們討厭爲了很少數的讀者而必須費這麼大的勁兒，在這裡人們可以像在柏爾修斯（Persius）的詩中那樣問：quis leget haec，而回答是：vel duo vel nemo⑧。可是我相信，如果他們能像應當的那樣擔負起這任務，他們是不會有理由爲此感到後悔的。而我就曾有意於來試一試。〕

§13 斐 可是您會同意我說複雜觀念可以是一方面非常明白、非常清楚，另一方面又非常模糊和非常混亂。

德 〔沒有理由懷疑這一點，例如：我們對人體的可見和堅實性的部分大都有非常清楚的觀念，但對於其內部的液體就不大有清楚觀念。〕

---

⑦ exotérique 原意即「向外行人公開的」，亦即「通俗的」；acroamatique 源出希臘文 ἀκροαματικός，原意爲「聽」，即指「聽講的」，轉義爲「祕傳的」，即「對親近門徒口授的」，也就是專爲內行人講述或寫作的。柏拉圖和亞里斯多德的著作中就都有這樣的區別。

⑧ 柏爾修斯見上一章 §11 註，語見其《諷刺詩》I. 第 2、3 行，意爲「誰讀它」，而回答是：「或是兩個，或是一個也沒有」。

斐　如果一個人說到一個一千條邊的圖形，這個圖形的觀念在他心中可能是非常模糊的，雖然他心中那數的觀念是非常清楚的。

德　〔這個例子在這裡是不合適的；一個一千條邊的正多邊形是和一千的數同樣清楚地得到認識的，因爲我們在這裡可以發現和推證出所有各種【有關的】眞理。〕

斐　但我們對一個一千條邊的圖形並沒有一個確切的觀念，以致能把它和另一個只有九百九十九條邊的圖形加以區別。

德　〔這個例子表明您在這裡把觀念和影像混同了。如果有人把一個正多邊形放在我面前，視覺和想像是不能使我把握它的千數的，除非到了我通過點數而識別出這數目，我對這圖形和它的數都只有一個混亂的觀念。但一旦找到了這數目以後，我對所提出的這多邊形的本性和特性，就它們是正千邊形的特性這個範圍內來說就都很知道了，並因此對它就有了這個觀念；但我不會有一個正千邊形的影像，並且也必須有更精美和更有鍛鍊的感官和想像力才能用它來把它和一個少一邊的多邊形區別開。但對於【幾何】圖形的知識也和對於數的知識一樣，並不是依賴於想像的，雖然想像對此也有幫助；而一位數學家能夠精確地知道一個九邊形和一個十邊形的本性，因爲他有辦法來做出和考察這些圖形，雖然他用視覺並不能對他們加以辨別。的確，一個工人或一個工程師，也許並不充分知道這些圖形的本性，卻比一個大幾何學家有這樣的長處，就是他可以不用測量單憑眼睛看就能把它們辨別出來，這就像有些苦力或⑨搬運夫，他們能一斤不差地說出他們要背的東西的重量，在這方面他們超過了世界上最高明的靜力學家。的確⑩這種由長期鍛鍊得來的經驗知識，對於迅速行動可以是有很大用處的，如一位工程師就常常需要行動迅速，因爲有時一耽擱就會面臨危險。可是人們對於一個正十邊形或一個九十九斤的重量所能有的這種明白的影像或這種感覺，只是一種混亂的觀念，因爲它絲毫無助於來發現這重量或正十邊形的本性和特性，這是要求有一個清楚的觀念的。而這例子可用來使我們更好地理解觀念之間或毋寧說觀念與影像之間的區別。〕

§15 ⑪ 斐 另一個例子：我們被導致相信我們對永恆性有一個積極的和完全的觀念，這就好比我們說，在這綿延中沒有一部分不是我們在觀念中明白認識的一樣；但不論我們所表象的綿延有多大，正如涉及無邊無際的廣延的問題一樣，永遠在我們所表象的之外總還剩下有一部分的觀念，仍舊是模糊和不決定的；而由此導致在有關永恆性或其他無限的東西的爭論和推理中，我們很容易陷入明顯的荒謬之中。

---

⑨ E本和J本無“faquins ou”（「苦力或」），從G本。

⑩ E本和J本無“Il est vray que”（「的確」），從G本。

⑪ E本與J本作§25，但G本和洛克原書均作§15。

德　〔這個例子我覺得也並不適合您的計畫，但對於我要來解除您在這一點上的概念混亂倒很適合。因爲在這裡存在著同樣的影像與觀念的混淆。我們對永恆性是有一個完全或恰當的觀念的，因爲我們有對它的定義，雖然我們對它並無任何影像；但我們對無限的東西的觀念並不是通過各部分的組合來構成的，而人們在對無限的東西進行推理時所犯的錯誤並非來自影像的缺陷。⑫〕

§16⑬　斐　但當我們說到物質的無限可分性時，雖然我們對分割有明白的觀念，對那些分割成的微小部分卻只有很模糊、很混亂的觀念，這難道不是眞的嗎？因爲我請問：假如一個人拿他所曾見過的最小的微塵原子來看，他能對這原子的十萬分之一和百萬分之一⑭的部分之間的差有任何清楚的觀念嗎？

德　〔這是同樣的影像代觀念的 qui pro quo⑮，我很驚訝竟看到如此之混淆。問題根本不

---

⑫ 萊布尼茲的意思是：在討論無限性問題時所犯的錯誤，並不是因爲「影像的缺陷」即對無限的東西不能形成一個完全的或恰當的影像，而是由於企圖對於只能用抽象思維的東西來作形象思維或在心中形成對它的一個圖像。這就是混淆了「影像」和「觀念」。

⑬ 據G本及洛克原書，E本作§18，J本作§30。

⑭ E本和J本作“la 10000 me et la 1000 me”（「萬分之一和千分之一」）。

⑮ 拉丁文，意即：「混亂」、「張冠李戴」。

是要對如此高度的細小具有一個影像。照我們現在這樣的身體構造這是不可能的，而如果我們能有這樣的影像，它也就會和現在對我們顯得可察覺的事物的影像差不多；而作爲補償，那現在是我們想像的對象的東西那時就會爲我們的想像所不及並變成太大而無法想像的了。大小本身並沒有影像，而那些我們有其影像的大小只是依賴於對器官和其他對象的比較的，而在這裡用想像是無用的。因此，由您對我所說的這一切，先生，就顯出您是很精於提出超過必需的要求來無故製造困難的。」

第三十章　論實在的和幻想的①觀念

① 這裡「幻想的」原文為"Chimériques"，在本書別處或譯「怪誕的」，英譯本照洛克原書作"fantastical"，洛克原書中譯本譯作「幻想的」，今從之。兩詞作同義用，參見本段下文。

§1　斐　相關於事物的觀念可分爲實在的或幻想的②，完全的或不完全的③，眞的或假的。所謂*實在的*觀念我理解爲在自然中有基礎的，並且是符合於一個實在的存在物，符合於事物的存在或符合於原型（Archétypes）的觀念；否則它們就是幻想的或怪誕的（phantastiques ou chimériques）。

德　〔在這解釋中有點模糊之處。觀念可以在自然中有一基礎而並不符合這基礎，如當我們認爲我們對顏色和熱的感覺並不相似於任何本原或原型時那樣。一個觀念，當它雖無任何現在的存在物與之相應，卻是可能的時，也會是實在的；否則如果一個種的一切個體都喪失了，這個種的觀念也會變成是幻想的④了。〕

§2　斐　簡單觀念全都是實在的，因爲雖然照許多人說，白和冷也和痛一樣並不在雪中，可是它們的觀念是作爲依附於外界事物的一些能力的結果在我們心中的，並且這些經常的結果同樣可以爲我們用來區別事物，就好像它們是那存在於事物本身中的東西的確切影像一樣。

---

② 同前註。

③ 原文爲 complettes ou incompiettes，英譯本照洛克原書作 adequate or inadequate，洛克原書中譯本作「貼切的或不貼切的」。adequate 本書上文譯作「貼切的」。

④ 同註①。

德 〔我在上面已考察過這一點；但由此可見您似乎並不永遠要求一種與原型的符合，而按照有些人的意見（但我並不贊成），認爲上帝武斷地指定給我們一些觀念，注定它們來標誌對象的性質，其間並無相似性，甚至也沒有什麼自然的關係，那麼在這種情況下，在我們的觀念和原型之間，也就會沒有什麼符合，就像在語言中人們通過制定所運用的那些語詞與觀念之間或與事物本身之間沒有什麼符合一樣。〕

§3 斐 心靈就其簡單觀念方面來說是**被動的**；但它爲了造成把許多簡單觀念包括在同一名稱之下的複雜觀念所做的組合，則有某種**隨意的**東西；因爲一個人承認在他所具有的黃金或正義的複雜觀念中的那些簡單觀念，另一個人並不承認。

德 〔心靈對於那些簡單觀念，當它將它們彼此拆散以便分開加以考慮時，也還是**主動的**，這也和幾個觀念的組合一樣是隨意的；它這樣做或者是要引起對作爲由此產生的結果的一個複雜觀念的注意，或者是打算把它們包括在給予這種組合的名稱之下。而心靈在這裡是不會弄錯的，只要它不是把一些不相容的觀念結合起來，以及只要這名稱可以說還保持著童貞，也就是說，只要這名稱還沒有被聯上某種這樣的概念：它可能引起和新聯上的概念的混淆，並且或者可能把不能一起發生的東西結合起來而產生出一些不可能的概念，或者可能把這樣一些觀念——其中一個可以而且應該是通過推證而從另一個引申出來的——結合起來而產生出一些多餘的和包含著某種**藏匿**（obreption）的概念。〕

§4　斐　混合的樣式以及關係，除了它們在人的心靈中所具有的實在性之外，並沒有別的實在性，要使這一類的觀念成爲實在的，所必需的無非是存在或彼此相容的可能性而已。

德　〔關係也和眞理一樣有一種依賴於心靈的實在性；但並不是人的心靈，因爲有一個至高無上的心智在一切時間內決定著它們一切。和關係有別的那些混合樣式，可以是一些實在的偶性。但不論它們是依賴或不依賴於心靈，對它們的觀念的實在性來說，只要這些樣式是可能的，或者，這是同一回事，是清楚地可理解的就夠了。而要有這結果，則必須它們的組成成分是可共存的（compossibles），即能夠一起存在的。〕

§5　斐　但那些複雜的實體觀念，由於它們全部都是相關於在我們之外的事物而形成的，並且是用來表象實在地存在著那樣的實體的，因此，只有它們是在我們之外並存著的事物中實在地結合著和並存著的一些簡單觀念的組合這個範圍內，才是實在的。反之，那樣一些複雜的實體觀念則是幻想的，它們是由這樣一些簡單觀念的集合構成的，這些簡單觀念從未實在地結合過，並且我們也從未發現它們曾一起在任何實體中；就像這樣一些觀念，它們形成一個半人半馬的怪物，一個物體除了重量之外都像黃金而又比水更輕，一個對感官來說相似於物體的東西卻又賦有知覺和隨意的運動，如此等等。

德　〔如果照這樣的方式，把實在的和幻想的這種名詞，在相對於樣式觀念時，和相對於構成實體性事物的觀念時，不是一樣看待，那我就看不出您對於實在的或幻想的觀念，有什麼想法是兩種情況所共同的；因爲樣式在您是當它們是可能的時就是實在的，而實體性事物在您則只有當它們是存在的時才有實在的觀念。但想要相對於存在來說時，我們就幾乎無法決定一個觀念是不是幻想的，因爲那可能的東西，雖然在我們所在的地方和時間找不到，可能過去曾存在過，或可能將來有朝一日會存在，或甚至可能現在就已在另一個世界存在著，或甚至就在我們這個世界中存在著而人們不知道，就像德謨克利特對於銀河所具有的觀念⑤那樣，它已爲望遠鏡所證實；所以似乎最好是說，可能的觀念，只有當人們毫無根據地聯上實際存在的觀念時才變成幻想的，就像那些自命能找到「哲人之石」⑥的人所做的，或相信有一個半人半馬怪物的民族的那些人所做的那樣。否則，只是以存在來約束自己，我們就會毫無必要地背離了已爲大家所接受的語言，它不讓我們說在冬天談到玫瑰花或丁香花（oeillet）的人就是說的幻想的怪誕事物，只要他不是想像著能在他的花園裡找到它們，就像人們所講的大阿爾伯特

---

⑤ 德謨克利特認爲銀河的光輝是由於其中所包含的許多小星的光彼此照射而形成的。參閱亞里斯多德：《氣象學》（*Meteorologica*）第I卷，第八章，345^a, 25。又可參閱羅斑：《希臘思想和科學精神的起源》，商務印書館一九六五年版，第148頁。

⑥ 即歐洲中世紀的煉金術士所尋求的點金石。

（Albertus Magnus）[7]或其他某個自稱的魔術師的故事那樣。〕

⑦ 大阿爾伯特（Albertus Magnus, 1193-1280），神學家，經院哲學家和煉金術士，多明我會僧侶。

第三十一章　論完全的和不完全的[1]觀念

① 原文爲 complettes et incomplettes，英譯本照洛克原書作"adequate and inadequate"（「貼切的和不貼切的」；洛克原書中又譯作「相稱的和不相稱的」）。

§1　斐　當實在的觀念完滿地表象著那些原本時，它們就是完全的，心靈假定這些觀念是從它們所表象的原本抽引出來的，並把它們和這些原本聯繫起來。不完全的觀念只是部分地表象原本。§2我們的簡單觀念都是完全的。我們在糖中所注意到的白或甜的觀念是完全的，因爲只要它和上帝放在這物體中以使產生這些感覺的能力完全相應，對此就足夠了。

德　〔我看到，先生，您所喜愛的作者稱爲 Ideas adaequatas aut inadaequatas[②]的東西，您叫做完全的或不完全的觀念；人們也可以稱它們爲完滿的或不完滿的（accomplies ou inaccomplies）。我從前曾把 ideam adaequatam（一個完滿的觀念）定義爲這樣清楚的觀念，以致它的一切成分都是清楚的，一個數的觀念就差不多像那樣。但當一個觀念是清楚的並且包含著定義或和對象相應的標誌時，它也可能是不貼切或不完滿的，這就是：當這些標誌或這些成分並不全部也清楚地被認識的時候，例如：金子是一種能抵得住冶煉和硝強水的作用的金屬，這是一個清楚的觀念，因爲它給予了金子的標誌或定義；但它並不是完滿的，因爲冶煉和硝強水作用的本性我們是並不充分認識的。由此就達到這樣的情況：當沒有一個完滿的觀念時，同一個主體就可以有好幾個定義，這些定義是彼此獨立的，以致我們並不能總是把其中的一個從另一個引申出來，也不能預先看到它們應該屬於同一個主體，因此，只有經驗才能告訴我們它

② 拉丁文，意即：「貼切的或不貼切的觀念」。

們是同時全都屬於它的。這樣，金子就還可以被定義為我們的物體中最重的，或最可展延的，就不必說我們還可以造出來的其他許多定義了。但只有當人們已進一步深入知道事物的本性時，我們才能看到，爲什麼只有最重的金屬才能抵得住試驗者的這兩種試驗；反之，在幾何學中，我們是具有完滿的觀念的，那就是另一回事，因爲我們能夠證明一個圓錐體或一個圓柱體被一個平面所造成的截面是一樣的，即都是橢圓，而只要我們注意的話，這是不可能不知道的，因爲我們對它們所具有的概念是完滿的，在我，把觀念分爲完滿的和不完滿的這種分類，只是清楚的觀念之下的一種次級分類，而我覺得那些混亂觀念，如您所說的我們對於甜的觀念，是不配這個名稱的，因爲雖然它們表現了產生感覺的能力，但它們並沒有完全表現它，或至少我們並不能知道它，因爲如果我們了解了在我們對於甜的這種觀念中有些什麼，我們就會能夠判斷它是否足夠合理說明經驗使我們在其中注意到的一切了。）

§3 斐　讓我們從簡單觀念進而來談到複雜觀念；它們或者是關於樣式的，或者是關於實體的。樣式的觀念是簡單觀念的隨意的集合，是心靈不顧某種原型或實在和實際存在著的模型而把它們結合在一起的；它們是完全的並且不能不是這樣的，因爲它們既不是摹本而是原型，是心靈所形成，用以把事物安排在某種名稱之下的，因此，它們就不會缺少什麼，因爲它們每一個都包含著心靈想要形成的那樣一種觀念組合，並因此也都包含著心靈打算給它的那樣一種完滿性，而我們也不能設想，不論誰的理智，對於一個三角形，除了有三條邊和三個角的觀念之外，還能有什麼更完全或更完滿的觀念。一個人把危險、執行、恐懼所產生的煩惱、對怎樣做才合理的一種鎮靜的考慮，以及實際致力於執行這種考慮而不受危險的恐嚇這樣一些觀念集合在一起，就形成了勇敢這一觀念，並且有了他所想要的一切，也就是說，有了符合他所喜歡的一個完全的觀念了。實體的觀念則不是這樣，在這裡我們提出的是實在存在著的東西。

德　〔三角形或勇敢的觀念，是和金子的觀念一樣，也在事物的可能性中有其原型的。而就觀念的本性來說，它是我們在經驗之前發明出來的，還是在知覺到自然所造成的一種組合之後保留下來的，這並沒有什麼不同。那造成樣式的組合，也並不完全是隨意的或武斷的，因爲有人可以把一些不相容的東西結合在一起，像那些發明永動機的人所做的那樣；反之別人也可以發明一些好的和可行的機器，它們在我們來說除了發明者的觀念之外並無其他原型，而發明者的觀念本身是有事物的可能性或【上帝的】神聖觀念作爲原型的。而這些機器是某種實體性的事物。人們也可以造出一些不可能的樣式，如當有人提出拋物線平行論時就是這樣，他們想像著可以找出兩條拋物線彼此平行，就像兩條直線或兩個圓那樣。因此，一個觀念，不論它是一個樣式的觀念或是一個實體性事物的觀念，可以隨著人們對形成總體觀念的那些部分觀念理解得好壞而是完全的或不完全的；而這在它使人完全認識對象的可能性時就是一個完滿觀念的一種標誌。〕

第三十二章　論眞的和假的觀念

§1　斐　由於眞或假是只屬於命題的，因此，當觀念被稱爲眞的或假的時，是有某種暗中的**命題**或**斷定**，§3或者是一種暗中的假定，認爲它們符合於某種事物。§5尤其是符合於別人以此名稱所指的東西（如當說到正義時），**一條**是指那實在存在的（如是人而不是半人半馬的怪物），**一條**是指本質，事物的特性就依賴於它；而在這意義下，我們通常的實體觀念，當我們想像著某些實體的形式時，是假的。此外，觀念毋寧當叫做正確的或不正確的（justes ou fautives）而不叫做眞的或假的。

德　〔我認爲眞的或假的觀念可以這樣來理解，但因爲這些不同的意義彼此並不相符合，並且不能被適當地安排在一個共同的概念之下，因此，我毋寧喜歡相對於這些觀念全都包含的另一**斷定**、即關於可能性的斷定，來稱觀念之爲**眞**爲**假**。這樣，可能的觀念就是**眞的**，不可能的觀念就是**假的**。〕

第三十三章　論觀念的聯合

§1　斐　我們常常在人們的推理中看到一種奇怪的事，並且每個人都容易犯這種毛病。§2這並不僅僅是由於固執或自尊心；因爲常常有些心地健全的人也犯這種毛病。甚至把它總是歸之於教育和成見也是不夠的。§4這毋寧是一種瘋狂，並且人們如果總是這樣行事是會成爲瘋子的。§5這種毛病是來自一種觀念的不自然的結合，它的起源是出於偶然或由於習慣。§6傾向和興趣也在其中有作用。精氣①頻頻經過的軌跡就變成了熟門熟路；當我們知道②了一個曲調時，一開始唱就找到全曲了。§7由此就有了那種並非與生俱來的同情或反感。一個小孩吃蜜吃得太多而不舒服了，到他變成成年人以後也不能不一聽到蜜的名稱就噁心。§8小孩子們是很容易感染這樣的印象的，因此最好要加以注意。§9這種觀念的不規則聯合對我們的一切自然的和道德的活動和情感都有巨大的影響。§10小孩子們由於聽了別人講的鬼怪的故事，黑暗就引起了他們的鬼怪的觀念。§11我們想到一個我們所恨的人，就不能不想到他對我們做過或可能做的壞事。§12我們看到過一個朋友在一個房間裡死去，我們就避開那房間。§13一個母親，喪失了一個很鍾愛的孩子，有時就和他一起喪失了她的全部歡樂，直到時間抹去這一觀念的印象爲止，這

---

① les esprits animaux，洛克原書中譯本作「元精」，也有人照字面譯作「動物精神」，是資產階級早期哲學、科學中流行的一個概念，認爲人或動物體內有這樣一種東西，許多生理、心理現象都以此來解釋。

② G本作"Sait"（「知道」），E本和J本作"Suit"（「跟隨」）。

一點有時就永遠做不到③。§14一個人經過一次極痛苦的手術把他的癲狂病症完全治好了，他知道應該一輩子感謝那替他做手術的人，但要他看到那做手術的人一眼就簡直不能忍受。§15有些人因爲在學校裡曾受到過不好的待遇，就一輩子都恨書本。有人曾有一次在某種機會占了另一個人的上風，就永遠保持著這一點。§16發現有一個人，已很好地學會了跳舞，但當房間裡沒有一口和他學跳舞的房間裡的一樣的箱子時，他就不會跳了。§17同樣的不自然的聯繫在理智的習慣中也可發現；人們把物質和存在（l'Etre）聯繫起來，好像沒有什麼非物質的東西。§18在哲學、宗教和國家政治方面的宗派都固執自己的意見。

德　〔指出的這一點是重要的，並且完全合我的心意，也還可以舉出無數例子來加強它。笛卡兒在年輕時曾對一個斜眼的人有過感情，他就一輩子不禁對有這種毛病的人有所傾心。另一位大哲學家霍布斯，（據說）不能獨自一人留在一個黑地方而心裡不害怕鬼怪的影像，雖然他一點也不相信鬼怪，這種印象是在兒童時期聽人家講故事給他留下來的。有許多很有學問並且有很健全理智的人，也斷乎是超脫迷信的，卻不能下決心十三個人在一桌吃飯而不感到極端狼狽，因爲以往曾受這樣的想像所打動，以爲這樣當年其中一個人就要死。有一位先生，也許是小時曾被別得不好的別針刺傷過，就不能再看到這樣別的別針而不馬上會要昏倒。

③ G本作"n'arrive jamais"（「永遠做不到」），E本和J本作"n'arrive pas"（「做不到」）。

有一位首相，在他主子的宮廷裡具有 Président④的稱號，覺得受了奧達維奧・庇薩尼（Ottavio Pisani）的一本叫做《呂古爾格》（*Lycurgue*）的書的名號的冒犯，並寫文章來反對這本書，因爲這位作者在談到他認爲多餘的法官時也把他們叫做 Présidens，雖然這名詞在這位首相身上指的完全是另一回事，他卻這樣把這個詞和自己本身聯繫起來，以致覺得受了這個詞的傷害。這是那種最通常的不自然聯合的一個事例，如那種詞和事物的聯合，當其中有歧義時，是能把人引入歧途的。爲了更好地理解觀念的不自然連結的根源，必須考慮我在上面（第十一章§11⑤）已經指出的事，在那裡談到禽獸的推理時，我指出人和禽獸一樣，也容易憑他的記憶和想像，就把他曾注意到在他的知覺和經驗中結合著的東西結合起來。禽獸的一切推理，如果可以這樣來稱呼的話，就在於這一點，而人們的推理也常常是這樣，要是他們是經驗論的，並且只是受感覺和事例的支配，而不考察是否同樣的理由還起作用的話。而因爲那些理由常常是我們所不知道的，我們就得從例子頻繁出現的程度著眼來看那些例子；因爲那時，從在一定時機的一個知覺⑥期待和記起通常與之相聯繫的另一知覺是合理的；尤其是當問題涉及需要小心

---

④ 通常就是「總統」或「主席」等，這裡是這個首相的一個特殊頭銜。

⑤ G本作§1，E本和J本作§11，以後者爲是。

⑥ G本有"d'une perception à l'occasion"，E本及J本無。

的時候。但因爲一個很強的印象的猛烈作用，常常一下就造成和許多較弱印象的頻繁重複出現在長期中所造成的同樣效果，因此，這種猛烈作用在幻想中也會銘刻上一個和長期經驗所能造成的⑦一樣深刻、一樣生動的影像。由於這樣，一個偶然的，但很強烈的印象，就會把我們記憶中當時已經一樣強烈、一樣持久地在一起的⑧兩個觀念結合起來，並且使我們同樣傾向於把它們聯繫起來和期待它們一個跟著另一個出現，就好像一種長期的習慣已經證實了它們的聯繫似的；這樣就會在其中發現同樣的聯合的效果，雖然並無同樣的理由。權威、黨派⑨、習慣也產生和經驗及理性一樣的效果，而要擺脫這些傾向是很不容易的。但要是人們足夠嚴肅認眞地致力於追求眞理，或者當他們認識到發現眞理對他們很重要時，能夠以正確方法來進行，那麼要防止自己在作判斷時弄錯也不會是非常困難的。〕

⑦ E本和J本有"auroit pu le faire"，G本無。

⑧ G本作："qui y estoient ensemble alors, tout aussi fortement et durablement"...；E本和J本作"qui déjà y étaient ensemble"...。

⑨ E本和J本無"le parti"。

哥特佛萊德・威廉・萊布尼茲年表

Gottfried Wilhelm Leibniz, 1646-1716

年代	生平紀事
一六四六	六月廿一日（新曆七月一日），生於德國萊比錫，取名哥特佛萊德．威廉．萊布尼茲，其父為萊比錫大學的倫理學教授。萊氏聰慧過人，自幼即被稱為「神童」（Wundenkind），尤酷愛歷史與書籍。
一六五四	學會拉丁文，能讀拉丁文著作，亦能作拉丁詩。
一六五八	學會希臘文，能自解疑難，也學邏輯學。
一六五九	讀蘇亞萊（Suarez）著作，猶如他人之看小說。
一六六一	入萊比錫大學攻讀法律，但先在文學院讀兩年哲學，以托馬修斯為其師，接觸近代哲學家如培根、霍布斯、伽森狄、笛卡兒、柏克萊、伽利略等之著作，對士林哲學亦常涉獵，其思想律徘徊於亞里斯多德之實體形式、目的因與近代機械主義之間，最後，機械主義占上風，設法與亞氏思想配合。康德前期之哲學家，以萊氏受亞里斯多德與士林哲學之影響最深。
一六六三	以《論個體性原則》獲得學士學位。其後繼續唸法律，共三年。同年曾赴耶拿（Jena）研究數學，拜哀哈魏格（Erhard Weigel）為師。
一六六六	因年幼校方不授予博士學位，遂赴紐倫堡（Nuremberg）之阿爾特多夫大學（Altdorf University），獲法律博士學位。校方聘請為教授，萊氏婉拒之，結識當時名政治家若望包納步（Johann Von Boineburg）。

一六六七	包納步帶萊氏到法蘭克福（Frankfurt），介紹給美茵茲大主教。撰寫《法律教學新法》（*Nova Methodus docendae disecndaeque jurisprudentiae*）為美茵茲大主教參贊，協助處理各種要務，尤以科學及政治方面之文件為主。
一六七一	撰寫《新物理學之假設》（*Hypothesis physicae novae*）。
一六七二	出使巴黎，遊說法國國王不要侵犯荷蘭，法王不採納其建議。包納步逝世，遂留居巴黎，結識阿爾諾、馬勒伯朗士、惠更斯、博須埃樞機等。
一六七三	奉命訪英倫，結識奧爾登堡與波以耳。三月美茵茲大主教逝世，遂失業，但不久與布勞恩斯魏克公爵訂約，受聘為漢諾威伯爵圖書館長，但仍寄居巴黎。
一六七五	發明微分法。
一六七六	·發明微積分。萊氏未知牛頓於十年前已發明，而於一六八四年公布微分法，一六八六年公布微積分。 ·回德國，取道倫敦、阿姆斯特丹、海牙而抵達漢諾威。在海牙會晤斯賓諾莎，在此前曾與斯氏通訊，此次會面後開始常批評斯氏，稱他為自然主義、盲目之必然主義、否認自由與天主照管之無神論者。在布勞恩斯魏克家工作，編其家譜，但其興趣仍舊為多方面。
一六八二	出版《博學事錄》（*Acta Eruditorum*）。

年代	生平紀事
一六八六	首部重要著作《論形而上學》（*Discours de métaphysique*）出版。
一七〇〇	由莎菲亞之協助，到柏林，同年創柏林科學協會，被選為第一任主席，此協會為普魯士科學院之前身。撰寫《原神論》，並致力基督教合一運動（Systema Theologicum）、基督教國聯盟或歐洲聯盟。
一七〇四	寫成《人類理智新論》，為其對於洛克的名著《人類理智論》的逐章述評反駁，成為西方哲學史上少數論評體的思想經典。
一七〇五	莎菲亞逝世。
一七一〇	出版《神義論》（*Théodicée*）。
一七一一	基督教國聯盟對抗非基督教國運動失敗，從此，未再前往柏林與沙皇彼得大帝聯絡。關心中國及遠東文化。
一七一二—一七一四	漢諾威選舉侯成為英國喬治一世，但沒有邀萊氏到倫敦。
一七一六	十一月十四日溘然長逝。

索引（上）

一、人名索引

三畫

大阿爾伯特（Albertus Magnus） 400, 401

四畫

方濟各・鮑吉亞（Francisco Borgia） 254

比埃爾・培爾（Pierre Bayle） 譯者序言27, 序言97

牛頓（Isaac Newton） 導讀11, 譯者序言25, 譯者序言32, 譯者序言33, 譯者序言38, 譯者序言39, 譯者序言40, 譯者序言76, 序言105, 序言111, 316, 421

五畫

加西拉索・德・拉・維伽（Garcilasso de laVega） 44

包姆加登（Martin Baumgarten） 44, 45

卡爾達諾（Cardan/Girolamo Cardano） 9

卡薩蒂神父（Paolo Casati） 231

尼布甲尼撒二世（Nabuchodonosor） 384

布拉底尼（Buratini） 170, 171

布勞恩斯魏克（Brunswick-Luneburg） 譯者序言34, 譯者序言35, 譯者序言39, 譯者序言40, 421

布爾蓋（D. Bourguet） 譯者序言38, 281

布魯諾（Giordano Bruno） 譯者序言28

布魯諾魯斯（Brugnolus） 71, 72

弗拉德（Robert Fludd） 序言116

弗洛蒙德（Libert Froidmont/Fromont） 317, 318

六畫

伊比斯哥比烏斯（Simon Episcopius） 234

伊比鳩魯（Epicurus） 譯者序言27, 譯者序言44, 序言104, 5, 110, 131, 286

伍斯特（Edward Stillingfleet） 序言105, 序言107, 序言109

伏爾泰（Voltaire） 譯者序言43, 譯者序言61

列寧（Lenin） 譯者序言48, 譯者序言60, 譯者序言64, 譯者序言65

吐爾比烏斯（Nicolas Tulp） 346

安瑟倫（Anselm） 譯者序言56

托里切利（Evangelista Torricelli） 111

西拉諾（Cyrano de Bergerac） 310

七畫

亨利・莫爾（Henry Morus/More） 9, 353

伽利略（Galileo Galilei） 譯者序言28, 譯者序言30, 101, 334, 420

伽森狄（Pierre Gassendi） 譯者序言27, 譯者序言41, 譯者序言44, 譯者序言45, 譯者序言68, 序言114, 5, 6, 7, 141, 420

克卜勒（Johannes Kepler） 譯者序言30, 106

克拉克（Samuel Clarke） 導讀13, 譯者序言38, 譯者序言50, 112

利西馬科斯（Lysimachus） 383

坎納威伯爵夫人（la Comtesse de Cannaway） 9

沃斯萊（Worsley） 369

狄德羅（Denis Diderot） 譯者序言42, 譯者序言43

貝尼埃（François Bernier） 譯者序言68, 5

八畫

亞里斯多德（Aristotle） 導讀12, 導讀13, 導讀16, 譯者序言44, 譯者序言53, 譯者序言60, 譯者序言66, 譯者序言67, 譯者序言68, 序言86, 序言87, 序言102, 序言103, 8, 54, 85, 182, 183, 227, 228, 236, 237, 274, 282, 292, 297, 301, 390, 400, 420
亞歷山大大帝（Alexander the Great） 267, 275, 383
帕斯卡爾（Blaise Pascal） 譯者序言27, 譯者序言33, 141, 281
彼得一世（Peter I） 譯者序言40
拉斯普（Raspe） 譯者序言37
拉塔（R. Latta） 譯者序言73
法布利丘（J. L. Fabricius） 66
波以耳（Robert Boyle） 譯者序言25, 譯者序言34, 序言94, 101, 421
的範・赫爾蒙（François Mercure van Helmont） 9, 10, 343, 353
虎克（Robert Hooke） 譯者序言25
阿民念（James Arminius） 16
阿波羅尼奧斯（Apollonius de Perge） 73
阿威羅伊（Averroes） 序言103
阿基米德（Archimedes） 50
阿普列尤斯（Apuleius） 344, 345
阿爾諾（Antoine Arnauld） 導讀13, 導讀17, 導讀18, 譯者序言27, 譯者序言32, 譯者序言33, 譯者序言36, 421

九畫

美茵茲（Mainz） 導讀11，譯者序言31，譯者序言32，譯者序言34, 421

俄利根（Origène） 362

柏拉圖（Plato） 導讀17，導讀21，譯者序言60，譯者序言66，譯者序言67，譯者序言68，譯者序言69，序言86，序言87，序言93，8, 9, 25, 27, 34, 47, 70, 73, 220, 292, 340, 352, 360, 362, 390

柏爾修斯（Persius） 376, 390

柯特渥茲（Ralph Cudworth） 6

洛克（John Locke） 導讀13，導讀14，導讀15，導讀16，導讀17，導讀19，導讀21，譯者序言23，譯者序言25，譯者序言36，譯者序言37，譯者序言65，譯者序言66，譯者序言67，譯者序言68，譯者序言69，譯者序言70，譯者序言71，譯者序言74，譯者序言75，譯者序言76，譯者序言77，譯者序言78，譯者序言79，關於譯註的幾點說明83，序言85，序言86, 4, 6, 17, 24, 41, 42, 52, 63, 65, 67, 70, 104, 142, 143, 155, 164, 176, 188, 195, 200, 205, 209, 216, 218, 277, 292, 296, 327, 342, 345, 357, 372, 373, 375, 392, 393, 396, 397, 404, 415, 422

科斯特（Pierre Coste） 譯者序言36，譯者序言37

胡果・格老秀斯（Hugo Grotius） 譯者序言26

迪格比爵士（Sir Kenelm Digby） 32

韋達（Francis Viete） 譯者序言27

約瑟夫・斯卡利杰（Joseph Scaliger） 50, 71, 72

十畫

哥白尼（Nicolaus Copernicus） 譯者序言49, 14
倫勃朗（Rembrandt Harmenszoon van Rijn） 譯者序言26
埃德曼（Erdmann） 譯者序言37
恩格斯（Friedrich Engels） 譯者序言26, 譯者序言29, 譯者序言43, 譯者序言61
格里夫斯（John Greaves） 170
格爾哈特 譯者序言37, 譯者序言38
烏爾利克・勛柏格（Ulric Schönberg） 71
馬克思（Karl Marx） 譯者序言26, 譯者序言29, 譯者序言42, 譯者序言43, 譯者序言58, 譯者序言61, 譯者序言64
馬勒伯朗士（Nicolas Malebranche） 導讀12, 導讀17, 導讀18, 譯者序言27, 譯者序言32, 譯者序言33, 譯者序言55, 譯者序言68, 5, 174, 230, 421
馬略特（Edme Mariotte） 序言94, 101

十一畫

勒羅阿 譯者序言27
培根（Bacon） 譯者序言25, 譯者序言30, 420
康帕內拉（Tommaso Campanella） 譯者序言28, 譯者序言30, 9
康德（Immanuel Kant） 導讀10, 譯者序言65, 79, 420
理查一世（Richard I） 260
畢達哥拉斯（Pythagore/Pythagoras） 64, 344, 352
笛卡兒（René Descartes） 導讀12, 導讀13, 導讀14, 導讀15, 導讀17, 導讀18, 導讀20,

譯者序言27, 譯者序言30, 譯者序言31, 譯者序言33, 譯者序言39, 譯者序言41, 譯者序言45, 譯者序言55, 譯者序言56, 譯者序言67, 譯者序言68, 譯者序言69, 譯者序言70, 譯者序言73, 譯者序言78, 序言93, 序言98, 序言114, 5, 6, 7, 8, 10, 11, 14, 20, 32, 84, 85, 106, 110, 111, 112, 113, 132, 133, 141, 164, 174, 176, 177, 230, 292, 312, 316, 318, 382, 416, 420

笛薩格（Gaspard Desargues） 141

莫利紐茲（William Molyneux） 142, 143

郭比安（Charles le Gobien） 69

十二畫

博須埃（Bossuet） 譯者序言27, 譯者序言35, 421

喬治一世（George I） 譯者序言40, 422

惠更斯（Huygens） 譯者序言26, 譯者序言32, 170, 281, 421

斯卡利杰（Jules/Julius Caesar Scaliger） 序言88, 71, 72, 184

斯瓦默丹（Jan Swammerdam） 譯者序言26

斯萊丹（John Sleidan/Philipsohn） 86

斯賓諾莎（Spinoza） 導讀14, 譯者序言26, 譯者序言34, 譯者序言35, 譯者序言45, 譯者序言59, 譯者序言73, 11, 12, 164, 254, 292, 421

普林尼（Pline） 8

普羅克洛（Proclus Diadochus） 73

腓力二世（Philip II） 267

腓特烈「大王」（Frederick II） 譯者序言39

萊布尼茲／哥特佛萊德・威廉・萊布尼茲（Gottfried Wilhelm Leibniz） 導讀9, 導讀10, 導讀11, 導讀12, 導讀13, 導讀14, 導讀15, 導讀16, 導讀17, 導讀18, 導讀19, 導讀20, 導讀21, 譯者序言23, 譯者序言24, 譯者序言26, 譯者序言27, 譯者序言30, 譯者序言31, 譯者序言32, 譯者序言33, 譯者序言34, 譯者序言35, 譯者序言36, 譯者序言37, 譯者序言38, 譯者序言39, 譯者序言40, 譯者序言41, 譯者序言42, 譯者序言43, 譯者序言44, 譯者序言45, 譯者序言46, 譯者序言47, 譯者序言48, 譯者序言49, 譯者序言50, 譯者序言51, 譯者序言52, 譯者序言54, 譯者序言55, 譯者序言56, 譯者序言57, 譯者序言58, 譯者序言59, 譯者序言60, 譯者序言61, 譯者序言62, 譯者序言63, 譯者序言64, 譯者序言65, 譯者序言66, 譯者序言67, 譯者序言68, 譯者序言69, 譯者序言70, 譯者序言71, 譯者序言72, 譯者序言73, 譯者序言74, 譯者序言75, 譯者序言76, 譯者序言77, 譯者序言78, 譯者序言79, 關於譯註的幾點說明82, 序言86, 序言91, 序言94, 序言97, 序言99, 序言101, 4, 6, 7, 8, 11, 18, 19, 24, 56, 65, 66, 67, 85, 89, 94, 112, 129, 139, 142, 163, 173, 176, 177, 181, 193, 216, 228, 236, 252, 281, 282, 289, 292, 301, 338, 339, 343, 348, 353, 371, 372, 373, 393, 420

萊修斯（Léonard Lessius） 174

閔採爾（Thomas Münzer） 譯者序言28

雅可布・托馬修斯 譯者序言30

黑格爾（G. W. F. Hegel） 譯者序言65

十三畫

塔西佗（Tacitus） 47
奧古斯丁（St. Aurelius Augustinus） 導讀12, 導讀18, 342
奧達維奧・庇薩尼（Ottavio Pisani） 417
奧爾登堡 譯者序言34, 145, 368, 421
聖多瑪斯・阿奎那（St. Thomas Aquinas） 譯者序言56, 174, 313
路易十三（Louis XIII） 譯者序言26
路易十四（Louis XIV） 導讀11, 譯者序言26, 譯者序言32, 序言112
路德（Martin Luther） 譯者序言28, 譯者序言32
雷文霍克（Antonie Philips van Leeuwenhoek） 譯者序言26

十四畫

蓋利克（Otto von Guericke） 111, 174
赫利奧加巴盧斯（Héliogabalus） 342
赫爾伯特勳爵（Lord Edward Herbert of Cherbury） 52
維特森（Nicolas Witsen） 66

十五畫

德・拉・盧貝爾（Simon de la Loubère） 序言112
德倫斯（Térence） 377
德普萊奧（Nicolas Boileau-Despréaux） 55, 56
德・鮑斯（Des Bosses） 譯者序言38, 112, 177, 310
德謨克利特（Democritus） 譯者序言68, 序

言114, 6, 8, 400
慕東（Gabriel Mouton） 170
歐根（Eugene） 譯者序言38
歐幾里得（Euclid） 序言89, 50, 59, 73, 367
歐福伯（Euphorbe/Euphorbus） 64
魯道爾夫（Ludolph van Ceulen/Keulen） 21
黎胥留（Armand Jean du Plessis de Richelieu） 譯者序言26

十六畫

盧坎（Lucain） 156
穆罕默德（Muhammad） 258, 260
霍布斯（Thomas Hobbes） 譯者序言25, 譯者序言34, 譯者序言41, 50, 416, 420

十九畫

羅伯伐爾（Gilles Personne de Roberval） 73
羅昂公爵（Duc de Rohan） 146
羅素（Bertrand Russell） 譯者序言33, 譯者序言39, 譯者序言57, 譯者序言58, 譯者序言59, 譯者序言74
羅奧（J. Rohaut/Rohault） 316

二十畫

蘇菲・夏洛特（Sophie Charlotte） 譯者序言38, 339

二十四畫

讓・布里丹（Jean Buridan） 88, 89
讓・貝爾努依 譯者序言38

二、名詞索引

二畫

二元論（Dualism） 導讀15, 譯者序言27, 譯者序言55, 292
人文主義者（Humanist） 譯者序言28

三畫

三十年戰爭（Thirty Years' War） 導讀11, 譯者序言29, 譯者序言30, 譯者序言31

四畫

不可共存性（inconsistence） 107
文藝復興（Renaissance） 譯者序言27, 序言103
天賦觀念（innate ideas） 導讀16, 譯者序言68, 譯者序言69, 譯者序言70, 譯者序言71, 譯者序言78, 6, 13, 14, 17, 20, 34, 56, 70

六畫

光榮革命（Glorious Revolution） 譯者序言25
百科全書派（Encyclopédiste） 譯者序言43
自然法學派（school of natural law） 譯者序言26
自然的光（la lumière naturellela） 20, 48

八畫

固定性（fermeté） 106, 108, 110
附著力（attachement） 106, 107

九畫

保持力（rétention） 151

前定和諧（pre-established harmony） 導讀21, 譯者序言43, 譯者序言52, 譯者序言54, 譯者序言55, 譯者序言56, 譯者序言57, 譯者序言60, 譯者序言61, 譯者序言62, 譯者序言63, 譯者序言66, 譯者序言74, 關於譯註的幾點說明81, 序言97, 8, 26, 163, 311, 313

威斯特伐利亞和約（the Peace Treaty of Westphalia） 譯者序言29

封建主義（Feudalism） 譯者序言24

十畫

原子論（Atomism） 譯者序言27, 譯者序言31, 譯者序言44, 譯者序言45, 譯者序言46, 譯者序言48, 譯者序言52, 譯者序言76, 5

馬克思主義（Marxism） 譯者序言42, 譯者序言43, 譯者序言58

十一畫

偶因論（Occasionalism） 譯者序言55, 譯者序言56

唯心主義（Idealism） 譯者序言23, 譯者序言30, 譯者序言31, 譯者序言32, 譯者序言40, 譯者序言41, 譯者序言43, 譯者序言44, 譯者序言48, 譯者序言49, 譯者序言56, 譯者序言58, 譯者序言59, 譯者序言60, 譯者序言61, 譯者序言62, 譯者序言63, 譯者序言65, 譯者序言66, 譯者序言67, 譯者序言68, 譯者序言69, 譯者序言

71，譯者序言75，譯者序言76，譯者序言78，譯者序言79, 5, 10, 64, 65, 129, 174, 176, 292

唯心主義者（Idealist） 譯者序言30，譯者序言43, 譯者序言48

唯名論（Nominalism） 譯者序言31，89，234

唯物主義（Materialism） 譯者序言23，譯者序言25，譯者序言26，譯者序言27，譯者序言28，譯者序言30，譯者序言31，譯者序言32，譯者序言41，譯者序言43，譯者序言44，譯者序言46，譯者序言47，譯者序言49，譯者序言50，譯者序言51，譯者序言52，譯者序言59，譯者序言60，譯者序言61，譯者序言62，譯者序言63，譯者序言64，譯者序言66，譯者序言67，譯者序言68，譯者序言71，譯者序言73，譯者序言74，譯者序言75，譯者序言76，譯者序言78，譯者序言79，序言103，5，50，176，286, 292

唯理論（Rationalism） 譯者序言23，譯者序言27, 譯者序言66, 譯者序言68, 譯者序言69, 譯者序言71, 譯者序言73, 譯者序言74, 譯者序言75, 譯者序言78, 20

啓蒙運動（Enlightenment） 譯者序言27，譯者序言38, 序言97

堅固性（consistence） 108

寂靜派（Quietistes） 序言103

混雜結論（hybrida conclusion） 33

現實主義（Realism） 譯者序言26

十二畫

單子論（Monadology） 譯者序言43，譯

者序言48，譯者序言66，譯者序言67，65，289

斯多噶派（Stoic） 序言87，67，222，235，274，371

無神論者（Atheist） 譯者序言34，66，421

十三畫

經院哲學（scholasticism） 譯者序言30，譯者序言31，譯者序言44，譯者序言47，譯者序言60，譯者序言62，譯者序言68，序言106，序言111，序言115，8，80，85，107，109，151，199，202，217，231，234，256，268，301，306，312，313，316，323，327，338，401

經驗論（Empiricism） 導讀14，譯者序言23，譯者序言67，譯者序言68，譯者序言71，譯者序言73，譯者序言74，譯者序言75，序言90，5，417

經驗論者（Empiricist） 導讀14，譯者序言75，序言90，5

資本主義（Capitalism） 譯者序言24，譯者序言25，譯者序言26，譯者序言27，譯者序言28，譯者序言29，譯者序言41，譯者序言43

十四畫

僧侶主義 譯者序言41，譯者序言56，譯者序言60，譯者序言61，譯者序言65

認識論（Epistemology） 譯者序言23，譯者序言24，譯者序言65，譯者序言66，譯者序言67，譯者序言69，譯者序言74，譯者序言76，譯者序言78，譯者序言79

十五畫

樂觀主義（Optimism）譯者序言38, 譯者序言56, 譯者序言57, 譯者序言58, 譯者序言61, 譯者序言62

十六畫

機械論（Mechanism）譯者序言44

十七畫

隱德萊希（entelechie）譯者序言53, 8, 129, 228, 231, 288, 300, 317

經典名著文庫 126

人類理智新論（上）

Nouveaux Essais sur L'entendement Humain

作　　者 —— 萊布尼茲（Gottfried Wilhelm Leibniz）
譯　　者 —— 陳修齋
發 行 人 —— 楊榮川
總 經 理 —— 楊士清
總 編 輯 —— 楊秀麗
文庫策劃 —— 楊榮川
副總編輯 —— 黃文瓊
責任編輯 —— 吳雨潔
特約編輯 —— 廖敏華
封面設計 —— 姚孝慈
著者繪像 —— 莊河源
出 版 者 —— **五南圖書出版股份有限公司**
地　　址 —— 臺北市大安區 106 和平東路二段 339 號 4 樓
電　　話 —— 02-27055066（代表號）
傳　　真 —— 02-27066100
劃撥帳號 —— 01068953
戶　　名 —— 五南圖書出版股份有限公司
網　　址 —— https://www.wunan.com.tw
電子郵件 —— wunan@wunan.com.tw
法律顧問 —— 林勝安律師事務所　林勝安律師
出版日期 —— 2020 年 11 月初版一刷
定　　價 —— 620 元

國家圖書館出版品預行編目資料

人類理智新論 / 萊布尼茲(Gottfried Wilhelm Leibniz)
著；陳修齋譯. -- 初版. -- 臺北市：五南，2020.11
　冊；公分. --(經典名著文庫；126-127)
譯自:Nouveaux Essais sur L'entendement Humain
ISBN 978-986-522-293-2(上冊：平裝). --
ISBN 978-986-522-294-9(下冊：平裝)

1.萊布尼茲(Leibniz,Gottfried Wilhelm, Freiherr von, 1646-1716)　2.學術思想　3.知識論

147.31　　109014999